本系史由1986级系友单士勇资助出版
特此鸣谢！

编委会

- 主　编：代　迅　胡　旭
- 编　委：林丹娅　李晓红　代　迅　王　烨
　　　　　苏　琼　李　焱　苏永延　胡　旭

厦门大学中文系系史

1921—2021

主编　代　迅　胡　旭

厦门大学出版社
XIAMEN UNIVERSITY PRESS
国家一级出版社
全国百佳图书出版单位

图书在版编目(CIP)数据

厦门大学中文系系史/代迅,胡旭主编.—厦门:厦门大学出版社,2021.3
ISBN 978-7-5615-8164-3

Ⅰ.①厦… Ⅱ.①代… ②胡… Ⅲ.①厦门大学中文系—校史 Ⅳ.①G649.285.73

中国版本图书馆 CIP 数据核字(2021)第 057317 号

出 版 人 郑文礼
责任编辑 王鹭鹏
封面设计 李嘉彬
技术编辑 朱 楷

出版发行 厦门大学出版社
社　　址 厦门市软件园二期望海路 39 号
邮政编码 361008
总　　机 0592-2181111　0592-2181406(传真)
营销中心 0592-2184458　0592-2181365
网　　址 http://www.xmupress.com
邮　　箱 xmup@xmupress.com
印　　刷 厦门市明亮彩印有限公司

开本 720 mm×1 000 mm　1/16
印张 20.5
插页 4
字数 335 千字
版次 2021 年 3 月第 1 版
印次 2021 年 3 月第 1 次印刷
定价 60.00 元

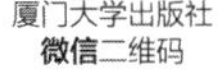

前 言

公元2021年4月6日，厦门大学中文系将迎来百年华诞。

厦门大学建校伊始，中文即为重镇。一百年来，中文系和厦大倾心相伴，倾情相守。岁月的风雨，世事的沧桑，也许改变了人，甚至颠覆了事，但厦大始终是厦大，中文依旧为中文。

一百年来，我系的讲台上，活跃着很多名家的身影。一想到这是鲁迅、林语堂等大师站过的地方，就不免让人如入梦境，并且不愿醒来。他们偶然的雪泥鸿爪，深深影响了我系的气质。中文人走遍天下，从不露怯，跟他们见过大人物，经过大场面，以及深受这种气质的熏陶，有莫大关系。“江山代有才人出”，台静农、施蛰存、林庚、郑朝宗、黄典诚、周祖譔、李如龙、林兴宅、易中天、杨春时、黄鸣奋、周宁，这些在学术界、文化界如雷贯耳的人物，在我系都是平平常常的教师，中文人在他们的如珠妙语中，一届届走出校园，迈向社会。

一百年来，厦大中文人才辈出，汇入五洲四海，分布各行各业。如果说中文人有什么特点的话，大约是自强不息而雍容淡雅，意气风发却超然物外。他们中不乏高官显贵，也有富商巨贾，却大多低调内敛，极少跋扈张扬。这种特有的气质，已融入中文人的血液，终身不易，久而弥笃。

一百年来，很多中文学子，心怀母系，事业甫成即予反哺，支持母系的发展建设，让我们有条件培养更多、更好的英才，这是厦大中文的骄傲！但是，无论贫富，都欢迎你们回家，这里只分长幼，没有贵贱：都是中文人，母系一视同仁。

一百年来，厦大中文系已经形成本科、硕士、博士三级完整的人才培养体系，形成追求真理、注重实学、崇尚创新、鼓励争鸣的自由开放风气，且立足东南，面向世界，日渐成为国际学术研究的重要基地。

“潮平两岸阔，风正一帆悬”，厦大中文系将要迎来第二个百年，开局即预示着未来的无限美好。

目录

c o n t e n t

第三章 调整改革（1949—1966）

第四章

迷失年代（1966—1976）

第五章

拨乱反正（1977—1984）

第六章

流金岁月（1984—1990）

第七章
寻求突破（1990—2000）

第八章

守正创新（2001—2011）

第九章
风色正好(2011—2021)

附录

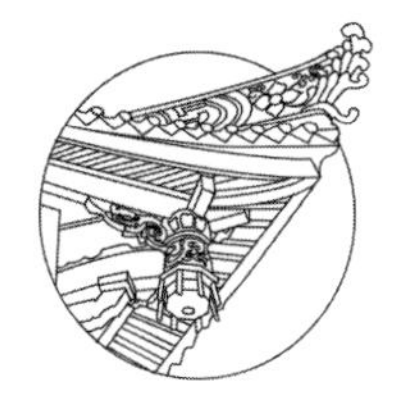

第一章
筚路蓝缕
（1921—1937）

1921 年到 1937 年，是厦门大学的私立时期。建校之初，就设有中文系，虽然名称屡屡变化，但实质并无不同。草创时期，可谓筚路蓝缕，从无到有，从点到面，每一步都充满创业的艰辛。但经过十六年的努力，中文系成为粗具门类、小有规模、师资齐全、生源充足的大系，在全校都有举足轻重的影响。

第一节　国文系：中文系的前身

一、建校伊始，首重国文

1920 年 8 月，陈嘉庚先生筹办厦门大学。次年 3 月，设“师范”“商学”两部，4 月 6 日，于集美学校开学，中文系实肇端于师范部之国文。1922 年 2 月，厦大迁入南普陀校舍。迄今为止，中文系生长于斯，歌哭于斯，煌煌百年矣！

建校伊始，陈嘉庚先生即在《厦门大学校旨》中明确提出：“本大学之主要目的，在博集东西各国之学术及其精神，以研究一切现象之底蕴与功用，同时并阐发中国固有学艺之美质，使之融会贯通，成为一种最新最完善之文化。”[①]中文系以教授中国语言、文学为主要内容，肩负着继承和发扬中国传统文化的历史重任，在建校之初就被赋予重要的使命，很自然地成为初建学科中的重点。

当时师范部包括文科、理科，第一学期文科招生 40 名，其中文学史地科招生 20 名。此时文科尚属大文科，中文、外文、历史、地理皆在其中，根据当时师资条

---

① 厦门大学校史编写组：《私立时期的厦门大学，校史资料选辑·第一辑》，厦门大学 1986 年编印，第 15 页。

件,第一学期先开设"文法""作文""读文""文字学""英语会话""英文文法""英文读法""法文""日文""伦理学""历史"等课程。

1921 年秋季,厦门大学改师范部为教育学部,增设独立的文、理两学部,全校共设文、理、商、教四个学部。至此,原来隶属于师范部的文科改成文学部,对课程进行了调整,但重点仍然放在"国文"和"基础英语"上。在 1922 年的《校长报告》中,林文庆校长就"国文"一科特别强调:

本校首重国文。

国文一科,本校特别注重。凡属文言、白话、词章、考据、历史、哲学、伦理及文学之改革,语言之变迁,均莫不深为研究。盖本校之目的,在养成各种之国文学专门人才,以供教授之用,并拟用国文编撰各种教科书及参考书,使我青年子弟将来得以本国文字直接研究高深学问,不必专仰给于西国书籍。庶几吾国数千年之文化赖以不坠,而近世界各国之学术思想,亦得彼此沟通,借以阐发而无遗。①

1923 年 4 月,经校评议会决议,文、理两部复改为文科、理科。同年 6 月,又进行调整,教育科、商科及新闻科皆并入文科,改称学系。至此,文科下属的学系包括:国文系、外国语言文学系、哲学系、历史社会学系、政治经济学系、教育学系、新闻系和商学系等八系。国文系为文科之首②,此即中文系前身。

二、数易其名,地位恒重

此后的几年中,科系机构经历数次变更,从国文系改为国学系。1930 年,文科改称文学院,国学系更名为中国文学系、语言文学系。1936 年 4 月 28 日,厦门大学举行新校董第二次会议,决议从 1936 年秋季起,文学院中国文学系及外国文学系并为文学系。③ 1938 年,教育部训令,语文学系应改为中国文学系。此

---

① 厦门大学校史编写组:《私立时期的厦门大学,校史资料选辑·第一辑》,厦门大学 1986 年编印,第 15 页。

② 《文科概况》,《厦大八周年纪念特刊》,厦门大学 1929 年编印,第 2 页。

③ 《私立厦门大学文学院一览(1936—1937)》,厦门大学文学院 1936 年编印,第 1 页。

名称一直沿用至 1952 年全国高校院系调整,始称中国语言文学系。虽数经易名,但中文系在厦大各系中的领先地位始终未变。

1926 年,林文庆在国学研究院成立大会上曾表示,陈嘉庚先生认为国学与西文二者不可偏废,而尤以整顿国学为最重要。1928 年,《厦门大学文科半月刊》特发表林文庆校长的文章《文科之重要》,认为"教授古文与文学,为大学教育之基本部分",是"维持中国文化于进展之状态中"的必要途径,"于国家文化之保存,中国文化之发展,及引导民众努力以创造一强盛的民主政治",都有至关重要的意义。"故文科应视为国家要务中之首要。中国将来之复兴,全视乎毕业于文科之学子。故厦门大学重视国文、文学、哲学及文科各课程之重要,盖吾人认为国家文化之进展,全视乎此等学术之研求,因其为一切法律、经济、伦理及政治之基础"①,再一次强调中文系在厦大的显著地位。

第二节　课程设置

一、课程设置及内容

1.从"大文科"到本系特色

1921 年至 1922 年,厦门大学实行大文科制,包括中文系在内的所有文科生都必须学习以下文科课程:"国文"、"英文"(作文、文法)、"英读文"(英语口语)、"中国史"、"外国史"、"代数"、"三角"、"中国文学"、"英国文学"、"英文会话"、"德文"、"法文"、"日文"、"经济大意"、"商业地理"、"商业尺牍"等。②

除了通识课程,中文系还开设"散体文"、"古近诗选读"、"文字学"、"文学史"、"诗学源流"、"音韵学"、"诸子哲学"、"中国地理学"(中国地理沿革)、"群经通论"、"词曲"等专业课程③。随着中文系逐渐完善,专业课程也逐渐增多、充实,但课程基本固定,以小学为主。

① 《厦门大学文科》1928 年第 1 期,该刊系厦大文科同学会编印,半月刊。

② 《厦门大学布告》1924 年第 2 卷第 1 册。

③ 《厦门大学布告》1925 年第 3 卷第 2 册。

例如，1927 年至 1928 年，中文系的学生在第一学年内需选修通识课程“三民主义”，每年至少选修 14 个学分的专业课程。具体情况如下：

第一学年课程：

中国文学史、文学通论、文选及作文、诗选及诗史（上）、文字学及文字学史、中国文法研究、目录学、经学通论。

第二学年课程：

文选及作文、小说选及小说史、诗选及诗史（下）、词曲选及词曲史（上）、赋选及赋史、声韵学及声韵学史、校勘学。

第三学年课程：

词曲选及词曲史（下）、文学专家或专著研究、文字训诂专书研究、声韵专书研究、经学专书研究、诸子专家研究、史学专书研究。

第四学年课程：

文学专家或专著研究、经学专书研究、诸子专家研究、中国修辞学之研究、古代礼乐制度之研究。

1931 年至 1932 年，中文系对专业课程和通识课程略作调整，具体情况如下：

第一学年课程：

英文、英文修辞学及作文、党义、军事训练、文选及作文、中国文法研究、文字学及文字学史、中国修辞学、哲学概论。

第二学年课程：

英文、军事训练、中国文化史、文选及作文、声韵学及声韵学史、第二外国文、中西文化交通史、本系指定选修学程。

第三学年课程：

第二外国文、中国文学史、文学原理、辅课或本系指定选修学程。

第四学年课程：

中国文学通论、社会思想史、论文、辅课或本系指定选修学程。

对于一学期中每周授课一小时的课程，计算为 1 学分。每学期至少选修 12 学分，至多 21 学分。其中，中国文学系的“本系指定选修课程”包括：

文字训诂专书研究、声韵专书研究，历代文评、诗选及诗史、赋及赋史、词曲选及词曲史、小说选及小说史、文学专家、专著研究。①

与此前的课程相比，明确把英文作为必修科目。其余的专业必修科目减少，选修课程增多，但总体而言，课时数未有大的变化。

2.课程内容

根据《民国十七年至十八年文科布告 · 文科学程摘要》，“文字学”研究中国文字的构造、作用及其变迁，“文字学史”研究历代文字学家的造诣与因革。已经修完“文字学及文字学史”的同学才可选修“文字训诂专书研究”，继续深入研究段玉裁的《说文解字注》、郝懿行的《尔雅义疏》、王念孙的《广雅疏证》等书。

“声韵学”研究声韵的类别与切合及其变迁。修完“声韵学及声韵学史”的可选修“声韵专书研究”，研究书目包括《广韵》《音学五书》《古韵标准》等。

从第一学年开始的“文选及作文”，依时代先后选读各大家作品。一年级选

① 厦门大学：《厦门大学一览》，厦门大学 1932 年编印，第 61～64 页。

读唐宋以后的名家作品，二年级选读汉魏六朝文及叙述文、骈文等，课程结束后上交自由命题作文及读书札记。课程还要求学生任意选文章修改，练习文言文和白话文的互译。

“词曲选及词曲史”要求学生明了中国词曲在文学上的地位，“小说选及小说史”则要求掌握小说及其流变与社会之关系。修完“词曲选及词曲史”和“小说选及小说史”这两门课程的，可继续选修“文学专家或专著研究”，进一步深入研究陶（渊明）、谢（灵运）的诗、白石（姜夔）、梦窗（吴文英）等文学大家的词，或《楚辞》《昭明文选》《水经注》《洛阳伽蓝记》等典籍。

此外，中文系学生还需研读其他国故，掌握“治国学之方法”，主要课程包括“经学通论”“经学专书研究”“史学专书研究”“诸子专家研究”“古代礼乐制度研究”“目录学”“校勘学”。

除以上必修课程外，中文系学生还要选修至少 5 学分的外专业课程，如外国语言文学系的“普通发音学”“比较语言学”“修辞学”“英国文学史”“文学概论”，历史社会学系的“中国通史”“中国学术史”“中国美术史”“西洋美术史”“人类学”，哲学系的“哲学概论”、“美学概论”、“中国哲学”、“印度哲学”（佛教思想）、“泰西哲学”等。另外，还必须选外文（英文、法文或者德文），共计 12 个绩点（学分）。

总体说来，中文系的课程以小学为主，也正符合林文庆校长“教授古文与文学”“维持中国文化于进展之状态中”的宗旨。

二、招考、学术研究及学生创作

1.中文系的招生考试

1921 年，厦门大学首度招生，师范部招收文史地预科 40 名，入学试验科目为“国文”、“英文”（文法、作文、翻译）、“数学”（代数、几何、三角）[①]。

1922 年，厦门大学文理商教育医药新闻等学部招生，入学考试首先即考国文，作短篇文，文言译白话，要求使用新式标点符号[②]。此后，本科入学考试内容

---

① 《厦门大学商学部、师范部预科招生广告》，《申报》1921 年 2 月 1 日。

② 《厦门大学招生广告》，《申报》1922 年 5 月 28 日。

增多，需考试“国文”“英文”“算学”“化学物理或生物”“中外近世史哲学概论”或“伦理学”，但“国文”一直是厦门大学招生的必考科目。中文系的学生，除参加普通试验科目：“党义”“国文”“英文”“口试”外，另有特别试验科目，从“史地”“哲学概论”“算学”“自然科学”中选两门考试。其中，“算学”考“高等代数”及“平面几何”。

2.学术研究

至 1937 年，中文系共毕业 43 人。具体如下：

1927 年 1 人
1929 年 7 人
1931 年 5 人
1931 年 1 人
1932 年 2 人
1933 年 1 人
1934 年 5 人
1935 年 10 人
1936 年 9 人
1937 年 2 人

虽然人数不多，但无论在学术研究还是学生活动方面，中文系的表现都十分突出。

据统计，私立时期中文系师生们多有在本校学报、学刊等上发表学术论文，如：

余　謇：《“古合韵”辨》，发表于《厦门大学学报》第一卷第一期。

周辨明：《万国通语论》，发表于《厦门大学学报》第一卷第二期第二本。

周辨明：《厦语音韵声调之构成性质及其于中国音韵学上某项问题之关系》，发表于《厦门大学学报》第二卷第二期第四本。

黄典诚：《台湾外记与台湾外志考》，发表于《厦门大学学报》第三卷第一期第七本。

黄觉民:《国故学管窥》,发表于《厦大周刊》第一百八十二期。

李　笠:《释孝》,发表于《厦大周刊》第二百一十期。

在教学之余,中文系的师生多方发表学术文章,既体现学术水平与兴趣,也为本系的良好学风的形成贡献力量。

3.中文系学生的创作

中文系学生的文艺创作活动历来较为活跃,在校期间就有不少学生进行诗歌、散文、小说等创作,有的作品分别发表于国内各种报刊上。同时,在老师指导下,学生组织创办刊物,登载学生的作品。

1926 年,在鲁迅先生的鼓励提倡和指导下,爱好文学的学生先后成立"泱泱社"和"鼓浪社"两个文艺社。鼓浪社编辑出版《鼓浪》周刊,出版以后颇受欢迎。泱泱社出版《波艇》月刊,创刊号上登载鲁迅的《厦门通信》和孙伏园的《厦门景物记》。

《鼓浪》周刊第一期于 1927 年 1 月 1 日出版,刊载依哥的《渴死了》、岩野的《那不是空谷的回音》、绯心的《男生宿舍里的柔兰》、梅川的《过秦论》、田木的《厕所中的字纸》。1927 年 1 月 5 日出版的《送鲁迅专号》,有闵予的《鲁迅先生去矣》、白浪的《新科学及其方法》、宝飞的《论走过去》、长生的《书房里的故事》、小伙计的《两件事》,涵盖散文、诗歌、短篇小说等文体。

第三节　国学研究院

一、创办国学研究院

1.成立筹备委员会

林文庆掌校以来,对于国学的提倡不遗余力。1925 年冬,着手筹划成立国学研究院,并于 12 月 19 日、20 日召开国学研究筹备总委员会,亲任主席。

筹备委员会的其他委员有毛常(国文教授)、王振先(国文教授)、秉志(动物系主任，动物学正教授）、徐声金（预科主任，本科社会学兼历史学正教授）、孙贵定（代理大学秘书兼教育科主任，教育学和心理学正教授）、陈衍（国文系主任，国文正教授）、黄开宗（发科主任，法学正教授）、陈灿（商科主任，经济史教授）、陈定谟（社会学教授）、缪子才（中国文学史和哲学副教授）、戴密微（言语学教授）、钟心煊（植物系主任，植物学正教授）、涂开舆、龚惕庵等。

筹备会制定了《厦门大学国学研究院组织大纲》。组织大纲指明，设立国学研究院是为研究中国固有文化，研究目标"一是从实际上采集中国历史或有史以来之器物或图绘影拓之本，及属于自然科学之种种实物为整理之资料，二是从书本上搜求古今书籍或国外佚书秘笈，及金石骨甲木简文字为考证之资料，并将所得正确之成绩或新发现之事实，介绍于国内外学者"。后因林文庆赴新加坡与陈嘉庚面商校务，筹备工作暂告一段落。

2.名师云集

1926 年夏，林语堂应聘为文科主任兼国文系教授，得悉国学研究院正在筹办，便向学院推荐北京国学专家沈兼士，又推荐鲁迅、顾颉刚、张星烺、陈万里等人。不出数月，厦门大学国学研究院便聘请林语堂、沈兼士、黄坚、周树人、顾颉刚、孙伏园、潘家洵、陈万里、丁山等知名教授，一时间名师云集。

9 月上旬，沈兼士等"抱一国学研究之绝大愿望"来校，向林文庆提出一项大规模的筹办计划，希望历年在北京大学无法刊行的著作能够在厦大出版。林文庆同意了这项计划。于是，沈兼士于 9 月中旬开始，在原有的组织大纲的基础上，制定了《厦门大学国学研究院章程》及下属六个部的《办事细则》，提出常年经费 14 000 元的巨额预算。商定由林文庆兼任院长，林语堂兼国学研究院总秘书，沈兼士担任研究院主任，负责实际工作。

3.召开成立仪式

各部机构组织就绪后，国学研究院于 1926 年 10 月 10 日举行成立大会。莅会的思明县代表、警察厅代表、英国领事代表暨各界来宾约三百人，极一时之盛。林文庆校长发表演说，强调创立国学研究院的目的：一方面，从事研究，保存国故，罔使或坠；另一方面，调查民间风俗言语习惯等，"调查各处民情、生活、习惯，与考古学同时并进"。

会上，沈兼士报告说："在昔我国人士对于国学，除讲究八股文章而外，绝少贡献。虽有书院设立，其所研究材料，类皆偏颇不全，且无精确考证。此种研究，在此科学昌明时代，殊无价值可言。故现时欲研究古学，必得地质学、人类学、考古学、古生物学等等，作为参考，始有真确可言。"①

林语堂等也在会上发言，着重提出要以现代科学精神及态度从事国学研究，认为当效仿古人对民间文化无不重视不肯轻忽的态度，从根本上研究调查，以期改变过去国学界"囫囵吞枣，不求甚解"的旧习，创造出国学研究的新水平。另编辑中国图书志，将中国各种图书目录汇编成轶，以为将来研究国学之门径。

此外，研究教授张星烺、校代理秘书刘树杞、英国领事代表等，先后发表演说。

成立仪式后，林文庆、沈兼士及林语堂陪同来宾到生物院三楼参观国学院陈列室及图书部。其中东室陈列鲁迅所藏拓片，大多数为六朝隋唐造像，还有陈万里所藏的大同云岗拓片等。西室则陈列各种古物，大都为河南洛阳一带出土的，还有本校商科所藏古钱。

4.国学研究院的机构设置

厦门大学国学研究院下分研究、陈列、图书、编辑、造形、出版六部。

研究部包括语言文字学组、文学组、史学及考古学组、哲学组、美术音乐组。语言文字学组和文学组由鲁迅负责研究工作。

陈列部下分古物组、风俗物品组、研究成绩组，负责保管陈列研究人员发掘的或收集的古代文物、风俗物品以及本院的研究成果。由黄坚担任干事，管理该部的事务。

图书部包括访购组、目录组、典藏组，负责图书资料的采购、编目、保管、出借等工作。由陈乃乾担任干事，管理该部的事务。

编辑部包括丛书组、报告组、定期刊物组、翻译组。丛书组负责编纂本院出版之国学丛书，包括学术研究工具书（如年表、目录索引、辞典）、学术分类丛书（如音韵学丛书、钟鼎学丛书、目录学丛书、欧洲交通史料丛书、中国种族史料丛书），古籍善本、孤本的翻印。报告组负责编辑本院之调查、发掘、研究等报告及

---

① 《厦大周刊》1926年第159期。下文中林语堂、张星烺、刘树杞等人演说亦出于此。

演讲记录、行政文件、参观考察等材料。定期刊物组负责编辑本院的月刊、季刊、年刊各一种，第一学年先出季刊。翻译组负责翻译工作，凡外文书报之有关中国国故研究可作本国学者之参考者及本国学者之重要著述有向外国学术界介绍宣传之必要者，或由本组自译，或请院外学者代译。编辑部由孙伏园担任干事，管理该部事务。

造形部包括摄影组、图画组、模型组、摹拓组，负责有关的各项技术工作。历史系的陈万里兼任干事。

出版部下分印刷部、发行组，负责本院所编书刊的出版发行事宜。章延谦担任干事。

除上述各部的教授、导师、干事外，新聘原广东第一师范学校教员兼教务长容肇祖为国学院编辑兼国文系讲师。

二、国学研究院与国学系的关系

厦门大学国学研究院是新设的研究机构，国文系则是原有的教学机构，二者本不相关。在国学研究院的15位筹备总委员会委员中，只有毛常、王振先这两位教授和龚惕庵讲师属国文系。林语堂来厦大出任文科主任并接手国学院的筹办工作后，有意改变这一状况。因此，他为厦大聘请的教职员，大多身兼国学院和国文系两职。除了鲁迅、沈兼士、顾颉刚，其他如陈万里，聘为国学研究院考古学导师兼造形部干事，兼国文系名誉讲师；容肇祖，聘为国学院哲学助教兼编辑，兼国文系讲师；陈乃乾，聘为国学院图书部干事兼国文系讲师（未到任）。

沈兼士等人到厦大后，顺着这一思路，力图把国文系和国学院贯通起来。他们采取了一个重要举措，将国文系改称为国学系。改称的目的，就是要把基础教学与高深研究连接起来。1926年9月，沈兼士等人提出《国文系改称国学系之理由草案》（以下简称《草案》）。《草案》申述了改称的理由，提出“课程草案”、“学程纲要”和“1926年秋至1927年度教员担任科目时数表”。

关于改称的理由，《草案》指出：“案本系所设科目，其内容包含，粗可分为四类：（一）关于语言文字者，如文字学史、方言之研究……（二）关于文学者，如文学史，词曲选……（三）关于其他国故，如经学、礼乐、历数……（四）关于治学方法者，如目录学、校勘学……其性质既不一致，统称之曰国文系，似嫌太泛，若改名为中国文学系，又觉含义不周，失之过狭，因念近代泰西日本谓中国固有一切学术为支那学，Sinology 国人自称则可直名为国学，盖国学系所以教授关于国学之基础学识，国学研究院所以资精深之研究，今改斯称，庶几本末一贯，名实相符矣。"①

综合《草案》中关于"国文系课程草案""学程纲要""1926 年秋至 1927 年度教员担任科目时数表"三个部分的内容，可知国文系拟设科目及 1926 年秋季的任课教师安排如下。

(一)语言文字

(1)文字学及文字学史(一年级、二年级)，沈兼士。

(2)古韵沿革(一年级、二年级)，罗常培。

(3)中国方言之研究(四年级，未开)。

(4)中国古代方言之研究(四年级，未开)。

(5)声韵、文字、训诂专书研究(三年级)，周树人、沈兼士。

(6)中国文法之研究(四年级，未开)。

(7)中国修辞学之研究(四年级，未开)。

(8)作文及演说(一年级、二年级)，王振先、汪煌辉。

(二)文学

(1)文学史总要(一年级)，周树人。

(2)文选及文史(一年级、二年级)，罗常培、郝立权。

(3)诗赋选及诗赋史(一年级、二年级)，郝立权。

(4)词曲选及词曲史(二年级)，毛常(词)、陈万里(戏曲)。

(5)小说选及小说史(二年级)，周树人。

(6)文学分代或专家之研究(三年级、四年级，四年级未开)，周树人、罗常培、郝立权、汪煌辉、陈万里。

---

① 《国文系改称国学系之理由草案》，《厦大周刊》1926 年第 157 期。

(三)其他国故及治国学之方法

(1)经学通论(一年级),罗常培。

(2)经学专书研究(三年级、四年级,仅三年级开),顾颉刚。

(3)史学专书研究(三年级),张星烺。

(4)诸子专家研究(三年级),容肇祖。

(5)古代礼乐制度之研究(四年级,未开)。

(6)古代历数之研究(四年级,未开)。

(7)目录学(一年级),陈乃乾。

(8)校勘学(二年级),陈乃乾。

当然,上述科目设置及1926年秋季任课教师安排,只是一个计划,实际有所变动,如,“文学分代或专家之研究”并未开设。鲁迅承担的“声韵、文字、训诂专书研究”无人选修。陈乃乾未到校,拟由他担任的“校勘学”未开设,“目录学”改由容肇祖担任。诸如此类,都是计划不及变化。

从这个计划可以看出,一是国文系的科目设置与现在的中文系有很大的不同,既没有原理的课程也没有外国语言文学的课程;二是内容超出语言文学的范围,包含经、史、子、集以及治学方法等传统学术的各个方面。可以说,改称国学系还是名实相符的。国文系改称的设想、理由以及课程设置,颇能说明当时国学系的办学宗旨,即培养国学研究的人才。其与国学院的关系十分密切,前者传授国学之基础知识,而后者从事国学之精深研究。[①]

三、国学研究院的教学与研究

国学研究院自聘请林语堂、沈兼士、黄坚、周树人、顾颉刚、孙伏园、潘家洵、陈万里、丁山等名师后,提出要以现代科学方法整理中国固有的文化,在全国学术界独树一帜,备受瞩目。全院研究教师、导师及职员也都同心协力,决心探索出一条继承和发扬中华民族优秀文化传统的正确道路,因此,从成立开始,各部工作便紧密配合,节节推进。

---

① 洪峻峰:《厦门大学国学研究院与国学系》,《鲁迅研究月刊》2003年第6期。

1.国学研究院的学术成果

1926年9月18日下午4时,国学院召开编辑事务谈话会,讨论决定,季刊的出版期定于十二、三、六、九月各出一期,刊名为"厦门大学国学研究院季刊",简称为"厦大国学",英文名称为 Journal of the Sinology,AmoyUniversity,本年十二月出第一卷第一期,每期字数以八万为准,用四号排印,新式标点。

1927年1月5日,《厦门大学国学研究院周刊》发刊,共编成4期(其中第4期未印行即停刊)。其中,沈兼士分担了谱录类书目的编务,丁山负责小学部分,鲁迅负责小说部分。发刊词记录了创刊的过程,指出,发行该周刊是要"掘地看古人的生活,要旅行看一般人的生活",目的"不是求美善,而是求真",任何肮脏和丑恶的东西以及所搜集到的赤裸裸的材料都在发表的内容之列,希望"清楚地表现他们本来的实在"。

在此期间,还刊发了《厦门大学文科半月刊》(1928年创刊)、《国学院季刊》、《厦大国学季刊》[①]。其中,《厦大国学季刊》只编好创刊号。鲁迅在致许广平的信中多次提到给季刊写稿,并说明已于11月4日完稿,5日为交稿时间。11月20日出版的《厦大周刊》第164期所载报道《国学季刊将付印》,公布了季刊创刊号目录。据所载目录,《厦大国学季刊》创刊号的作者,囊括了厦大国学院中除林文庆(校长兼院长)、黄坚(陈列部干事)、孙伏园(编辑部干事)以及尚未到厦的章廷谦(出版部干事)之外的全部职员,可以说是厦大国学院学术力量的一次集中展示。除《发刊词》、林景良的《本院成立会记事》、史禄国的书评外,《厦大国学季刊》共登载论文和译文13篇,显示了厦大国学院国学研究的实绩。

此外,编辑部共同编辑了《中国图书志》,第一部先编《书目之书目》,以后分类编辑。这是一部中国历代书籍的目录总会,其编纂旨趣是:"兹编体制,囊括历代史志,各家书目。每载一书,穷原竟委,纲举目张。得此一编,不但一切目录之书可废,其于七略四部分类之沿革,学术思想兴衰之形势,或同为一学而历代所定学说不同,或等是一书而各家所归之部类有异,亦皆讨源纳流,孰要说详。扩而充之,即学术史之长编;精以求之,实参考书之宝藏。整理国故,斯其巨制;研究国学,此为总键。"

---

① 实际并未出版。汪毅夫:《鲁迅在厦门若干史实考》,薛绥之主编:《鲁迅生平史料汇编·第4辑》,天津人民出版社1983年版,第134页。

在课题研究的基础上，国学研究院的教授们也取得丰硕的成果：林语堂与顾颉刚的《七种疑年录统编》，鲁迅的《古小说钩沉》《六朝唐代造像汇编》，林语堂的《汉代方音考》，丁山的《说文阙字考》等研究专著及研究计划，使厦门大学国学研究院始终处于国学研究的前沿。

2.招收研究生与研究课题

国学研究院成立不久，就决定招收研究生，并从1926年10月下旬在上海等地报纸刊登招生广告，招收“凡大学本科毕业生或于国学方面具有特殊之学力及成绩者”。报名时须填写已往的学业、自报研究项目及研究方法，有著作者呈送著作，一并由院主任交由学术会议审查，合格者才可以录取。被录取的研究生由教授、导师指导其研究工作，可选修学校所开设的课程，但不规定其修业年限，而以研究成果作为衡量成绩的主要标准。对于所提出的研究课题取得成果后，由主任提交学术会议审查，及格者授予证书，成绩优良者可获得奖学金，成绩最优者推为本院学侣，其著作如认为有发表之必要时可交编辑部办理。

招收研究生是培养国学人才，使国学研究后继有人的重大措施。虽然厦大国学院的研究生与欧美大学的研究生有所不同，结业后暂不授予硕士或者博士学位，但其层次已经高于本科教育。当时审查合格被招收入院从事研究者有14人、研究题目16项。这是厦门大学研究生教育之始。

在招收研究生的同时，研究部推出一批研究课题。与中国语言文学方向有关的包括鲁迅的“古小说钩沉”和沈兼士的“扬雄方言之研究”。

除教员自行研究的课题外，还有教员指导学员研究，例如郑江涛的“诗经描写下的社会现象”，陈佩真的“诗学研究”，孙家碧的“论语中的孔子及其和诸子的关系”，陈家瑞的“中文小说编目”，汪剑余的“牡丹亭传奇考”，蒋锡昌的“老子校释”，陈祖宾的“中国语言文字略”“莆田方音及闽南各县方言”等。

3.国学研究院的教学工作

在学术研究之余，国学研究院的各教授及研究人员亦积极承担了教学工作。根据相关史料记载，林语堂承担了“英文发音学”“英文作文”“现代文”等课程，每周授课七小时。沈兼士承担“文字学及文字学史”“声韵文字训诂专书研究”等课程，每周授课六小时。鲁迅承担了“小说选及小说史”“文学史纲要”等课程，每周授课五小时。毛常承担预科的“国文”“词选及词史”等课程，每周授课八小时。罗常培则负责教授“文选及作文”“经学通论”“古韵沿革”等课程，每周授课八小时。

除日常教学外，演讲考古等活动也全面展开，课余也不忘传播学识，诲人不倦。从1926年9月开始，国学研究院的名师大家们陆续在全校性或院办学术讲座及周会上发表演讲，宣传治学成果和治学方法，很受学生欢迎。例如，1926年9月30日，沈兼士讲演《对于教育上之感想》；10月3日，林文庆讲演《孔子学说是否适用于今日》；10月14日，鲁迅讲演《好事之徒》。1926年12月18日，林语堂讲演《闽粤方言之来源》，地点在国学院楼下生物院讲演室。同日下午，国学院展览厦门交涉使刘光谦所藏古书画，同时开放全院各陈列室任人参观。

四、国学研究院停办

1.与理科主任的矛盾

国学研究院初获成绩，不仅激励了师生，在全国学术界也引起良好的反响。但其工作的开展却遇到阻力，特别是理科主任兼代校秘书刘树杞的反对。

刘树杞是当时仅次于校长的重要人物，在厦大创办之时就已经来校。作为著名的化学家，他在厦大一直担任理科主任。对于国学研究院的创办，刘树杞原先并不赞同，只是因为林文庆坚持要办才勉强同意。林文庆为了团结他，提出任命他为国学研究院顾问，但被国学院拒绝。因此，双方开始产生矛盾。

沈兼士来校后，原定住在生物院三楼，但三楼已被理科教授所占用，便把行李移至二楼一间空房。刘树杞又以个人名义，贴“地质室”的字条于门上，再托人告诉沈兼士说“此室已定为地质室”。当林文庆让出校长图书室给沈兼士时，刘树杞又使理科教授联函给校长加以反对。后来，生物系系主任向国学院讨回生物馆，成为国学研究院停办的导火索。与此同时，刘树杞以代校秘书的身份，任意改易沈兼士送呈校部的国学研究院章程，竭力削弱院主任的权力，例如，将“研究院教授由主任提出，请院长聘任”一条改为“由主任呈请院长核准聘任”。沈兼士深感失望，上任不到两个月便托词参加英国庚款委员会，去了上海。

2.经费不足,无力支撑

1926年12月,陈嘉庚企业遭遇意想不到的挫折。荷兰由于不受英国在海峡殖民地实施"斯蒂文逊计划"的约束,在印尼拼命增产,国际胶价连连暴跌,陈嘉庚企业利润缩水,这就严重影响到扩充厦大的计划。陈嘉庚虽"一息尚存,此志不减",但增拨经费部分已难兑现。厦大各科在经费分配上难以协调,林文庆承诺给国学研究院的经费迟迟未能落实。"至冬,树胶价降如流水就下,由每担百七八十元而跌至九十余元,各厂不但乏利,尚当亏损。由是厦大校舍已下手建设者,使至完竣便止,而集美建设则于冬间完全停止。"由于陈嘉庚实业经营情况不佳,核减厦大经费,刘树杞便将国学研究院的业务经费减为每月400元。

10月16日,张星烺在给陈垣的信中写道:"此间情况不见甚佳,国学研究院牌子已挂出,而内中并无的款办理一切。目下仅筹一种国学季刊而已。据云因校主陈嘉庚下半年来橡皮生意不佳之故也。何时起始印书,现下尚未能定……兼士先生现已决意回京,不欲再问此间事。"①无款印书,计划落空,沈兼士因此正式提出辞职。

沈兼士如此,鲁迅也是如此。1926年12月31日,鲁迅在致李小峰的《厦门通讯(三)》中也讲到印书的事。他说:"我最初的主意,倒的确想在这里住两年,除教书之外,还希望将先前所集成的《汉画象考》和《古小说钩沈》印出。这两种书自己印不起,也不敢请你印。因为看的人一定很少,折本无疑,惟有有钱的学校才合适。及至到了这里,看看情形,便将印《汉画象考》的希望取消,并且自己缩短年限为一年……后来豫算不算数了,语堂力争。听说校长就说,只要你们有稿子拿来,立刻可以印。于是我将稿子拿出去,放了大约至多十分钟罢,拿回来了,从此没有后文。这结果,不过证明了我确有稿子,并不欺骗。那时我便将印《古小说钩沈》的意思也取消,并且自己再缩短年限为半年。"鲁迅讲得很明确,他也是抱有印书的期望的,但刊行著作"所需费用太多",归根结底也在于经费不足。

1927年1月4日,鲁迅决定应中山大学之聘,前往任教,正式向厦大提出辞职,声明自1926年12月31日与厦大脱离关系。1月6日,厦大学生为鲁迅举行盛大的送别会。厦大女生同学会全体同学也在会上赠诗鲁迅,悲叹"相留无计",

---

① 陈智超编注:《陈垣来往书信集》,上海古籍出版社1990年版,第210页。

第愿“永不相忘”。

第二次学潮过后，学校正式停办国学研究院。1927 年 2 月 11 日《申报》刊载短讯“闻陈嘉庚电厦大，停办国学院及文科”，国学研究院至此结束。

厦门大学国学研究院虽然只存在半年，丧失了引领国学研究潮流的机会，留下深深的遗憾，但它从筹办到开办的实践，在现代中国学术传承上占有不可忽视的一席地位。“与同时期的新国学各研究机构相比，为时不久的厦门大学国学院的学术成就固然赶不上北大和清华，却不逊色于齐鲁、燕京的国学研究所和东南大学国学院，在学术发展史上的地位甚至更为重要。”

第四节　教授录

1.陈衍

陈衍(1856—1937)，字叔伊，号石遗。福建闽侯人。清末民初著名诗人、学者。清光绪八年(1882)举人。与郑孝胥共倡“同光体”，为此派杰出代表。1907 年任京师大学堂文科教席，后任北京大学史学教授。主要著作有《石遗室诗话》《说文解字辩证》《周礼疑义辩证》《尚书举要》《石遗室诗文集》《宋诗精华录》，主编《福建通志》。晚年寓居苏州，与章炳麟、金天翮共同倡办国学会。1923 年至 1926 年任教于厦门大学中文系，任国文系主任。

2.缪篆

缪篆(1877—1939)，原名学贤，字子才，亦以字行。江苏泰州人。著名学者。早年留学日本，精于测绘，曾任奉天交涉史署编纂、吉林民政司疆理科科长、东三省筹边公署艺术处处长、内务部主事等职。1926 年受聘于厦门大学，先后为中国文学史、哲学副教授、教授。曾师从章太炎，治学堂庑甚广，于儒释道及诸子、语言、文献之学等无所不窥。著述有《齐物论释注》《老子古微》《国故论衡子部注》等多种。

3.鲁迅

鲁迅(1881—1936)，原名周树人，字豫才，浙江绍兴人，杰出的思想家、文学家和文学史家，中国新文学的奠基者。早年留学日本，原任职于教育部，兼任北京大学讲师、北京女子高等师范学校讲师、北京女子师范大学教授。著作以小说、杂文为主，代表作有小说集《呐喊》《彷徨》《故事新编》，散文集《朝花夕拾》（原名《旧事重提》），散文诗集《野草》，杂文集《坟》《热风》《华盖集》《南腔北调集》《三闲集》《二心集》《而已集》等16部。1926年9月4日至1927年1月15日，在厦门大学任国文系教授、国学院教授，开设"中国文学史""中国小说史"等课程，编写教材《汉文学史纲要》。

4.毛常

毛常（1881—1851），一名翔，字夷庚，浙江江山人。著名学者，书法家。文章优异，清末中秀才，补廪生，拔贡榜首。辛亥革命后，任教龙游书院。1916年在北京大学文学院做旁听生，钻研中国古典文学，精于《易》，为蔡元培所赏识，1919年聘为北大讲师。1923年后，历任厦门大学讲师、河南中州大学教授。1927年，蔡元培出任国民政府大学院院长，聘为大学院秘书兼编审委员。1930年，再度赴厦门大学任教。抗战时回江山，任英士大学教授。解放后，英士大学裁撤，毛常旋亦去世。

5.杨树达

杨树达（1885—1956），字遇夫，号积微，晚更号耐林翁。湖南长沙人。著名学者、语言文字学家。早岁受业于叶德辉，攻读《说文解字》《四库提要》。1905年赴日本留学，1911年回国，受聘于湖南省立第一师范学校、北京高等师范学校、清华学校大学部，为国文教授。1927年出任厦门大学国学系主任、教授。1928年后为武汉大学、湖南大学教授。中华人民共和国成立后，被聘为中国科学院哲学社会科学学部委员，湖南省文史馆馆长。在金石、甲骨和古文字训诂、音韵及汉语语法、修辞等方面造诣精深，毕生从事相关研究。著述有《汉书补注补正》《马氏文通刊误》《中国修辞学》《积微居金文论》等多种。

6.沈兼士

沈兼士（1887—1947），名坚士，浙江湖州人。中国语言文字学家、文献档案学家、诗人、书法家。早年留学日本，曾师从章太炎学习文字、音韵学。归国后先后任教于北京大学、辅仁大学、清华大学等多所高校。著有《文字形义学》《广韵声系》《段砚斋杂文》等。在“五四”新文化运动中,倡导并写作新诗,是五四新文化运动的积极参与者。1926年任厦门大学国文系主任兼文字学正教授,兼国学研究院主任。

7.黎锦熙

黎锦熙(1890—1978),字劭西,湖南湘潭人。著名学者、汉语言文字学家、词典编纂家、文字改革家、教育家,九三学社创始人之一。1915年受聘为教育部教科书特约编审员,1916年参与创办“中华国语研究会”。1920年,受聘为北京高等师范学校国文系教授,1927年受聘为厦门大学国学系教授。1955年当选为中国科学院哲学社会科学学部委员。在文字学、词典学、语法学、修辞学、教育学、文献学、地理学、历史学等各方面皆有很深造诣,著述有《新著国语文法》《暂拟汉语教学语法系统》《比较文法》等多种。

8.孙伏园

孙伏园(1894—1966),原名福源,字养泉,笔名伏庐、柏生、桐柏、松年等。浙江绍兴人。现代散文作家、著名副刊编辑。先后任教于北京大学、中山大学、四川大学、齐鲁大学等名校,担任北京《晨报》副刊编辑、《中央日报》副刊编辑、《当代》主编、《新民报》副刊编辑,人称“副刊大王”。1926年任教于厦门大学中文系。

9.林语堂

林语堂(1895—1976),原名和乐,后改玉堂,又改语堂。福建平和人。中国现代著名文学家、语言学家、翻译家、学者。早年留学美国、欧洲,获美国哈佛大学文学硕士和德国莱比锡大学语言学博士学位。回国后在清华大学、北京大学等校任教。1954年赴新加坡筹建南洋大学,任校长。曾任联合国教科文组织美术与文学主任、国际笔会副会长等职。先后创办、编辑《论语》《人间世》《宇宙风》等刊物,提倡“闲话幽默”的小品文。1966年定居台湾,一生著述颇丰,主要著述有《京华烟云》《生活的艺术》《当代汉英词典》《国语辞典》。1926年5月至1927年2月任厦门大学文科主任、文学院院长、国文系语言学正教授兼国学研究院总秘书。

10.郝昺衡

郝昺衡(1895—1978),又名立权、秉衡,江苏盐城人。著名文史学家。1924年毕业于北京大学国文系,为著名学者黄节弟子。不久受聘于厦门大学,曾与鲁迅共事,结下友谊。鲁迅日记中四次谈及郝昺衡。鲁迅离开厦大时,赠送郝昺衡一方砚台,今藏于上海鲁迅纪念馆。1930年离开厦大,任齐鲁大学国文系主任。抗战结束后,任职于上海暨南大学。建国后任华东师范大学教授,曾兼任中文系主任。“文革”中受诬陷、迫害,1978年病逝于北京。著述有《陆士衡诗注》《沈休文诗注》《谢宣城诗注》《何水部诗注》《阴常侍诗注》《谢康乐年谱》等。

11.罗常培

罗常培(1899—1958),字莘田,号恬庵,笔名贾尹耕,斋名未济。北京人,满族。毕业于北京大学。语言学家、语言教育家。先后执教于西北大学、厦门大学、中山大学、北京大学,筹建中国科学院语言研究所,任第一任所长,任中国文字改革委员会委员、普通话审音委员会委员和召集人。罗常培毕生从事语言教学与研究,在少数民族语言、方言、音韵学方面贡献尤著,对当代中国语言学及音韵学研究影响极为深远。著有《汉语音韵学导论》《汉魏晋南北朝韵部演变研究》《厦门音系》《临川音系》《唐五代西北方音》和《八思巴字与元代汉语》等。1926年至1927年任教于厦门大学中文系。

12.台静农

台静农(1903—1990),本姓澹台,字伯简,原名传严,改名静农,安徽霍邱人。著名作家、文学评论家、书法家。幼承庭训,中学后入北京大学国文系旁听,后北京大学研究所国学门肄业。1925年春初识鲁迅,后关系密切,友谊深厚,系“未名社”成员之一。1929年,任教于辅仁大学。1935年8月,经胡适介绍,任厦门大学文学院中国文学系教授,讲授“中国文学史”“文字”“声韵”等课程。一年后赴青岛,任山东大学、齐鲁大学教职。抗战后,举家迁四川,任职国立编译馆。1946年赴台,后任台湾大学中文系教授,后兼任系主任。著有小说集《地之子》,散文集《龙坡杂文》,学术论文集《静农论文集》及书画作品《台静农书艺集》等多种。

13.郦承铨

郦承铨(1904—1967年),字衡叔、衡三,号愿堂,别署无愿居士。书斋号写春。江苏南京人。著名诗人、学者、书画家。早年受教于王伯沆、柳诒徵、吴梅等,与胡小石、胡翔冬等过从。1928年任教于第四中山大学,1934年任教于上海暨南大学,1935年为厦门大学副教授。1937年后历任金陵大学、浙江大学、台湾大学等校教授。1950年任浙江省文物管理委员会副主任,一生从事古代文学艺术教学与研究工作,对黄公望《富春山居图》残卷的保护与收藏,居功至伟。"文革"初,被迫害致死。著有《唐诗史》《〈建康实录〉校记》《说文解字叙讲疏》《郦承铨书画选集》等多种。

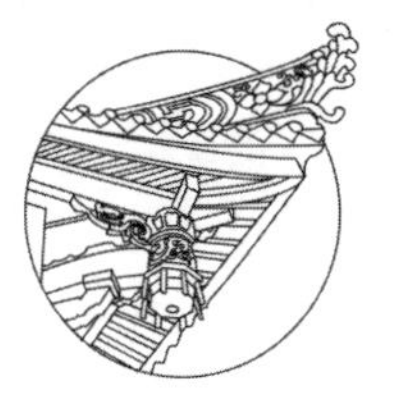

第二章
弦歌不辍
（1937—1949）

抗日战争爆发后，鉴于国际、国内形势的变化，厦大迁于闽西山区长汀，中文系师生响应学校号召，与全校各方步调一致，深入闽西办学。此时正是多灾多难之时，一方面办学经费严重匮乏，另一方面抗日战争爆发，国际、国内形势严峻，但即便如此，厦门大学中文系师生依然弦歌不辍，在教学与科研方面取得令人瞩目的成就。

第一节 长汀岁月

一、烽火中西迁

1937 年，因所经营的企业如江河日下亏损严重，陈嘉庚考虑到“厦集二校虽可维持现状，然无进展希望，而诸项添置亦付阙如，未免误及青年”，故写信给当时的南京国民政府教育部和福建省政府，提出自愿无条件将厦门大学改为国立，不久，得到同意。厦门大学改为国立，萨本栋任校长，一上任就提出要把厦大办成“南方的清华”。

7 月 13 日，淞沪大战爆发，是月的 24 日起，旅居厦门的华侨开始撤退。萨本栋一面将图书、仪器、标本等迅速装箱，以备万一；一面仍照常进行招生、延聘教授等各项校务。9 月 3 日，厦门遭袭，萨本栋遂将厦门大学师生迁往鼓浪屿，借用闽南职业学校的一部分楼屋为办公室。1937 年招收的新生于 8 月 21 日考试完毕，所以同时借用英华中学一部分校舍，于 10 月 4 日开学，11 日正式上课。彼时厦门大学在校生共 282 人。

12 月 9 日，战事日紧，厦大决定西迁长汀。鼓浪屿方面，12 月 20 日起停课，准备迁移。12 月 24 日，师生开始分批出发，实行迁移。厦大从 1937 年西迁长汀至 1947 年回迁厦门，长达 10 年，这个时期是厦门大学最艰难最困苦的办学时期，但也是厦门大学赢得“南方之强”美誉的时候。

二、奋发图强

1938 年 1 月 12 日，全部师生抵达长汀。部分图书仪器，因为交通车辆的关系，留存鼓浪屿、漳州、龙岩等地。1 月 17 日，厦门大学在长汀复课，共有学生 198 人。待到 3 月 10 日注册的时候，学生总数增加到 239 人。上课后，厦大学子除了在艰苦的环境里不懈钻研、醉心学习，还不忘在课余之暇，协助长汀当地举办各项民训工作，开办民众学校，“颇具成绩”，得到政府和民众的好评。

远离了熟悉的厦门，一切都要从头开始。据资料记载，中文系教授们对长汀的印象是“举目凄凉无故物”，所有的教学设备均要重新购置，连校舍都成问题，文庙加以修葺后勉强可充当男生宿舍，但教职员工宿舍与女生宿舍可就有问题了。后来由伦敦工会驻长汀某机构出借一座破楼暂为女生宿舍，又租得旧长汀饭店改造起来，教授们这才有栖身教学研究之地。

然而经过厦大师生在长汀两年的努力经营，一改因陋就简的情形，扩建了校舍，校园环境差堪自慰。厦门大学不仅添建了同安堂和嘉庚堂两座教室，还将图书馆迁入北山山麓宽敞的万寿宫，另修葺八角亭边之民房，名曰“敬贤斋”，为四年级男生宿舍，赁万寿宫附近民房数十间，分别为二年级男生宿舍、全体女生宿舍、厦大医院、西膳厅及毕业同学会会所之用。全校校址面积之广，远非初来时局促一隅的窘状所能及。这真是迁移前所意想不到的成功。

两年来厦大的遭遇，是过去十六年所不能遇到的。从十里洋场的厦门到七闽穷僻的长汀，从雕栏石砌的高楼大厦到画栋剥落的破败庙宇；从贵族到平民，从繁华到朴素；这期间，转变太惊人了，不过这一转变，对于重生的厦大，确实十分有利。

时任中文系主任的周辨明教授在《厦大迁汀两年来之变化》里把厦门大学迁汀之后的状态喻为“重生”——从不安的一再迁徙的生活到恢复新气象，成为“东南半壁仅存的硕果"[1]。因时局关系，战时教职员薪俸只能按标准预发。教授及高级职员，薪俸在 200 元以上者，按六成支领。副教授、专任讲师、助教及其他职员，薪俸在 101 元至 200 元者，按七成五支领；在 51 元至 100 元者，按九成支领；50 元以下者，全数支领。学生宿舍多位于孔庙旁的同安堂，虽然在长汀期间校舍日渐扩充，但学生人数也不断增加。每间宿舍住 20 名学生，上下铺，每人一床、一桌、一椅、一小衣柜，进出卧室"举步维艰"[2]。据经历过长汀时期的学生回忆，长汀期间物质条件非常艰苦，宿舍多臭虫，伙食较差。公费生每餐主食大多为一小草包蒸熟的糙米，副食则是每餐两匙黄豆和菜蔬，每逢周日才有肉片小块。厦大附近也没有任何小吃店，如果要买馒头包子，需要步行 15 分钟。学生大多面有菜色。

三、大力奖助

与此同时，战时厦门大学并未减少对清寒学生的奖助力度。从开拓公费和免费的经济来源着手，其结果是，享受免学费的学生人数由 40 名增加至 200 名以上，奖学金种类由 1 种增加到 6 种，此外还有津贴及服务所得种种办法，给予清寒学生以充分的奖励。奖助方式包括以下几种：

嘉庚奖学金——为纪念厦大创办人陈嘉庚先生而设，由奖学金委员会就旧生中学业、操行及体育成绩特优，与新生中入学试验或转学试验成绩特优者选拔后，提交咨询委员会决定。每年奖金金额多至 40 名，分为甲、乙两等。甲等每名年额 240 元，乙等每名年额 120 元。

林文庆奖学金——为纪念厦大前任校长林文庆先生而设，每年名额 4 名，由奖学金委员会就各年级学生中平均成绩最优者(无一科不及格者)选拔 1 名，每名年给奖金 25 元。

刘树杞奖学金——为纪念厦大理学院已故教授刘树杞先生而设，每年名额 1 名，由奖学金委员会就理学院数理、化学、生物三系学生中成绩最优者按年轮流选拔之，年给奖金 20 元。

---

① 《厦大迁汀两年来之变化》，《唯力》1939 年第 2 卷第 7—8 期合刊。《唯力》为旬刊。

② 彭驾骍：《鹭江深且长，彭家四代厦大情更长》，陈福郎主编：《凤凰树下——我的厦大学生时代》，厦门大学出版社 2006 年版，第 54～55 页。

萨师俊奖学金——为中山舰萨师俊舰长的家属纪念萨舰长江阴殉难而设，每年名额两名，每名年给奖金20元，托由厦大奖学金委员会就理工学院土木工程学系学生中自然科学基本学科成绩最优者选拔两名。

中正奖学金——为纪念蒋介石任国民党总裁而设，每年在考取成绩特优的新生和在校成绩特优的旧生中选拔一定的名额由教育部决定。每年的名额由教育部决定，奖金定为每名年额40元。

各省教育厅奖学金——各省教育厅为奖励各省籍的厦大优秀学生而设。

中文系的学生可以参评的奖学金就有嘉庚奖学金、林文庆奖学金、中正奖学金和各省教育厅奖学金，还有热心教育的黄其华先生等为提倡现代文化，特捐赠厦门大学一百万元，厦大当即成立现代文化奖学金基金委员会，文学院每年有两名的推荐名额。资料显示，自设立奖学金以来，中文系的学生也因学业努力刻苦，屡屡斩获各类奖学金，足见优异[①]。

第二节　教学与科研

一、招生考试

入学前需经过严格的考试，中文系的学生需要准备的学科包括：一，“国文”；二，“英文”；三，“数学”（高等代数、平面几何、三角）；四，“公民”；五，“中外历史”；六，“中外地理”；七，“理化”。除了通过考试的学生，另陆续录取各大学先修班及保送生以及因为战争来函申请借读的各地学生。[②]

二、强化师资

1938年9月21日，厦门大学奉令调整各院系，设文、理、商三学院。中国文

---

① 福建《中央日报》1945年1月25日。

② 江西上饶《前线日报》1940年10月25日。

学系隶属文学院，共有学生 9 人[①]。教师（含助教）有 8 人，分别是，教授兼主任周辨明，教授李庆云、余謇，副教授林庚，专任讲师曾省，助教邱立塔、黄典诚、郑朝宗。曾省和黄典诚是毕业后留校任教。

1941 年，厦大中国文学系新聘请著名作家施蛰存任副教授，开设“史记”专题课，编撰《史记旁札》等教材。施蛰存曾任私立中国工学预科教授、国立云南大学文史系副教授、福建省立中学师资养成所国文组主任，在中国第一次运用心理分析创作小说《鸠摩罗什》《将军的头》而成为中国现代小说的奠基人之一。30 年代他主编的《现代》杂志，引进现代主义思潮，推崇现代意识的文学创作，在当时影响广泛。施蛰存和讲师戴锡樟、管雄的加盟，令中文系的教学实力大增。

厦门大学在长汀办学九载，至 1946 年回迁厦门时，规模已比西迁前壮大了许多。中文系的教师几经更迭，从西迁始的 8 人，至回迁时的 13 人（文学院院长周辨明。中国文学系主任余謇。教授林庚、虞愚、徐元度、朱以书、戴锡樟。副教授郑朝宗、黄典诚、陈敦仁。助教陈鹤龄），不仅保留了最骨干的力量，队伍还略有壮大。其中部分教师如黄典诚等是厦大中文系培养的功底扎实的学者，毕业后留校走上教师岗位，一方面继续学术生涯，一方面也为厦大培养了不少英才，为中文系严谨踏实、自强不息的学风的延续传承贡献了力量。

三、通识教育

此时的厦大已逐步改变林文庆“极重文科”的特点，教学重点转而向更具实际功用的理工科倾斜。虽然中文系的课程仍然是“国文”“词选曲选”“中国文学专书选读”“历代词选”“各体文习作”“中国文学史”“小说戏剧选读”等，中文系却由此获得更广阔的空间，具备良好的语文阅读和应用能力不再仅仅是对中文系学生的要求，也是对每一个厦大学子的要求。

1940 年 2 月 17 日，厦门大学第六十六次校务会议修正通过《国立厦门大学语文特殊试验办法》，旨在鼓励学生研读语文，“以为进修高深学问之工具”。参加语文特殊试验的学生，必须已经修过“国文一”以及“英文一”或同等课程。考试分为国文和英文两科，考试内容和方法如下：

---

① 《厦大通讯》1939 年第 1 卷第 1 期。

国文：当场作文一篇（文言语体均可）。

英文：或阅读指定的英文读物，考试的时候提交三百字的阅读报告；或在应考时由考试主持人任选英文读物，考试其阅读能力。

据《厦大通讯》第三卷第二期刊载的情况，1941 年 4 月 15 日，厦门大学举行第七次语文特殊试验，由余謇、高梦雄、刘天予三人主试。林莺、叶鸣凤、叶淑仁、辜泗水等四人参加了考试。所有系的基础课程与通识教育都特别注重加强语文教育。大一学生"国文"4 小时、"英文"5 小时；大二"国文"3 小时，"英文"3 小时，此番努力，令厦大学子进一步夯实了语文基础，这项举措很快就被证实行之有效。

四、南方之强

厦大迁汀期间，尽管条件艰苦，行政与教学同样的紧张，教员与学生也同样的努力。课时安排照常，课程设置照常，未曾缺课一天，这在其他迁移学校之中，是十分罕见的成绩。

其中，对大一学生要求尤其严格。第一学期成绩不足 80 分的公费生一律改为半公费生，成绩不及 75 分的半公费生一律取消公费资格。所以大一的学生多数兢兢业业，不敢懈怠。相对的，中文系对于大一的师资安排也尤为注意，几乎所有的课程均由院长、系主任，至少副教授以上的老师，担任。例如，由周辨明（文学院院长）担任大一英文课程，黄典诚副教授等名师也亲自给大一新生授课。

萨本栋治校后大力推行导师制，因导师制的上轨道，教员与学生多有接触的机会，情感既洽，领导自易。于是学生团体如学会、级会、剧团、辩论会等活动，都可以表现出研究与服务的精神，加强抗战必胜的信心。其中尤以战时后方服务团的努力、抗战宣传及空袭救护消防等工作，更得当地官民不少的好评。

1940 年，教育部为要考验全国专科以上学校学生程度，改善学术研究风气，特举办"全国专科以上学校学生学业竞试"，先由学校选出应试代表，参加各省区初试，优胜者再参加全国复试。竞试分三类，第一类考基本学科，即国文、英文、数学，由一年级学生参加；第二类考各学系专门学科两科，由二、三年级学生参加;第三类以毕业论文竞选,由四年级学生参加。福建省初试在长汀举行。[①] 中文系 1936 级学生曾瑞雯代表厦大参赛,得到教育部的嘉奖,为我校赢得荣誉。[②] 数届学业竞试,厦大均成绩不俗,受到世人的瞩目,获得"加尔各答以东最完善之大学"和"南方之强"的美誉。

第三节　期刊与社团

一、出版刊物

1.学术类

中文系的师生除在各大校级刊物上发表文章外,本系也创办各种刊物,多发表学术类文章。中文系主任周辨明曾主编《语言文字导刊》,此为前驱国语社的"社刊",多发表推行国语罗马字拼音文字的方案,极大地促进了语文大众化运动。

这时期,为促进学术研究,厦大由各学院编辑刊物。文学院即在 1947 年刊行"国立厦门大学文学院学术论丛"。[③] 厦大出版委员会也于此时出版"大学丛书",第一种即为林庚教授的著作《中国文学史》,充满创造性和个人特色。该书 1941 年曾由厦大出版组以油印本装订成书,油印本只有《启蒙时代》《黄金时代》《白银时代》前三编。1946 年,厦大出版委员会决定出版厦门大学丛书,将林庚先生的《中国文学史》列为丛书的第一种,并于 1946 年冬交厦门市大道印务公司承印出版,但因纸价不断飞涨,几经停滞,直至 1947 年 5 月才印成。当时《厦大校刊》第二卷第三期(1947 年 5 月 31 日)这样介绍该书:"全书计达四百余页,颇多独到见解,书前有作者及朱自清先生序文,极为名贵云。"

中国文学系教授虞愚(兼治哲学与逻辑学)的新作《怎样辨别真伪》也于 1946 年在商务印书馆出版。全书讨论了逻辑的发展要略、真理的意义、以本能

① 《国立厦门大学二十周年纪念刊》1941 年。

② 《申报》1941 年 9 月 7 日。

③ 《厦大校刊》1947 年第 1 卷第 1 期。

为标准、以风俗为标准、以传说为标准、普通同意、以情绪为标准、以感觉的标准为标准、以直觉为标准、以符合论为标准等哲学知识论上的新旧学说并予以批判。

此外，中文系教师讲义多为自己编写。如郑朝宗教授的《欧洲文学史》，用的是他自己用英文编写的教材。系主任余謇在治学方面自持谦抑，郑朝宗曾经问余謇："您学识丰富，又善属文，为什么不留下一点给后代的人？"余謇微笑作答："有太炎先生和季刚（黄侃）他们著作在前头，我还写些什么呢？"[①]但余謇教授并不是述而不作。他曾编撰《唐宋词选注集评》，不标宗派，凡是脍炙人口的词都收录其中。该集多参考清人之说，如《四库全书总目提要》、许昂霄的《词综偶评》、刘熙载的《词概》、陈廷焯的《白雨斋词话》、王国维的《人间词话》等，间附己见。词中标点符号平仄换韵之处，皆有标志说明。该书是50年代厦门大学中文系词选课的范本。

此外，余謇在厦大期间还编著了《文论讲义》《古合韵辩》《诗三百篇籀略》《文字学讲义》《宝瓠斋杂稿》等，都是学术研究和教学的成果，备受学术界注视。其长篇论文《古合韵辨》（刊于《厦门大学学报》第1卷第1期），对段玉裁《六书音韵表》加以详细考辨，提出具有说服力的论据，是他在文字学方面的力作。《文论讲义》分为四章，主要梳理先秦以来的各种文体，如论说、序跋、辞赋、铭箴、奏议、书牍、哀祭、碑志、传记、诸子散文等。余謇去世后，遗物中还有他手抄《西厢记》百余册，附有详细眉批，被厦大师生视为珍本。

在最艰苦的年代，厦大的学术创新代有传人，郑朝宗的《欧洲文学史》、林庚的《中国文学史》、余謇的《唐宋词选集评》为此添上了浓墨重彩的一笔。

2.文艺类

厦门大学迁汀以前，长汀根本没有出版物，连报纸也没有。厦大迁入后，莘莘学子轮流从无线电收音机中听取时事新闻，抄写壁报公布于通衢大道，"民众听闻为之一新"。厦大集各方面之力创办《汀江日报》，后改为《中南日报》，该报出版多种学术副刊，一周一期或一周数期，以通俗文字表达典奥学理，深入浅出

---

① 陈兆璋：《五十年后怀恩师》，陈福郎主编：《凤凰树下——我的厦大学生时代》，厦门大学出版社2006年版，第29页。

机趣横生，受到社会人士的欢迎和好评。

仅就师生创办的刊物而言，由厦大中国文学会主编的文学副刊《巨图》最有影响，林庚、夏衍、秦牧、魏金枝、陈友琴和李金发等都在这个副刊上发表过作品。刊载文艺作品的副刊还有厦大学生林仲麟领衔的《大成日报·高原》，林庚教授也有诗论在《高原》上发表。

厦大战时后方服务团主持出版定期刊物《唯力》，内容有时事述评、新闻报导、厦大动态、小品文等，属旬刊，在厦门已发行第一卷。厦大迁汀后，于 1938 年（民国二十七年）3 月 30 日续出第二卷第一期，同年 6 月第二卷第十期出版后中断，至 1939 年 5 月 1 日复刊，改为十六开本，逢一出版。《唯力》风行一时，突破长汀出版界一向沉寂的空气。中文系的师生经常在《唯力》上面发表文章，多为散文类，一吐心中块垒。

二、社团活动

长汀时期，厦大组织了各类社团，与中文系有关的是前驱国语社、厦大剧团和中国文学会。

1.前驱国语社

前驱国语社随着大革命时代语文大众化运动高潮的到来而创立。该社的创立者与领导人是周辨明、黄典诚等，当时的主张和方针是国语、罗马字、拼音文字的创造和推行，对当时文化普及运动的推进，贡献颇多。抗战期间曾一度停顿，直至 1944 年在长汀重新恢复活动。曾举行多次国语发音和拼音法则的学习和演讲。至 1947 年，该社共有社员 20 人。该社曾于当年邀请周辨明院长演讲《中国拼音文字的新发展》，报告抗战期间及胜利后拼音文字的发展，阐述他本人对解决这一问题的方案。周辨明在《厦大周刊》上连续刊载的《前驱国语罗马字刊》（后改名为“前驱国语罗马字读本”，于 1934 年由厦门大学出版），在国内产生广泛影响，对我国汉语拼音化起了积极的推动作用。

2.厦大剧团

1937 年起，厦门大学迁汀率先成立“厦大剧团”。翌年 6 月首次演出抗敌救国剧目，震动极大。中文系1942级学生朱一雄（现为旅美画家）曾担任厦大剧团团长，负责舞美设计与制作。他带领的厦大剧团利用大礼堂的讲台表演话剧，曾出演曹禺的《原野》（男主角是1945级机电系的鲍光庆，女主角是1946级会计系的陈人信）《清宫外史》《万世师表》《北京人》《家》等多部大型话剧，演出时场场轰动。

3.中国文学会

中国文学会活动十分频繁，组织各种讲座、演讲会等，常邀请中文系的教授为厦大学子开讲。周辨明教授就曾是“陈嘉庚讲座”的特聘教授之一。据记载，1947年2月14日，训导处课外活动小组为纪念戏剧节，邀请中国文学系主任余謇演讲《新旧戏剧之优点与弱点》。余謇“广征博引，发挥独到精辟之见解，且语多幽默，听众极感兴趣”。[①] 另据《厦大校刊》第三卷第二期记录，厦大学生公社为促进文艺爱好者的研究兴趣，特别组织文艺欣赏会。每周六的晚八点在该社礼堂举行演讲会，邀请知名教授轮流担任专题演讲。至10月25日为止，已经举行6次，第一次为徐元度演讲《罗曼·罗兰》，第二次为郑朝宗演讲《围城及其作者》，第三次为虞愚演讲《论书法》，第四次为黄典诚演讲《红楼梦》，第五次为朱以书演讲《鲁迅与杂文》，第六次为弥迪理（N.D.Beedy）演讲《谈谈英国的几个名作家》。不同的风格不同的内容，但每次听众“均告满座，窗外停立听讲者亦甚多”。

第四节　教授录

1.辛际周

辛际周（1885—1957），字祥云，号心禅居士、灰木散人。江西万载县人。著名学者、诗人。幼有神童之誉，12岁中秀才，18岁中举。废科举后，入京师大学堂习经济。毕业后，任江西省立第五师范学监，《民报》主笔。1925年后信佛吃斋，创建净业社。1930年后受厦门大学聘，任该校国文系教授。1940年12月，参与筹建江西省通志馆，任该馆协纂。与吴宗慈合编《江西省古今政治地理沿革

---

① 《厦大校刊》1947年第2卷第1期。

总略》《八十三县沿革考略》。平日潜心治学，以诗词自遣，诗风沉雄激壮，句法拗峭，运典精工。后移居上海，病逝于石家庄。著有《灰木诗存》。

2.余謇

余謇(1886—1953)，字仲璋，江西南昌人。著名语言文字学家。18岁考中举人，被誉为“江西才子”。1909年考入京师大学堂，1913年后任江西省立一中教师、江西私立心远大学国文教授。1927年受聘于厦门大学，任国学系教授。1935—1942年、1945—1951年任国文系主任。1939年代理文学院院长。余謇先生长于声韵、文字学，但古典文学造诣甚深，诗词、戏曲皆有所长。著有《唐宋词选注集评》《三百篇籀略》《文字学讲义》《宝瓠斋杂稿》《宝瓠斋随笔》，多为手稿，皆残存无几。

3.周辨明

周辨明(1891—1984)，字忭民，福建惠安人，著名语言学家。毕业于上海圣约翰大学，先后在该校及清华学校任教。1917年赴美国哈佛大学进修、教学。1921年厦门大学创办伊始，即任厦大总务主任兼数学教师。1928年赴德国汉堡大学研究语言学，1931年获哲学博士学位，在伦敦大学任汉语讲师。1932年重回厦门大学，任厦大外文教授、国文教授、教务长、文学院院长、学生指导长等职。1949年赴英国剑桥大学讲学，后移居新加坡，任马来亚大学教授，1960年退休。主要论著有《中华国语音声字制》《厦语入门》《语言学概要》《厦语音韵声调之构造与性质》《中华国语音母和注声的刍议》《六书英译新探》。

4.李笠

李笠(1894—1962)，曾名作孚、乐臣，字雁晴，浙江瑞安人。著名文献学家、语言文字学家。1914年毕业于瑞安私立中学堂(今瑞安中学)，无力升学，自学成才。1924年年底，李笠受聘广东大学，1925年转任中州大学，1928年任教于厦门大学。1930年，赴武汉大学任教。1941年秋，复返任厦门大学教授。次年秋，又赴中山大学。1947年，任上海暨南大学、中央大学教授。1952年任教南开大学，1957年任教于复旦大学，终于此。著述有《史记订补(八卷)》《定本墨子间诂校补(二卷)》《三订国学用书撰要》《中国文学述评》《中国目录学纲要》《殷契探释(甲编)》《汉书艺文志笺评》等多种。

5.虞愚

虞愚(1909—1989),原名德元,字竹园,号北山。原籍浙江山阴,生于福建厦门。著名学者、诗人、书法家。十九岁到南京内学院从欧阳竞无先生研究印度因明唯识之学。1930年,考入厦门大学教育学院心理学系,时太虚大师任厦门南普陀寺住持兼闽南佛学院院长,演讲或授课时,虞愚辄往听讲。毕业后留校,教授理则学。1935年离开厦大,1943年重回厦大任教,兼任逻辑学教学研究组组长。虞愚不特研究佛教哲学,精于书道,且在中国文学上也造诣颇深,在中文系先后主讲"先秦文学史""杜诗研究""佛典翻译""中国文学"等课程。著有《因明学》《中国名学》《印度逻辑》《书法心理》《北山楼诗集》等。

6.施蛰存

施蛰存(1905—2003),原名施德普,字蛰存,常用笔名施青萍、安华等,浙江杭州人。著名文学家、翻译家、教育家。先后入之江大学、上海大学、震旦大学读书。1932年起在上海主编大型文学月刊《现代》,从事小说创作。1937年任教于云南大学,1941年受聘于厦门大学,1946年为暨南大学教授,1952年起任华东师范大学教授。在文学创作、古典文学研究、碑帖研究、外国文学翻译方面均有杰出成绩。著述繁富,代表作有小说集《上元灯》《将军的头》《李师师》《梅雨之夕》《善女人行品》等,散文集有《灯下集》《待旦录》等,学术著作《中国文学史》《散文源流》《唐诗百话》《史记旁札》等。

7.王梦鸥

王梦鸥(1907—2002),著名学者、剧作家、翻译家。福建长乐人。1926—1929年于福建学院研习国学,1930年赴日本学习,1931年"九一八"事变后回国。1939年受聘厦门大学讲师,兼任校长秘书。1941年赴重庆,1943年复返厦大,抗战胜利后离开。1949年赴台,遂倾力于学术研究。1956年转任政治大学中文系教授,1968—1970年曾到日本广岛大学客座任教。1977年于政大退休,辅仁大学聘为讲座教授,东吴大学聘为研究教授。曾创作剧本《生命之花》《红心草》《燕市风沙录》等。在美学、文艺理论、小学、小说、翻译等领域皆成就卓著。

著述有《礼记选注》《中国文学理论与实践》《文艺美学》《文学概论》等数十种，影响深广。

8.林庚

林庚(1910—2006)，字静希，原籍福建闽侯，生于北京。著名诗人、文学史家。1928年考入清华大学物理系，1930年转入中文系，参与创办《文学月刊》。1933年毕业后留校为朱自清先生助教。后任教于北平国民学院、北平大学女子文理学院、北平师大。1937年，抗战爆发后，赴厦门大学任教。1947年任燕京大学教授。1952年院系调整后成为北京大学教授，任中文系古代文学教研室主任、北京大学诗歌中心主任。著有诗集《夜》《北平情歌》《春野与窗》《问路集》《空间的驰想》等诗集及《中国文学史》《中国文学简史》《天问论笺》《诗人李白》《唐诗综论》等学术著作。

第三章
调整改革
（1949—1966）

新中国的建立，是开天辟地的大事，厦门大学发生脱胎换骨的变化。中文系也适应新的时代，行政组织、师资配置、招生考试、课程设置、教学内容等各个方面发生巨大的变化。在调整中向前，在变革中进取，厦门大学中文系不负时代重托，在建国十七年的历史岁月里，无论是教学，还是科研，都取得累累硕果。

第一节　院系调整与教改

一、行政改革

1.院系调整

1949年10月17日，厦门解放，中华人民共和国人民政府接管厦门大学。厦大中文系由原先的隶属于国民政府改为中华人民共和国国有公办。奉厦门军管会令，1950年中文系暂停招生。从此，中文系的指导思想、课程设置、教材内容等都发生翻天覆地的变化。

新中国成立后，经过三年的努力，我国的国民经济得到全面恢复和发展，1952年开始实行第一个五年计划。为了适应大规模的经济建设对人才的需求，根本改变高等教育布局不合理、学科庞杂、专业设置过多过散的无政府状态，克服理论脱离实际的现象，中央提出高等教育“应以培养工业建设人才和学校师资为重点，发展专门学院和专科学校，整顿和加强综合大学”的方针。

1950年王亚南校长来校后，着手进行改制工作，将原有的法学院法律系和政治系合并，称“政法系”，又将法学院与文学院合并，称“文法学院”。改制后，中文系、外文系、教育系、历史系、政法系同属文法学院，院长为陆季藩[①]。

适逢高教部组织全国院系调整，据《华东教育部关于厦大院系调整的批示》，厦门大学改为综合大学，中文系改名为中国语文系。厦门大学的部分知名院系，如航空系、海洋系、工学院，在教育部院系调整的号令下，或取消，或被并入其他高校。航空系被并入北京航空学院（今北京航空航天大学）、海洋系航海专修科与集美水专合并为独立的福建航海专科学校，后再分别归入大连海运学院与上海海运学院。随后，海洋系海洋物理组的教学研究人员，连同仪器设备、图书资料调整至山东大学。厦大又奉命将工学院的土木、电机、机械三系及土木专修科分别调整到浙江大学、南京工学院（今东南大学）和华东水利学院（今河海大学），至此，厦大工学院被全部分离出去。此外，厦大还奉命将财经学院的企业管理系并到上海财经学院，将法学院的法律系归入华东政法学院。而在大规模的院系调整中，中国语文系（即中文系）一直屹立不倒，作为厦大最老牌的院系始终存在。

2.面向华侨

1955 年，高教部考虑到厦门大学地处海边，面向海洋，又在国防前线，情况特殊，颁布(55)综字 1069 号文件《关于厦门大学发展方向的决定》，决定厦门大学应以面向东南亚华侨，面向海洋为发展方向。中文系在招生方面也要侧重招收侨生。至 1958 年，中文系共有侨生 90 人，占全系人数的 43.47%，主要来自印尼、马来西亚、泰国、菲律宾、缅甸、越南等国家。这在国内的其他高校中是少见的，成为厦门大学中文系的鲜明特色。

侨生不仅参加专业学习，也要参加劳动锻炼。中文系的许多侨生一面劳动，一面踊跃担当卫生员，为同学敷药疗伤。

3.全面负责制

1950 年春季，余謇教授被任命为中文系系主任。任课教师中，教授 5 人，副教授 1 人，讲师 1 人。

1952 年，郑朝宗担任中国语文系主任，蔡厚示担任中国语文系的秘书。

---

① 《新厦大》1950 年第 5 期。

1956 年，中文系实行全面负责制，通过定期的校委会与系主任汇报制度，制定每月的教育政策学习及系的工作时间，以提高系的政策水平。在系主任郑朝宗的领导下，中文系建立了系各种工作制度和工作计划，每个月将工作计划写成书面汇报，教务处协助校长对这些计划进行审查，同时，组织重点检查以提高工作。此外，中文系还配备副职或专职的行政秘书与政治秘书。中文系组织系领导干部对教研组进行重点检查。一系列的汇报、统计、检查工作使中文系提高了政策水平，工作的计划性大大加强。

二、教学思路调整

1.精简课程，分组教研

1950 年 3 月中旬，王亚南校长发出“精简课程”的号召，对教学内容和方法进行了革命性改革，在全校范围改良教学法，中文系课程教材内容一律修正。

8 月，中文系根据中央教育部“高校应维持原状、逐步改造”的方针和华东教育部 8 月 26 日转发的《中央教育部关于课程改革的决定》及华东教育部《华东区高等学校教学研究指导组织暂行纲要》，结合本系实际进行课程改革，组建教研组，按教研组制定不同的教学计划和课程设置。

中文系设三个教研组，分别是现代文学教研组（共 11 人）、汉语教研组（共 9 人）、中国文学史教研组（共 6 人）。教研组归中文系直接领导，教务处做总的布置与检查。每个教研组只负责一种课程，包括教授、副教授、讲师，少则三人，多则六人。教研组是学校的教学基层组织，由进行一门或数门性质接近的课程的全体教学工作人员（包括教授、副教授、讲师、助教、教辅人员）组成，任务是发挥集体主义精神，提高教师的马列主义与科学水平，研究苏联先进经验，结合本校实际，改进教学方法，以保证教学的高度思想性和科学性，并不断提高教学效率。

1950 年度第二学期，原先划定的教研组再度调整，数量减少了一些，着重于各教研组师资力量的充实。

1957 年，中文系的教研组又进行了调整，部分教研组进行合并或删减，教研组增至四个，教研组成员总人数也由教改前的 26 人增至 29 人，分别是文学教研组（7 人）、语言教研组（8 人）、文艺理论（4 人）及函授语文组（10 人）。

2.贯彻"双百"，科学讨论

1959年1月12日至3月1日，中共中央在北京召开教育工作会议，会议讨论贯彻执行党的教育方针的主要经验和存在的问题。会议提出，1959年教育工作的方针主要是巩固、调整和提高，应该贯彻以教学为主的主导作用，建立正常的师生关系，正确贯彻党的团结、教育和改造知识分子的政策，纠正在学校党员领导干部和部分师生中存在的"宁左勿右"的思想倾向。根据全国教育工作会议精神，1959年上半年厦大召开第二次代表大会，指出要"以整顿、巩固、提高为主的精神，深入、具体、细致地贯彻党的教育方针，大力提高教学质量"。在抓整顿教学秩序，提高教学质量的同时，重视科学研究工作。

1959年，为了向国庆十周年献礼，厦大举行了第三次科学讨论会。中文系所在的中国语言文学组通过论文报告、交流辩论，取得预期的效果，进一步贯彻了"百花齐放，百家争鸣"的方针，学术上自由讨论的风气有了发展。此后中文系每年都参加科学讨论会，开展不同意见的自由的讨论与争鸣。除宣传"双百"方针、重新组织教师学习有关文件外，还大力组织学术报告和学术讨论。教师也积极写文章，参加学术界争论。经过这一段时间的工作，受国内最近特别活跃的学术气氛的影响，中文系自由讨论的气氛更加活跃了，写文章的积极性也有了提高。1961年，在厦大第五次科学研讨会上，中文系即组织召开以"关于山水诗的阶级性问题" 为主题的科学讨论会，规模虽小，但是讨论却能针对当下的学术热点，展开学术思辨。

3.设立专业，强化重点

大规模的院系调整，为学习苏联的教育经验提供了条件。解放前的大学只设学科，不设专业。专业相较于学科，学习的范围要狭窄，但有利于针对性的培养专门人才。解放后，中文系即设置"中国语言文学"专业，中文系的培养目标更加明确化、具体化，为我国的社会主义建设培养大量专业人才创造了条件。专业设立后，又将"闽台方言研究"定为专门化设置与科学研究方向的重点。

1956年，党中央提出"向科学进军"的号召和"百花齐放、百家争鸣"的方针，使厦大研究工作不断向前推进。根据厦门大学制定的1956年十二项研究重点，中文系将"中国古典文学和福建民间文艺的介绍和翻译"作为攻坚的重点。至此，在语言学方面，确定了以方言，尤其是闽台方言为重点的研究方向；在文学方面，确定了以古典文学和民间文学为重点的研究方向。这两个重点研究方向的确立，为中文系日后的发展奠定了良好的基础，也为厦大中文系明确自身特色、跻身全国学术一流开创了新局面。

三、贯彻《高校六十条》

1."高校六十条"的时代背景

1958年，厦门大学下放福建省管理，调整组织机构实行二级制后，校长直接领导各系。1958—1961年，厦门大学确立了党的领导，贯彻执行党的教育方针，建立了我国社会主义的高等教育的根本制度。师生的政治面貌起了很大的变化，他们对待生产劳动的态度，对待劳动人民的态度，有了显著的改进。教师队伍壮大起来，新教师大批成长。但是，数量发展过快，存在重量不重质的问题。工作中出现简单化的做法，同党外知识分子的团结合作，特别是同老教师的团结合作，或多或少地被忽视了，因而影响了一部分教师和学生的积极性。劳动过多，科学研究过多，社会活动过多，对课程不适当的大合大改，对生活安排、劳逸结合、设备和仪器的管理、学校的总务工作等等注意不够，加上学校工作中的其他缺点，使一部分课程的教学质量降低，特别是一部分基础课程的教学质量降低。这些问题，在全国各大高校均有发生。因此，1961年9月，教育部发布《中华人民共和国教育部直属高等学校暂行工作条例(草案)》(以下简称《高校六十条》)，强调高等学校要做到五个"必须"：

一是必须以教学为主，努力提高教学质量。生产劳动、科学研究、社会活动的时间，应该安排得当，以利教学。

二是必须正确执行党的知识分子政策，团结一切可以团结的知识分子，为社会主义高等教育服务。正确执行"百花齐放，百家争鸣"的方针，提高学术水平。

三是必须实行党委领导下的以校长为首的校务委员会负责制，充分发挥校长、校务委员会和各级行政组织的作用。

四是必须做好总务工作，保证教学和生活的物质条件。改进党的领导方法和领导作风，加强思想政治工作。

五是学校中党的领导权力必须集中在学校党委一级，系的总支委员会对行政工作起保证和监督的作用。

《高校六十条》是教育部调查组深入几所重点大学,在调查研究、总结经验的基础上制定出来的。《高校十六条》规定,高等学校的基本任务是贯彻执行教育为无产阶级政治服务、教育与生产劳动相结合的方针,培养为社会主义建设所需要的各种专门人才。同时,针对几年来教育革命探索中出现的问题,强调高校工作必须以教育为主,提高教学质量,正确执行党的知识分子政策和“百花齐放、百家争鸣”的方针。

2.贯彻《高校六十条》的措施

1961 年下半年,厦门大学试行《高校六十条》,中文系也针对本身的具体情况,分别就政治理论教育、政治思想工作、教育方针与教学工作、科学研究、师资培养、知识分子工作、“双百”(百家争鸣、百花齐放)方针、学生工作等方面,进行专题调查和总结,全面系统地肯定了以往工作中的成绩,检查了缺点和错误,从而提高了认识,进一步明确了方向。根据《高校六十条》的规定精神,为提高教学质量,中文系主要采取如下措施:

一,调整教学与生产劳动、科学研究、社会活动的关系,建立和稳定新的教学秩序。在时间安排上,全学年教学 89 周(包括考试 4 周、教学机动 2 周),劳动采取集中与分散相结合,集中 3 周,分散约 2 周。师生社会活动时间严格控制,教师每周社会活动时间不超过 8 小时,学生不超过 6 小时。为了更合理地使用时间,使教学时间得到更切实的保证,对每周的社会活动时间还做了具体的规定:晚上不开会;星期三下午和星期六下午不排课,可进行社会活动和开会;星期一、二、四、五的下午第三节课,作为学生的社会活动时间。

二,充实教学内容,大力加强基础课程和基本技能的教学和训练,保证系统教学。由于学时得到增加和保证,内容就较为系统充实,中文系的古代汉语学时增多了,也增加了声韵、训诂等课程和对古代典章制度的介绍。注意调配有教学经验的老教师担任主讲教师。学生的中文写作能力有了提高。

三,抓紧教材和课程的建设。在已开设的课程中,或者发教科书,或者印发讲义,其余的也都有讲授提纲或参考资料。

四，加强师资培养。确定了“普遍提高与重点培养相结合，在普遍提高的同时加强重点培养”的方针。培养师资主要是加强基础知识，对中层教师来说，多数也是加强专业基础的问题。

中文系开设古籍学习班，由黄典诚负责授课，主讲“诗经”“论语”“孟子”等课程，提高了中文系教师对古典文学的研究能力和水平，受到教师的欢迎。青年教师补基础课，大多采用随班听课和参加考试的方法。重点教师的选拔，主要是从中层教师(即讲师和1957年以前毕业的老助教)中选拔。

3.实行《高校六十条》的过程及成果

厦大自1961年下半年起贯彻《高校六十条》，其中可以分为三个不同的阶段：一是1961年下半年，主要是通过学习《高校六十条》，扭转干部和党员的思想。二是1962年，主要注意力集中在保证教学与科学研究工作以及做好党自身的工作上。强调稳定教学秩序，调整党政关系和党与知识分子的关系，发挥行政领导的作用和调动知识分子的积极性。三是从1963年来，进一步贯彻八届十中全会精神，开展反修学习、向雷锋学习、五反运动，下半年又开展社会主义阶级教育运动，每周学习三小时。

中文系师生学习过的反对现代修正主义的文件有《请看现代修正主义者堕落到何等地步》《从中印边界问题再论尼赫鲁的哲学》《保卫古巴革命》《发扬莫斯科宣言和莫斯科生命的革命精神》《全世界无产阶级联合起来，反对共同敌人》《陶里亚蒂同志和我们的分歧》《列宁主义和现代修正主义》等。

中文系认真贯彻《高校六十条》和“百花齐放，百家争鸣”的方针，使科学研究工作走上正确的轨道，学术研究风气浓厚，科研成果凸显。1959年成立的中文系方言调查小组，于1964年编写出约200万字的巨著《福建汉语方言概况》，为福建地方语言的调查与研究做出贡献。

四、“教育大革命”之探索

1.政治学习与反右运动

1955—1956 年，根据上级指示，中文系先后开展对《红楼梦》的研究及对胡风思想的批判。1957 年 2 月 27 日，毛泽东在最高国务会议上作了《关于正确处理人民内部矛盾问题》的报告，指出社会主义社会存在着敌我之间和人民内部之间两类性质根本不同的矛盾，系统地阐释了正确处理两类不同性质矛盾的理论，创立了关于社会主义社会矛盾的新学说。3 月 12 日，毛泽东又在全国宣传工作会议上讲话，进一步论述了知识分子的改造和同工农群众相结合等问题，认为知识分子中绝大多数赞成社会主义制度，宣布“百花齐放，百家争鸣”是党提出的基本和长期的方针。

同年 4 月 21 日，厦大党委发出关于学习《正确处理人民内部矛盾问题》的通知，要求认真贯彻群众路线，克服官僚主义，进一步加强政治思想工作，提高全体教职员、同学的思想政治水平，正确地认识和处理学校中的人民内部矛盾问题，进一步密切党与群众，特别是党与非党知识分子的关系，克服宗派主义情绪，充分发挥全体新老教师的积极性，不断提高教学质量，以百家争鸣的精神积极开展教学研究。

5 月 2—4 日，中文系师生全体停课三天，学习毛泽东在最高国务会议上《关于正确处理人民内部矛盾问题》的报告及其在全国宣传工作会议上的讲话，以及《人民日报》社论《全党必须认真学习正确处理人民内部矛盾》《教育者必须受教育》《怎样对待人民内部矛盾》《继续放手贯彻“百花齐放、百家争鸣”的方针》《从团结的愿望出发》等文件。中文系的师生以负责任的精神，对学校、学院及本系的工作提出批评和建议，正当校党委根据党内外的批评意见准备进行检查之时，全国的政治形势发生巨大的变化。党中央发动了“反右”斗争，对运动的指导思想开始由正确处理人民内部矛盾转向敌我矛盾斗争，由党内整风转向反击“右派”进攻。6 月 8 日，党中央发出组织力量反击“右派”分子进攻的公开指示，同日，《人民日报》发表社论《这是为什么》，一场全国规模的群众性暴风骤雨式的反“右派”运动猛烈地开展起来。

6 月 27 日，按照上级指示，厦大召开全体师生员工大会，号召大家投入“反击右派分子"的斗争,维护党的领导,捍卫社会主义[①]。从7月份开始,全校师生集中全力开展反"右派"斗争,通过"大鸣、大放、大字报、大辩论"等形式,揭发、批判"右派分子"言行。8月,中央要求"反右"斗争进一步向地县、市区、大厂矿、中小学展开,提出要"深入挖掘""右派"分子,厦大所谓的反"右派"斗争范围也随之进一步扩大。中文系的部分学生也因为"5%的右派指标"被错误的划为"右派"分子。中文系徐元度、李拓之、戴锡璋等老教授无端受到冲击。原系主任郑朝宗教授也因为在大鸣大放时不讳直言,被打成"右派",安排在资料室工作,直到1960年年底才摘掉"右派"帽子,重返教坛。但在此期间,郑朝宗并不因此放弃学习和思考,所思所想的成果经手刻油印资料发给中文系的学生,后集结成油印本《中国历代文人、作家论文学》。

2."大跃进"与整风运动

1958年5月,党中央召开八大二次会议。会议上根据毛泽东的倡议,通过"鼓足干劲、力争上游、多快好省地建设社会主义"的总路线。接着,各条战线掀起"大跃进"高潮,教育战线也呈现出"大跃进"的态势。9月19日,中共中央、国务院发出《关于教育工作的指示》,强调经济、政治、思想战线上的社会主义革命已经取得决定性胜利,随着工农业生产的"大跃进",文化教育战线也应该来一场大革命,"为无产阶级的政治服务,与生产劳动相结合",培养"有社会主义觉悟的有文化的劳动者"。

按照中央的指示,1958年起,中文系师生在坚持前线紧张抗战的同时,也在思想政治运动中不落人后,掀起轰轰烈烈的教育大革命新高潮:参加"双反双比"、"横扫五气(官气、阔气、暮气、娇气、骄气)"、"红专辩论"、"向党交心"、"拔白旗、插红旗"等群众性整风运动,积极参加大炼钢铁运动,在生产劳动的同时,大搞社会调查,了解社会和国情,走工农相结合的道路。

中文系也根据本系的情况制定"大跃进"的规划。中文系的跃进规划如下:

第一,新设研究机构"中国语言文学研究所",计划1960年秋完成。

第二,形成全国专题研究的重要据点,包括四个方面:密切联系中国实际的

---

① 《新厦大》1957年第5期。

马克思主义文艺理论研究、民间文学研究、中国文学史研究、中外文学研究。力争3～5年内完成。

第三,形成本省专题研究中心,包括文艺评论、民间文学两个方面,力争2～5年内完成。

同年,文科大搞社会调查。“大跃进”的计划,随着一次次群众运动的到来,最终没有实现。

3.生产建设与劳动

1959年8月至次年4月,中文系的师生走出厦大校门,开赴当时正在新建中的福建省三明市重工业基地,与来自全国各地的城建工人一起,在荒山野岭里搭起竹棚,边教学边参加工地建设劳动。

早在7月中旬,中文系就委派当年刚刚毕业、留校团委工作的徐宏业带队,由1956级丙班同学、但当时已任团总支副书记的鄢行晏和班级团支书黄希琛协助,丙班18位政治素质和身体素质都较好的同学作为先遣队,先奔赴三明搭建200多名中文系师生居住的工棚。当时的三明市重工业的基地,“布满荆棘草丛和约一人高的各种灌木,还有一些从未见过的各种爬藤”,放眼望去,“远处是起伏不平的丘陵峡谷,可以看到已建成的几座工棚和依稀的人影。近处只有沙溪水和列西小镇一些乌黑破旧的瓦房”①。经过20多天的苦干,先遣队完成了占地近400平方米的功能齐全的工棚。

8月,中文系全体师生到达后,立即投入新三明建设的热潮中。从钢铁厂一号高炉挖地基开始,中文系的一面红旗在工地上特别显眼。在与民工、部队战士以连为单位的劳动竞赛中,中文系这个“秀才连”获得第二名,更是声名大振,受到时任省委书记的叶飞同志和校长王亚南的接见和表彰。

师生们在与建筑工人同吃同住同劳动的过程中,开展了多种社会实践和社会服务,如创办三明业余文学院,为工地培养业余文艺创作人才,协助出版《三明战报》,编选出版《三钢民歌选》《冲天炉》《红花》等文艺作品,到民工中开展扫盲

---

① 郭启宗:《先遣队奔赴三明》,陈福郎主编:《凤凰树下——我的厦大学生时代》,厦门大学出版社2006年版,第109页。

活动，协办县级、厂级的大专、中专学校语文班（多达 24 个班，学员共计 1500 人）等。

4.农村社教运动

1963 年，厦大先后接到教育部《关于高等学校文科学生参加农村社会主义教育运动的问题的通知》和省教育厅《关于组织文科学生参加农村社会主义教育运动的通知》。通知提出，农村社教运动是向学生进行阶级和阶级斗争教育的良好机会，文科高等学校或专业应积极地有计划地组织学生参加这一运动，使青年学生在实际斗争中接受锻炼和教育。

中文系据此安排，组织中文系同学到南安水头埕边大队参加农村社教运动。其中，中文系毕业班同学参加为期八周的农村社教运动。中文系 1962 级 52 人从第 20 周（1964 年 1 月 12 日）开始至第二学期第 3 周（1964 年 3 月 14 日）参加农村社教运动。首批参加社教运动后，1964 年 10 月，有按照中央和省委指示与部署，中文系高年级学生与历史系、经济系的高年级学生及部分教职工共计 662 人一起，先在龙岩市上杭县集中学习两个半月，通过学习文件、明确任务、检查自己存在的问题，表明下乡进行锻炼改造的决心，为参加社教运动打下思想基础。从 1964 年 12 月到 1965 年 7 月，转移到泉州市南安县参加社教运动。运动持续七个月，下乡期间的活动分为三个阶段：一开始要抓“四共同”（即共同商量、共同决定、共同执行、共同负责，也称民主运动），过好劳动关和生活关，搞好群众关系。之后，在参加社会主义教育运动的同时，充分利用农村的有利条件，积极开展思想教育活动。最后要进行思想小结，评选积极分子，召开总结庆功大会。

“打主动仗”是这次中文系农村社教运动的主要特点。一方面，根据运动的统一安排，中文系学生参加了生产队的“三摆”（摆成绩、摆进步、摆经验）活动和传达“双十条”（中共中央关于农村社会主义教育运动的两个文件）、“小四清”（清账目、清仓库、清财物、清工分）的准备工作。另一方面，中文系开展了大规模的访贫问苦和农村调查，采取“三自”（自己提问题，自己找材料，自己解决问题）、“三结合”（抓活的思想，抓活的材料与学习主席著作相结合）、“三摆”（摆认识变化过程，摆解决问题的方法，摆收获和体会）等方法，进一步提高了思想水平，强化了劳动观点，增进了与劳动人民的感情，也加强对基层工作的锻炼。

5.深入社会生活

1951 年,厦门大学奉华东教育部来电,包括中文系在内的文法学院二、三、四年级全体师生前往泉州、安溪、惠安、晋江,参加土地改革工作一个半月至二个月。[①]

此后,中文系学生的生产劳动地点多集中在厦门海沧、何厝和漳州龙海三地。在龙海,恰逢农忙季节,中文系学生从早到晚都待在田间。但是没多久,因为龙海地区爆发副霍乱,学生被厦大紧急召集回校。在海沧,中文系学生的任务是改造低产田,"上午下午,天天挑土"。由于当时的学生大多来自农村,挑土挖地一般不成问题,但在特殊的历史时期,粮食有限,吃饭是个大难题。学生一天限定只能吃 12 小两,其中还掺一半番薯[②]。但就是在这种情况下,中文系的学生还是照样一筐一筐地挖,一担一担地挑,个个都力争"多挑快跑",唯恐落于人后。

在"大跃进"的形势下,为了实现所谓考试成绩的"大干二十天,争取期考满堂红"这样突击性的做法,课程的设置、课时数、成绩考核等都放松要求,中文系的半农半学试点班即"以开卷为主,考题预先发给学生做准备",对学生的要求大大降低。

然而,由于社会活动与参加生产劳动的时间过多,出现了严重冲击教学、违背教学规律的现象。在 1958 年的一年中,中文系师生除了参加政治运动、民兵训练和在校勤工俭学、大办工厂所花去的时间外,单单参加大炼钢铁劳动,每人平均就有 103 天[③],占去全年三分之一的时间,不利于专业技能的学习和提高。

五、半农半读试点

1965 年 3 月,福建省委书记叶飞根据中央精神,在厦门召开的万人大会上对高校工作做了重要指示,指出大学不要"教死书、读死书",要"读活书、活学活用"。同年 4 月,中文系根据此精神,对现有各年级的教学计划进行调整,据此制

---

① 《新厦大》1951 年第 26 期。

② 包恒新:《凤凰木外三章》,陈福郎主编:《凤凰树下——我的厦大学生时代》,厦门大学出版社 2006 年版,第 175 页。

③ 本书编委会:《厦门大学校史·第二卷》,厦门大学出版社 2006 年版,第 104 页。

订了新的开课计划。同时，为了贯彻中央关于高等教育实行“两条腿走路”的方针，在1964级和1965级学生中试行半农半学教育制度，在校园旁边开辟占地不足两亩的农田，紧挨学校演武大操场南端，面对校办公大楼，供学生使用，种西红柿、地瓜一类农作物[①]。上午安排专业课，下午学农耕知识，进行试点。

1.试点培养目标

据《厦大中文系汉语言文学专业半农半读试点教育方案》，中文系汉语言专业的基本任务是培养具有社会主义觉悟的语文专门史人，身体健康，既能从事体力劳动，又能从事脑力劳动；既有一定的阶级斗争和生产斗争的知识，又有独立从事语文工作和基层工作能力的新型劳动者。所以，为了“培养社会主义觉悟”，掌握“阶级斗争和生产斗争的知识”，中文系将学生的学制调整为五年。其中，在校学习教学(包括假期)约三年左右，劳动(包括社会主义教育运动、下连队当兵)两年左右。前者占修业时间的57%，后者占43%。

因为参加农村和城市的社会主义教育运动各一期，约需一年半时间，所余生产劳动时间不多，为了及时取得半农半读的经验，故将全部生产劳动时间平均分配在试点头两年。

中文系要求学生通过生产劳动，从生活作风到思想都要“与工农打成一片”，学习他们的优秀品质，培养工农的思想感情，“进一步认识劳动创造世界的伟大意义”，树立劳动光荣、热爱劳动、热爱劳动人民的思想，努力促进自己的“革命化、劳动化”。技能上，要熟悉农作物，如水稻、麦子、番薯、花生和普通蔬菜等的生产过程，基本上掌握这些作物的全部生产技术，学会各项主要劳动技能和使用化肥、农药、排灌机械的方法，学会饲养家畜家禽，具备一定的农业科学知识和组织劳动、管理生产的能力，即在生产劳动上达到一个中等劳动力的水平，在管理工作上达到一个生产队作业组长的水平。为了让学生学有成效，特邀请有经验的贫下中农或农业技术人员传授农业生产知识和技能，以现场教学为主。学生在平时劳动中，能者为帅，互教互学。

---

① 蒋伯英：《初到厦大》，陈福郎主编：《凤凰树下——我的厦大学生时代》，厦门大学出版社2006年版，第258页。

2.半农半读的主要安排

五年中生产劳动时间共29周。试点内两年每学期劳动7周，平均每星期劳动两天，分为四个半天，分班交叉进行。每两星期规定一个全休日，一个半休日，分班交替轮休。假期也采用轮休办法，每日均有人劳动，保证生产不间断。劳动情况逐日记入劳动手册，每两周开一次劳动检查会，每学期考核一次。考核方法为自我鉴定、小组评议、政治辅导员初审送系核定。

在“半农”的同时不忘“半读”。中文系利用半农半读的条件，因时因地制宜，把教学同实际各种活动结合起来，从实战需要出发来进行教学。比如，利用假期和课余时间，访贫问苦，参加各种社会活动，从中接受阶级斗争教育。配合各项中心任务和形势教育，宣传党的方针政策。每周安排一定的时间有计划有组织地进行群众文化工作，根据群众的需要，开办夜校、扫盲班、俱乐部、出墙报、黑板报以及开展其他文娱活动。

增加军事训练的环节。除了按照国防部、教育部联合颁发的《高等学校民兵试点训练大纲(草案)》进行训练外，还在课外时间举行野营、射击、爬山、游泳及其他活动。第五学年上学期集中5周时间下连队当兵。

这个时期对学生的考核内容就以思想觉悟、生产水平为主，与中文系相关的专业考试方式则以开卷为主，考题可以预先发给学生做准备。由于该半农半读试点教育方案，在培养目标和生产劳动等方面提出不少“左”的过高要求，在试验过程中遇到种种困难和矛盾，试验一年后又因“文化大革命”爆发而中断，以后也没有进行下去。

第二节　课程设置

一、教学改革

1.1952年教改：制定教学计划和大纲

1950年春季，中文系安排了以下课程：“三百篇研究”“史记研究”“历代诗选”“文艺学”“现代诗文选”“小说戏剧选”“中国现代文学史”“古典文学史”“国文基础”“声韵学”“中国文字改革问题”“写作实习和苏联文学介绍”。

古典文学部分由余謇教授、虞愚教授及戴锡梓教授共同授课。虞愚教授专攻先秦文学，负责讲授“三百篇研究”，有时候会请学生到家里讲古诗词。据虞愚教授的学生回忆，他讲课一是精要，重点突出、要语不烦；二是板书好，笔走龙蛇、字字矫健；三是善于吟咏[①]。戴锡梓教授讲授“古典文学史”等课程。

徐元度教授讲授“文艺学”及“中国现代文学史”。

黄典诚教授讲授“文字学”。

系主任郑朝宗教授开设“写作实习”课程，蔡厚示为该课的助教。

课程设置和解放前大同小异，除增加苏联文学介绍外，还是以古文、小学为主。但从 1952 年起，中文系结合当前时事进行教学改革，制定教学计划和教学大纲。

教学计划是为各专业培养“又红又专”的人才而制订的纲领性文件，它规定了专业学习的年限、必须学习的课程及其地位和比重。教学大纲是各课程的纲目，它反映了学生必须掌握知识的深度和广度。在设置了中国语言文学专业后，中文系参照苏联高等学校以及国内其他大学，结合中文系自身的师资和设备条件，认真着手制订、修订本专业四年制的教学计划和各课程的教学大纲。

初订的教学计划及大纲，经过一个学期的试行也发现一些问题，如计划太繁、课程太多，有些内容对我国不太适用，有些内容是专业中不可或缺的，但由于我国中学阶段没有打下足够的基础，学生学习颇感吃力等等。

2.1953 年教改：精简课时，强调政治

1953 年 5 月，教学计划和教学大纲重新做了修订。修订后的教学计划结合专业培养目标，精简了学时过多、课程重复的内容，如中国语言文学专业一年级的 12 门课调整为 9 门课[②]，每周上课时间大多在 24 ～ 30 小时，注重培养学生独立思考、独立工作的能力，加强了教学过程的实践性。各课程尽量采用苏联材料和参考书，内容均强调政治性与思想性，注意贯穿辩证唯物主义的观点，利用本门学科在国家建设中的地位及已经取得的成就进行爱国主义教育。

课程改革本着“明确教学目标，明白指定参考章节，减轻学生负担”的思想，

---

① 周勇胜：《五老峰上忆虞师》，陈福郎主编：《凤凰树下——我的厦大学生时代》，厦门大学出版社 2006 年版，第 83 页。

② 《新厦大》1953 年 9 月 11 日。

课程改革后,大多数教师都能按照所拟定的教学计划进行教学,课前做充分准备,完成教学任务。据资料记载,此举"提高了教师教学的责任感,教师教学态度改善"。

3.1957 年后的教学改革:厚今薄古、古为今用

1957—1959 年,厦大中文系又开始新一轮的教学改革,主要是古今比重上的变化。课程设置改变过去厚古薄今、名类繁多、内容庞杂的旧体系,从现实阶级斗争、生产斗争的需要出发,贯彻厚今薄古、古为今用的原则,加强马克思列宁主义、毛泽东著作的学习,增加研究现状的课程。专门化选修课也进行了删减,如"文字学"(由洪笃仁负责授课)、"汉语史"(由黄典诚负责授课)、"水浒"(由黄祖良负责授课)等。新增"毛主席文风研究""福建方言研究""当前文艺问题研究"等课程。

二、教改后课程设置

教改后的课程包括"毛泽东文艺思想""当前文艺问题""建国以来文学""中国现代文学史""中国古代及近代文学史""中国古代文学作品选""欧洲文学""写作"及选修课。1955 年,还新增"人民口头文学创作实习"课程。

"毛泽东文艺思想"以《在延安文艺座谈会上的讲话》和毛泽东其他有关文艺理论的著作作为教材,联系当前文艺界和学生文艺思想的实际,深入学习毛泽东关于文艺与政治、文艺与群众、文艺与生活、文艺与传统、文艺的批评标准和创作方法以及文艺界思想斗争规律的理论。用毛泽东文艺思想为指导来分析一般文学现象和文学作品。

"当前文艺问题"以当前文艺运动、文艺理论斗争和文艺创作中的实际问题为教学内容,引导学生运用毛泽东文艺思想进行讨论、参加战斗。通过教学,使学生重视对现状的研究,提高分析批判和独立思考的能力,进一步确立文艺为工农兵服务,为社会主义革命和社会主义建设服务的思想。教学方式以自学和讨论为主。高年级除自学讨论外,还须撰写评论文章。

"建国以来文学"以阐述建国以来文艺界的历次重大思想斗争和评论建国以来优秀文学作品为教学内容。通过教学,使学生对建国以来的文学发展情况有

较具体的了解。第一学期为文学作品评论，教学形式以讲授、写评论文章为主。第二学期为文艺思想斗争史，教学形式以讲授、阅读文献和讨论为主。

“中国现代文学史”由蔡师圣、应锦襄、孙腾芳、彭柏山等老师负责授课，讲解“五四”以后建国以前中国现代文学，特别是革命文学的产生、发展过程，总结无产阶级革命文学的发展规律以及与资产阶级、修正主义文艺思潮斗争的经验，特别着重阐述毛泽东文艺思想在推进无产阶级革命文学迅速发展中的伟大作用和意义。

“中国古代及近代文学史”由虞愚（先秦文学）、陈朝璧（虞愚离校后接手先秦文学）、戴锡璋（两汉文学）、周祖譔（隋唐五代文学）、李拓之（元明清文学）等负责授课，以历史唯物主义观点和革命批判精神，系统扼要地讲授中国古代及近代文学发展的主要过程及其与当时阶级斗争的关系，适当地说明古代近代主要作家的基本倾向和他们在文学史上的地位。第一学期自先秦讲至宋代，第二学期讲明清及近代。

“中国古代文学作品选”由郑朝宗负责授课，选讲若干篇古代有代表性的文学作品，进行深刻的分析批判，使学生提高对封建社会文学的分析批判能力和抵制封建主义、资本主义思想影响的能力。在教学中适当讲授最必须的古代汉语知识，提高学生阅读古文的能力。

“欧洲文学”由郑朝宗、徐元度等负责授课，主要概括地讲授欧洲文学，特别是文艺复兴以后资产阶级文学的主要发展过程，对其中主要流派的理论和有广泛影响的创作进行深刻的批判。

“写作”课程由庄钟庆、陈汝惠、许栋梁等负责授课，以毛泽东文艺思想和关于文风问题、语言问题的指示为指导思想进行教学。一年级讲一般文章和应用文的写法（结合讲授现代汉语基本知识），着重解决学生写作思想、文风和语言表达问题。二年级讲记叙文和论说文的写法，着重掌握通讯、报告文学、短论和总结报告等文体的写作特点。三年级起，课外组织学生进行写作练习，从当前阶级斗争，生产斗争的实际需要出发，结合教学和社会活动、社会调查、写作评论文章或文艺作品。

此外，根据实际需要和师资力量开设若干门选修课，如“马克思主义文艺理论经典著作选读”“群众文艺”“戏曲改革”“文艺理论专题”“作家作品研究”等。

这些课程明显地带有时代的烙印，与现实生活、阶级斗争结合得更为紧密。

此外,针对不同的专业,中文系采取开设专门化课程的措施,逐步加大专门化课程的比例。例如,资料显示,1954 年古典文学专业所学的课程从 1950 年的"中国古典文学选读""水浒"两门课程增加到八门,课程数量逐渐增多,课时数也由 133 个课时增加到 322 个课时。课程安排也更加细化了,由原先的"中国古典文学选读"细化成 6 门不同的课程。新增加"鲁迅"这一专题,而"水浒"则作为保留课程,一直延续。

第三节 在海防前线坚持教学科研

一、前线大学

50 年代,台湾海峡两岸处于敌对交战状态,海防前线城市厦门频受空袭和炮击。厦门大学位于厦门岛的前沿,与国民党占领的海岛大担、二担正面相对,且与金门相距不到五千米,校园在对方的火炮射程之内。因此解放后的厦门大学依然处于战区,成为全国独一无二的前线大学。1950 年 6 月,朝鲜战争爆发后,美国在派兵干涉朝鲜内政、扩大朝鲜战争的同时,派遣第七舰队侵入台湾海峡。国民党乘机策划"反攻大陆",厦门地区形势十分紧张。1951 年 1 月,党中央指示前线部队务必确保厦门安全。人民解放军第三野战军司令员陈毅亲临前线视察,厦门进入临战状态。为坚持前线战争,厦门大学设立防空指挥处,除理、工两学院曾一度疏散到闽西地区外,中文系和其他各系一起坚守在厦门前线,进一步掀起保卫厦门、保卫厦大的战斗热潮,共同订立《全体师生员工爱国公约》,表示"在任何情况下,克服困难,争取时间,坚持学习"。1954 年,厦门驻军炮轰金门。台湾方面开始大规模还击,对厦门进行空袭。据台湾军方的不完全统计,仅 1954 年 9 月,金门就向厦门沿海地区发射炮弹 38 万余发,最严重是每次空袭达 160～170 架次。白天飞机声、枪炮声轰鸣;夜间照明弹凌空而起,整个厦门天空,战火纷飞,硝烟弥漫。厦大校舍多处受到燃烧弹和炮弹的袭击,职工、学生有多人受伤,有资料显示,1954 年 9 月 11 日,国民党军队在厦大范围内投弹,重轻伤各三人。正常的教学生活秩序遭受破坏。

二、课程安排

在反空袭斗争中，厦门大学经过了停课，分散排课，四节三部办法（即三部轮换，每部四节一贯制的方法。上午文史科，下午财经科，分配在防空洞上课。晚间理科上课，分散在各个地区），在防空壕、防空洞口上课等教学方式。1954 年 9 月 1 日开学后，由于敌机空袭频繁，为避免人员的伤亡，厦大首先实行防空紧张时的教学方案，把师生的教学和生活安排在防空洞里，实行三部轮换、每部四节一贯制的方法，中文系上午在防空洞上课，每周上课时间只有 24 小时，教材力求精简，星期天作为补课时间，体育课采取分散、就近、分组的办法进行。

中文系的上课地点多在南普陀西侧的防空洞，学习和生活条件十分艰苦，一开始有些同学难以适应。为了鼓舞斗志，中文系的领导与教授多与学生一起战斗，如黄典诚教授就曾在防空洞里亲授"语言学引论"。中文系的师生还共同学习了周恩来总理在第一届全国人民代表大会所做的政府工作报告，进行了爱国主义与国际主义教育，革命英雄主义与集体主义教育，以及不怕困难、勇于斗争的教育。

同年 10 月份以后，敌机空袭较少。从 10 月 18 日起厦大开始第一种教学方案，即在防空较松时期的教学方案。学生全部在课室内上课，中文系在上午上课。到了 11 月中旬，在人民解放军炮火的猛烈反击下，敌机的空袭次数大大减少。厦大领导经过周密研究，恢复在白天上课的做法，自 11 月 19 日起，全部课程在白天上课，上午 5 节下午 3 节。为了避免发生教室过度密集的现象，保证空袭时能从容疏散，厦大还搭建了 6 间竹篷作为临时教室，分布在学生宿舍及南普陀附近。中文系的师生还参与防空准备工作，如防空壕、防空洞的加固加盖工程等。到 1954 年，全校一共完成防空壕 10 013 平方米，修整加高加盖防空壕1 618 平方米。

三、参加民兵营

1958 年，中东危机发生后，国民党一面加紧修筑金门、马祖工事，一面出动美援的战机对福建和厦门沿海地区进行频繁的空袭和轰炸，台湾海峡地区再次进入紧张状态。1958 年 8 月 23 日到 10 月 6 日，人民解放军发射炮弹十万发，在炮击金门的激烈战斗中，厦门大学再次经受规模空前的炮战洗礼。全体师生积极支前参战，热烈响应毛泽东主席的号召，于1958年9月8日晚上成立厦门大学民兵师。民兵师一方面坚持对敌斗争，一方面坚持工作和学习，既是军事组织、劳动组织，又是教育组织、体育组织。中文系是民兵师的第七营，隶属于文财团，除了政治上和体格上不符合条件的以外，中文系的学生都参加了民兵营。民兵师成立时举行了庄严的宣誓仪式，人人握拳高呼“誓与厦门大学共存亡，誓与厦门岛共存亡”[①]。每位参加民兵营的学生都发了一枝七九步枪，每人配发80发子弹以及4个老式木把手榴弹。形势紧张的时候学生可以带枪上课。每个班级还配发一挺捷克式机枪。

四、民兵营生活

1962年夏，海峡形势日益紧张，厦门市党政军机关把一切重要文件都撤到内地，部队家属全部撤出厦门岛，厦门大学也接到提前放暑假、动员全校师生疏散的命令。但中文系仍有30多名政治素质过硬的积极分子留校参加民兵师，集中居住，实行军事化管理，训练的科目有：队列训练、步枪、手枪、冲锋枪、机关枪、高射炮射击训练、投掷手榴弹训练，有的还进行操纵迫击炮的训练。训练全部在厦门当地驻军指战员带领下进行，所有参加民兵师的学生都掌握使用三八大盖（三八式步枪）、左轮手枪、冲锋枪、机关枪和高射炮等武器的本领。除了学会使用各种兵器，民兵师还进行了各种战术训练，天天趴在40摄氏度高温的海滩上，练习进攻、防守、抓特务、打上岸敌人、拼刺刀[②]，晚上还要参加夜间紧急集合短途拉练的训练科目。民兵师在坚持教学的同时，中文系的师生也在实际的战斗中加强了政治教育。

1958年10月6日，国防部长彭德怀发表《告台、澎、金、马同胞书》后，人民解放军对金门采取打打停停、半打半停的方针，后来又采取单日打双日不打的警告性炮击，一直延续到1978年12月31日。在海峡两岸长期处于军事对峙的形

---

① 陈安全：《特殊时代厦大生活片段》，陈福郎主编：《凤凰树下——我的厦大学生时代》，厦门大学出版社2006年版，第183页。

② 包恒新：《凤凰木外三章》，陈福郎主编：《凤凰树下——我的厦大学生时代》，厦门大学出版社2006年版，第176～177页。

势下，中文系的民兵师在1958年炮击金门、1959年的防台风斗争、1960年的反美反蒋武装示威中，出色完成支前参战、抢救抢修、守卫海防等战斗任务，和其他各系一起为了坚持长期的对敌斗争，继承和发扬了“劳武结合”的光荣传统，即在平时以“劳”为主，以民兵战士的姿态，积极投入教学、科研和工作；战时以“武”为主，即勇敢参与对敌斗争和民兵训练，把两者结合起来，互相促进，全面提高。

第四节　学生活动

五十年代的校园总体而言弥漫着宽松兼容气氛，“改变刻板生活”，提倡学生（包括男生）穿花衣，校园音乐也多流行《我的祖国》《九九艳阳天》《刘三姐》《弹起我心爱的土琵琶》《四季歌》等[①]。中文系的团总支、学生会密切配合，举办各种大合唱、歌舞剧、话剧、周末舞会等[②]。中文系学生的文艺创作活动在此氛围下更显活跃，在学习期间不少学生进行诗歌、散文、小说等创作，其中有的作品分别发表于国内各种报刊上。同时，在老师的指导下，学生自行组织创办刊物，登载学生作品。

一、《鼓浪》《波艇》复刊

1955年，中文系1953级鲁迅文学小组重新出版《鼓浪》，刊名一是为了纪念鲁迅，也是取其“百家争鸣，鼓起学术高潮”之意。《鼓浪》原为鲁迅在厦大任教期间所指导的文学社出版的文学刊物，鲁迅离校后不久，《鼓浪》随即停办。在重新发行的《鼓浪》上，时任系主任的郑朝宗在序中鼓励同学们“不再满足于陈旧的学习方法，开动脑筋，自己思索、自己做主，在教师的指导下，伸出手来叩击学术之门”。

《鼓浪》主要登载学生创作的作品及评论文章，也刊课程教改的成果以及学

---

① 胡明辉：《学生年华的黄金片段》，陈福郎主编：《凤凰树下——我的厦大学生时代》，厦门大学出版社2006年版，第119页。

② 杨聪凤，《我是凤凰树上的一片叶》，陈福郎主编：《凤凰树下——我的厦大学生时代》，厦门大学出版社2006年版，第201页。

习心得，起到较好的交流经验、活跃学习气氛的作用。多数文章和社会政治接合紧密，如反映半农半读的独幕话剧《新途第一步》，批判“写中间人物论”的《为什么这样忌讳新英雄人物的完美形象》，支援越南战争的《战斗的越南南方青年》，报告文学《第一代女盐工》，诗歌《毛主席著作胜太阳》等。当时《鼓浪》的学生编辑有：刘再复（原中国社会科学院文学研究所所长，现任美国科罗拉多大学客座研究员，香港城市大学中国文化中心名誉教授，台湾东海大学讲座教授）、张诗剑（香港诗人、《文学报》主编）、陈慧瑛（中国散文家、厦门作家协会主席）、包恒新（《福建论坛》杂志社副总编）、林兴宅（厦门大学中文系教授）。

1958 年，《鼓浪》由中文系接办。1958 年以后，交由中文系学生会负责编辑出版，同时恢复《波艇》的出版，《波艇》主要刊登文艺创作。以上刊物均在“文革”开始时停办。

二、成立鲁迅纪念室

1952 年 10 月 19 日，为了纪念鲁迅、学习鲁迅，厦门大学设立鲁迅纪念室。筹备工作由中文系的师生担任，首先是调查研究，确定鲁迅在厦大的故居集美楼二楼西部为纪念室的地址，室内布置完全按照鲁迅居住时原来的式样。1956 年，为纪念鲁迅诞辰七十五周年、逝世二十周年以及到厦大任教三十年，中文系对鲁迅纪念室重新整顿，增设陈列室一间，陈列鲁迅在厦门期间的著作及有纪念价值的资料。中文系师生搜集了鲁迅先生的全部著作、手迹、照片、画像，以及记载研究鲁迅的各种书报杂志分别悬挂室中和陈列在书架上①。纪念室由中华人民共和国副主席宋庆龄亲笔题字。1962 年，全国人民代表大会常委会副委员长郭沫若视察厦大时，特来瞻仰。

三、成立学术研究小组

此外，中文系学生还组织“学生科学研究分会”，会员采取自愿加入制，邀请教师进行指导。分会下设鲁迅文学研究小组、语言研究小组、民间文学研究小

① 《新厦大》1952 年第 43 期。

组、屈原古典文学研究小组等，根据中文系的特点进行科学报告、座谈会和讨论会等学术活动，出版壁报和期刊，活跃了中文系的学术氛围。仅1956年，鲁迅文学研究小组成员就发表多篇论文，出版了壁报《萌芽》，组织了一次“关于阿Q典型性问题”的讨论会。语言研究小组分别就“怎样学好标准音”和“词是什么”举行了两次科学讨论会。民间文学研究小组整理生产实习时搜集的材料，出版壁报《拓荒》。屈原古典文学研究小组将活动与“中国文学史”课程整合在一起，对三曹和陶渊明进行了研究，举办“关于琵琶记”的讨论会，学术成果显著。

四、优秀班级

在60年代的前五年，厦大中文系在师生中开展“学雷锋、树新风”和“争三好学生、创四好班级、搞五好宿舍”运动，还参加民兵训练、下乡下厂参加社会实践等活动，对于进一步树立师生的人生观和世界观，都起到有益作用，多次获得表彰。1964年6月5日，《厦门日报》用头版和二版发表文章，表扬厦门大学中文系1961级学生学习毛主席著作，逐步树立奋发向上、刻苦读书、艰苦互助、热爱劳动、团结友爱，关心集体的风气，成为学校中的先进集体。这个时期毕业的中文系学生，以其积极奉献的精神，为祖国的社会主义建设事业做出贡献。

但是，随着党内“左倾”错误的再度发展和“千万不要忘记阶级斗争”口号的提出，正常的教学工作也逐渐转移到“以阶级斗争为纲”的轨道，贯彻执行《高校六十条》的工作也逐步被否定。特别是1964年以后，由于思想文化领域中的错误批判不断升级，一些学术观点被当成政治问题看待，上纲上线到阶级斗争的高度加以批判。各种规章、制度也被当作修正主义加以否定。

第五节　教授录

1.徐霞村

徐霞村(1907—1986)，原名徐元度。祖籍湖北阳新，生于上海。著名作家、翻译家。1925年考入中国大学哲学系，后辍学赴法国巴黎，1928年夏回国。从1926年起开始在《晨报》副刊、《世界日报》副刊、《语丝》、《小说月报》等刊物上发表译文、小说和散文。1928—1930年夏活跃在上海文坛上，有大量著作与译著，包括《法国文学史》《南欧文学概况》《文艺杂论》，小说集《古国的人们》，散文集《巴黎游记》；主要译著有《菊子夫人》《洗澡》《法国现代小说选》《六个寻找作家的剧中人》。历任北京大学、北京师范大学、北京女子师范大学中文系讲师，齐鲁大学副教授。1947年任厦门大学中文系教授，任教授会理事。后任现代文学教研室主任、厦门文联常务理事兼研究部长。1957年被错划为“右派”，调到外文系工作。

2.彭柏山

彭柏山（1910—1968），湖南茶陵人，1925年考入长江工业学校学习；1929年就读于上海江湾劳动大学政治经济系，开始创作。1931年加入“左联”领导下的文艺研究会，任大众教育委员会书记，创作上得到鲁迅的鼓励和帮助。1934年发表最早反映苏区人民斗争生活的短篇小说《崖边》。同年被捕。1935年，在狱中加入中国共产党。1937年获释后参加新四军，至全国解放，一直担任政治宣传领导工作；新中国成立后，曾担任华东军政委员会文化部副部长、上海市委宣传部部长，因“胡风问题”受到株连入狱。1961年来到厦门大学，讲授现代文学。后因阶级斗争深入，调入外文系。1965年离开厦大，1968年于河南农学院被迫害致死。1980年得到平反，恢复党籍和名誉。

3.郑朝宗

郑朝宗（1912—1998），字海夫，笔名林海。福建福州人。民盟成员。著名学者、诗人、翻译家。1936年毕业于清华大学外文系。1938年受聘于厦门大学，1939年赴上海，1943年复至厦门大学。1949年赴英国剑桥大学留学，攻读现代小说博士学位。1951年回国，任厦门大学中文系教授及系主任，兼任厦门大学工会主席、厦门市文联主席、福建省文联副主席。1958年，被打为“右派”，“文革”期间下放龙岩连城县进行“劳动改造”。“文革”后回到厦大，重新主政中文系。招收硕士研究生，开设“《管锥篇》研究”课程，成为国内“钱锺书研究”第一家。1979年加入中国作家协会，晚年受聘为福建省文史馆副馆长。著有专著《小说新论》《护花小集》《梦痕录》《海滨感旧录》《海夫文存》《西洋文学史》等。

4.李拓之

李拓之(1914—1983),原名李点,字驰云,号无辩,晚年自号衔碧楼主。福州人。现代作家,著名学者。1927年毕业于福州第一中学,做民报编辑以维持家计,后与友人合办野火文艺社,同时开始阅读新文艺刊物并写作。1931年主编《南华日报》《朝报·文艺副刊》。1939年任职于国民政府军事委员会政治部第三厅,1945年抗战胜利回沪,到上海教育局任编审,同年加入民盟。1948年出版历史小说《焚书》,文学成就和思想价值都很高。1949年到北京新华通讯社工作。1953年受聘为厦门大学中文系,历任副教授、教授。1957年错划为"右派"。1962年任教福建第二师范学院(现闽南师范大学),1964年被解雇。1978年平反,复任厦门大学中文系教授。郑朝宗为其编撰遗著《李拓之作品选》。

5.黄典诚

黄典诚(1914—1993),字伯虔,笔名黄乾。福建龙溪人。著名语言学家。1937年毕业于厦门大学国文系,任福建省立龙溪简易师范国语教员,1938年受聘于厦大国文系,1945年任副教授,1981年任教授,1986年被国务院批准为汉语史博士生导师。兼任中国语言学会、汉语方言学会、音韵学研究会理事,中国音韵学会学术委员,全国高等院校文字改革学会顾问,《汉语大辞典》编委,福建史志协会顾问等职。著述有《前驱国语罗马字读本》《语言学概要》《训诂学概论》《诗经通译新诠》《普通话闽南方言词典》等。

6.陈汝惠

陈汝惠(1917—1998),男,上海宝山人。著名作家、教育家、学者。1932年,陈汝惠在省立上海中学乡师毕业,任小学教师,同时插班就读于上海建国中学高等师范学校。1934年起,陈汝惠任上海立德中学初中语文教师。抗战时期以笔代刀,创作出长达6万字的中篇小说《女难》,分三期在《小说月报》上发表。又有《淡水》《小雨》《捕珠手》《斗牛士》以及《共死生之》等作品,充分反映他抗日爱国的热情。解放后,陈汝惠因新中国首任教育部长马叙伦的推荐到厦门大学任教,担任厦大华侨函授部副主任等职务。"文革"中遭受严酷迫害,直到"文革"结束,其历史问题才得以澄清,调任高等教育研究所副所长,主编《建国以来高等教育大事记》。

第四章 迷失年代

（1966—1976）

“文革”十年，举国上下一片混乱，教育受到严重干扰。厦门大学作为全国重点大学，也不可避免地深受其害。中文系作为意识形态关注的重点，所受冲击最重。若干学有专长、德高望重的教授被打成“右派”，遭到迫害。不少师生被裹挟进各种运动的洪流，迷失了人生方向。招生停顿，秩序混乱，教学和科研都遭受到前所未有的冲击。

第一节　狂飙骤起

1966年5月16日，中共中央政治局扩大会议通过“文化大革命”纲领性文件《中国共产党中央委员会通知》（以下简称《通知》）。《通知》要求全党“高举无产阶级文化革命的大旗，彻底揭露那些反党反社会主义的所谓学术权威的资产阶级反动立场，彻底批判学术界、教育界、新闻界、文艺界、出版界的资产阶级反动思想，夺取在这些文化领域中的领导权。而要做到这一点，必须同时批判混进党里、政府里、军队里和文化领域的各界里的资产阶级代表人物，清洗这些人，有些则要调动他们的职务”。《通知》的下达，使“文化大革命”作为群众性的政治运动在全国急剧开展。

一、“文革”肇始

1966年5月24日，福建省委派出以陈玉西为团长、张格心为副团长的工作团进驻厦门大学，领导全校开展“文化大革命”。6月1日，《人民日报》发表社论《横扫一切牛鬼蛇神》。中央人民广播电台于当日下午四点播发北京大学聂元梓等人攻击北京大学党委及北京市委的大字报以及这篇评论员文章。仅过了几个钟头，经济系的学生就在竞丰食堂(现已拆，原文科学生食堂)的石墙上贴出第一张大字报[①]。翌日，中文系、经济系、外文系的少数学生纷纷贴出大字报，指责厦大党委在工作中的“错误”和“问题”，点了学校领导人陆维特、张玉麟、未力工的名。

6月4日，《人民日报》公布中央改组北京市委和北京大学党委的决定，福建省委也于当日宣布，由省委工作团领导厦门大学的运动，厦大党委停止领导工作，集中学习检查。广大师生心情紧张不安，但部分学生却受到鼓动，贴出大字报，要求揭发校领导的“问题”和揭开校内“阶级斗争”的盖子。从厦大南门到中文系教师所住的宿舍芙蓉三，道路两旁摆满贴着大字报的木板。受全国性浪潮的驱动，厦大“文革”运动发展迅猛，仅6月份全校就有3万余张大字报。从支部书记到一般的教师，再到每个学生，中文系几乎所有的师生都卷进“文革”浪潮，大家纷纷写大字报，揭发周围人的言行，部分内容甚至涉及日记内容、私人书信等个人隐私。

中文系的学生林金铭[②](1966年8月26日成立的“厦大红卫兵独立团”负责人)等还贴出《赤血红心，誓死保卫毛主席和党中央》的“血书”[③]，部分学生还召开一系列所谓“声讨”“揭发”大会和小组鸣放、辩论会。

1966年8月7日，党的八届十一中全会上印发毛泽东写的《炮打司令部——我的一张大字报》，指责向高校派工作组是“站在反动的资产阶级立场，实行资产阶级专政，将无产阶级轰轰烈烈的文化大革命运动打下去”。全会通过《中共中央关于无产阶级文化大革命的决定》(简称《十六条》)，规定运动的目的是“斗垮走资本主义道路的当权派，批判资产阶级的反动学术权威，批判资产阶级和一切剥削阶级的意识形态，改革教育，改革文艺，改革一切不适应社会主义经济基础的上层建筑，以利于巩固和发展社会主义制度”。《十六条》再一次鼓动人们以大字报、大辩论的形式大鸣大放，把运动进一步推向极端。《十六条》的传

---

① 王书声：《中国人的幽默》，陈福郎主编：《凤凰树下——我的厦大学生时代》，厦门大学出版社2006年版，第217页。

② 林金铭为厦门大学中文系1963级本科生，在“文革”期间因武斗身亡，未及毕业。

③ 厦大校史编委会编：《厦大校史资料第4辑(1966—1987)》，厦门大学出版社1990年版，第2页。

达，对福建省各高校震动很大。11日，厦门市三万人上街游行，拥护中共中央公布“文化大革命”的“十六条”决定。

当日的《福建日报》是这样报道的：厦门大学革命师生员工听了中央决定的广播后，情不自禁地高呼“毛主席万岁”“战无不胜的毛泽东思想万岁”。中文系四年级的革命师生说：“党中央决定中的每一句话都说到我们心里。我们决不辜负党中央、毛主席的期望，头可断，血可流，不把无产阶级文化大革命进行到底誓不罢休！”

二、卷入漩涡

在此环境下，中文系1963级学生林金铭等人于8月5日给毛泽东发了一封电报，“控诉省委厦大工作团残酷镇压厦大文化大革命的罪行”，贴出60多页的大字报，“揭露工作团在厦大犯下的滔天罪行”[①]。10日，省委工作团即撤出厦大，撤出此前设立的领导运动的机构“厦大文革筹委会”，该会被蜂拥而起的“红卫兵”运动冲垮。全校处于无政府的混乱状态，一切行政工作都停顿了，学生纷纷出动，冲击他们认为是“封、资、修”的事物，红卫兵随意冲进教职工家中，抄走大量书籍、古玩、金银首饰、字画、收音机、照相机、自行车，使教职工蒙受巨大损失[②]。中文系有的造反学生为了泄私愤，闯进教师、干部家中，对其拳棒交加[③]。很快，造反的学生不满足于在校内的造反，他们冲出校门，到社会上去串联。

中文系的教师则分成两派。一派认为要向党支部“开炮”，进行批斗，另一派则认为党委的同志并未犯政治错误。部分激进的教师成立“红旗战斗队”，写传单，发表对当前形势的看法。中文系还成立筹委会，专门负责布置中文系揭发批判的工作。

此时，包括中文系主任郑朝宗在内的许多为党的教育事业勤奋工作的干部、教师，被斥为“党内资产阶级代表人物”“资产阶级学术权威”“牛鬼蛇神”，遭到批

---

① 厦大校史编委会编：《厦大校史资料第4辑(1966—1987)》，厦门大学出版社1990年版，第2页。

② 厦大校史编委会编：《厦大校史资料第4辑(1966—1987)》，厦门大学出版社1990年版，第7页。

③ 厦门大学档案馆编：《厦门大学校史第2卷》，厦门大学出版社2006年版，第162页。

判和斗争。中文系的大多数教授、干部已经遭到批判。庄明萱、万平近、田莺、鄢行晏、蔡铁民、洪笃仁、陈朝璧、郑朝宗、黄典诚、朱红、蔡师圣等都被集中点在芙蓉二，由基干民兵负责看管，进行集中学习和集中批判。

此外，中文系也组织了一场公开批斗会。与其他系的批斗会不同的是，中文系批斗会的时间安排在晚上，这样就避免了批斗会结束后的游街。批斗会在群贤二的大教室召开，“牛鬼蛇神”们在讲台上站成一排，带上高帽，接受部分学生的批判。批斗会结束后，部分教师继续回到芙蓉二的宿舍。部分教师，如陈朝璧教授（解放前担任厦门大学教务长）因为“问题特别严重”，被关在厦大工会（现建文楼所在地）厕所旁的小房间，由基干民兵进行看管。

第二节　“红卫兵”运动

一、运动的兴起

全国“文化大革命”动乱局面的形成是从红卫兵运动开始的。1966 年五六月间，清华大学附中、北京大学附中等校相继成立红卫兵组织。清华附中的红卫兵在六七月份先后贴出三论所谓《无产阶级造反精神万岁》的大字报。8 月 1 日，毛泽东亲自写信给清华附中的红卫兵，认为他们“对反动派造反有理”，向他们表示“热烈的支持”。此信的发表导致红卫兵运动迅速在全国发展，成为狂热的政治力量。从 8 月 23 日起，厦大一些学生在北京等地“红卫兵”运动的推动下，相继发起组织“厦门大学红卫兵总部”“红色厦大”“厦门大学红卫兵独立团”“革命厦大”“文教卫革命司令部厦大分部”“红卫兵教工大队”“人民勤务员”“万丈长缨”等群众性组织。虽然旗号各异，但宗旨相同，即“造修正主义的反”“造走资派的反”，都要“踢开党委”自己“闹革命”。他们由于认识上的不同和对权力的争夺，很快产生矛盾以至于分裂成势不两立的敌对派别，从个别摩擦发展到武装伤人。

二、"革联"与"促联"

1966年10月8日,以"厦大红卫兵独立团"为主的部分学生成立"新厦大公社",由于造反派内部在夺权行动中产生矛盾,"新厦大公社"分裂成两派,以中文系林金铭为首的学生于1967年2月16日组成"新厦大公社革命到底联合司令部"(革联),另一部分则于3月22日组成"厦门大学促进归口联络委员会"(促联),中文系的"红旗战斗队"也随之解散,分裂成为"革联"和"促联"两大派别。继之,因为校内两大派别各自参与厦门市的造反行动,厦门市的造反组织也分裂为对立的"革联""促联"两派。"革联"的支持者主要来自厦门造船厂,"促联"的支持者主要来自厦门工人机械厂。

1967年3月到5月间,在厦门酒厂、厦门罐头厂、厦门纺织厂等单位所发生的"夺权"之争,"革联"和"促联"都参与了。6月2日发生在厦门第五中学的两派武斗事件,使造反派的矛盾进一步激化。自此,两派时有冲突,争吵不断。7月间,传说江青提出"文攻武卫"的口号,造反学生的"斗志"受到鼓舞,终于在1967年8月2日,在厦大大南八号楼(时称"造反楼",今档案馆所在地)酿成"八二"武斗流血事件。由于"促联"的学生因大字报中所述的情况与"革联"产生争执,被绑架到大南八号楼,"促联"示威逼迫"革联"放人,双方谈判破裂,"促联"开始围攻"革联",围攻过程中动用手榴弹、小口径步枪等武器,"革联"的重要负责人——中文系学生林金铭在这场武斗中胸部中弹,未及时送医救治而身亡,由此引发厦门市全面的大规模武斗。

三、全国大串联

1966年,中央"文革"表态支持全国各地的学生到北京交流革命经验,也支持北京学生到各地去进行革命串联。1966年9月5日,中共中央、国务院发出《通知》,要求"外地高等学校革命学生、中等学校革命学生代表和革命教职工代表来北京参观文化大革命运动"。《通知》发表后,全国性的大串联活动迅速发展起来。

中文系的部分学生及年轻教师也参加大串联。因为"革命"而有资格、有机会"乘车不要钱""住宿不要钱""吃饭不要钱"(称"三免费"),有些串联到泉州。

有些徒步串联到韶山；有些则搭上专列，进京"接受毛主席检阅"。1966 年 8 月至 11 月，毛泽东在天安门广场连续八次接见红卫兵，大串联达到高潮。

1967 年 1 月上海"一月革命"夺权后，红卫兵运动的主流渐渐从社会返回校园，既而消退。1967 年 3 月 19 日，中共中央、国务院宣布《决定》，决定"继续停止全国大串联，并取消原定春暖后再进行第二次大串联的计划"，整个大串联的时间跨度为半年。1967 年下半年，随着厦大革委会和各系革委会的相继成立，红卫兵组织的功能趋于式微，红卫兵运动渐渐停息。

第三节 "清队""整党"和干部下放

一、"清队""整党"运动

工、军宣队（工人、人民解放军毛泽东思想宣传队）是在校内一片混乱的情况下进驻厦大的，目的是以巨大的政治威力摄制和管教知识分子。工、军宣队进驻厦大后，到社会上造反及外出串联的学生回到校内，"左"的狂热未减，斗争的目标又转向学校中。工、军宣队领导全校"斗、批、改"是以革命大批判开路的，攻击刘少奇所谓的"阶级斗争熄灭论"，以提高"阶级斗争观念"和"路线斗争觉悟"，继而以斗争"走资派"（干部）和"反动学术权威"（教师）促进"斗、批、改"运动的深入开展。

工、军宣队进驻厦大一周内，中文系就遵照毛泽东"全国都要学习解放军"的教导，实行军事编制，以营为单位。在全校批斗大会的带动下，为了表示阶级觉悟的提高，中文系也对自己所管教的"专政对象"（被审查的干部、教师）进行批斗。1968 年 11 月 23、24 日两天，"革联""促联"两派为了表现自己的"路线斗争觉悟"，分别把全校数百名被审查的教职工、干部押到市区和校内进行大游斗。这些举动，在工、军宣队看来是"彻底改变资产阶级知识分子统治学校，彻底批判反革命修正主义教育路线，搞好无产阶级教育革命，把厦门大学办成红彤彤的毛泽东思想大学校"唯一且正确的办法。

1969 年 2 月 26 日，经驻校工、军宣队的撮合，厦大成立厦门大学革命委员会，曾鸣任革委会主任。校革委会成立时，在校的师生不多，尤其在外串联的学生还未全部返校。1969年4月20日和6月24日，驻校工、军宣队和革委会先后发出通知、公告，催促师生返校参加“斗、批、改”，政治运动以更激烈的形式展开。“狠抓清理阶级队伍”是当时工作的重点，革委会主编的《厦大斗批改通讯》（当时的校刊）发表文章《动员起来，向阶级敌人发起新的更加猛烈的进攻》，号召“把斗争的火药味搞得浓浓的，刮起十二级台风，向敌人发起空前规模的大进攻、大扫荡、大清洗”，要“抓紧、深挖，向一小撮叛徒特务、死不悔改的走资派和没有改造好的地、富、反、坏、右分子以及现行反革命分子猛烈开火”。于是，一场新的斗争狂风立刻在校内刮了起来，检举、揭发、大小批判斗争会不断召开，大字报遍布校内，矛头直指所谓的“九种人”。“清理阶级队伍”运动，不但声势凌厉，而且在专案审理中违反党的政策，搞严刑逼供，残酷逼死一些无辜的教职工。中文系教师蔡师圣、朱红被开除党籍，“文革”结束后才得以恢复。中文系原系主任、时任教务处处长的林莺在此运动中投井自杀[①]。

二、中文系部分教师下放

1969年秋冬之间，全国掀起上山下乡、插队落户的浪潮，厦大许多教职工被迫离开学校。

1970年，厦大在集美开办了一个校办农场，举办“五七干校”，作为贯彻毛泽东“五七”指示的学农基地。农场有土地150余亩，主要种植水稻，也搞点禽畜副业。留校的教职工分批到“五七干校”劳动、学习，每期一般为半年，农场举办各种“斗私批修”学习班，教职工要一面学习一面劳动。

1970年11月，厦大再次动员教职工到农村接受贫下中农再教育，但也按教学需要留下十几位“出身较好，无任何历史问题”的青年教师，或到黄厝、高崎等地进行调研，与当地农民同吃同住同劳动，教唱样板戏，或到橡胶厂整理厂史，进行报道。

中文系有几位“问题特别严重”的教师，如黄典诚，在集中学习后被逮捕进监狱。其余20多位教职工则被下放，“接受贫下中农再教育”。下放地点多在龙岩连城、漳州南靖、漳州长泰、泉州德化等地。郑朝宗和庄明萱等被下放到龙岩市

---

① 此井位于芙蓉二楼前，现已被填平。该自杀事件仍存在争议，案件至今未破。

连城县宣和公社上曹大队接受再教育。林铁民、洪笃仁、陈朝璧等下放到南靖。这些教师虽然被下放，但是部分教师如林铁民等到了当地工作组，领导其他人开展“文化大革命”。部分教师如陈朝璧等则进了中学教书，并不下乡劳动。大部分被下放的教职工直到“文革”结束后才调回学校。

第四节　推行“文革”教育制度

一、中文、历史合与分

“文革”期间，全国统一的考试招生制度被废止。1969 年 12 月 6 日，教育部军管小组等单位联合通知，厦门大学由原属教育部的直属院校下放由福建省革命委员会领导。在福建省革委会管理的十年中，在原有的教育体制、教学体系与教学秩序等同废弃的情况下，一些教育革命的“新鲜”事物出现。

1970 年 3 月，根据毛泽东关于“要从有实践经验的工人、农民中间选拔学生，到学校学习几年以后，又回到生产实践中去”的指示，厦大革委会派出革命教育小分队，进行社会调查，开展“革命教育实践”。同年，“文革”前原设的中文系和历史系合并为文史系。3 月，中文、历史、政治经济学专业合办为期三至六个月的文科试点班，按照学科特点，在文史系分设中文和历史两个专业。两年后又发现合并不利于教育革命的深入开展，中文系和历史系独立成系。

二、试点班与工农兵学员

1.文科试点班

文科试点班的指导思想是“突出无产阶级政治，以两个阶级、两条路线斗争为纲”，培养“无限忠于毛主席，无限忠于毛泽东思想，无限忠于毛主席革命路线，具有坚定地无产阶级立场，有较高的阶级斗争、路线斗争和继续革命的觉悟，具有一不怕苦二不怕死的彻底革命精神，决心将社会主义革命进行到底的革命战士”。具体学习以“社会为工厂”，为工农兵服务，开展革命大批判等，建立一支“以工农兵为主体的新型的无产阶级教师队伍”。招收的学员条件是初中以上文化程度，必须是"三大革命运动"中，特别是在无产阶级"文化大革命"中，能活学活用毛泽东思想，阶级斗争和路线斗争觉悟较高的，有实践经验的工人、贫下中农、复员转业军人，结业后回原地、原籍"抓革命、促生产"。试点班招收20名学员，办学地点在厦门前线公社莲坂大队，主要学习"毛主席文艺思想""毛主席诗词""革命样板戏""党内两条路线斗争史""毛主席经济思想""近代史讲座与写作"(通讯指导、评论、调查研究)等课程，始终将课程的政治方向摆在第一位。

这些工农兵学员的招收，由于采取"群众推荐、领导批准、学校复审相结合"的办法，在派性严重干扰的形势下，学员的文化程度参差不齐，给入学后的教育工作造成很大的困难，教学质量受到一定的影响。

2.文史试点班

10月，中文系开办文史试点班，培养"宣传马列主义、毛泽东思想的革命队伍、思想文化战线上的无产阶级战士"，招收"决心为巩固无产阶级专政大造革命舆论的工农兵及青年干部"，如招收各单位政宣部门的工农兵及青年干部、报刊通讯员、工农兵写作组(评论组)以及文艺宣传队的积极分子。

试点班的名额由福建省教育厅确定，先于5月份进行工农兵学员的政审推荐工作，也对其进行文化考试。录取标准以政治面貌和家庭出身为重，文化考试成绩仅作参考。

10月24日入学的第一批工农兵学员共25人，在校学习两年，于1973年1月毕业。1972年春季开始，全面招收普通班工农兵学员，学制为三年。

文史试点班的课程多为写作课，由在校的中文系青年教师集体承担教学任务，每个老师上一个专题，如主题、结构、文风等。试点班还曾由郭启宗、陈进极老师等带队，赴漳浦县古雷镇(古雷半岛)下垵村，采访扬名全国的海岛女民兵排，锻炼写作能力。先由工农兵学员采访女民兵，写好初稿后，再交由教师进行修改。由于学习目的明确，大多数达到或基本达到原定培养目标的要求。如被誉为"独臂女民兵英雄"的中文系学员陈美梅，在入学前只念过一年农中，入学后，她所写的前线民兵故事已收集在中文系试点班学员集体编写的《夜海歼敌》一书中，其批判地主资产阶级人性论的文章《对阶级敌人必须实行专政》发表在《光明日报》上。

3."社来社去"班

1975年,中文系还开办"文艺创作社来社去班",共56名学生,于1976年2月入学,在校学习两年,于1978年2月1日毕业。文艺创作社来社去班的学生是由龙溪、龙岩两地区十七个县和大田县选送的。两年来学习了"中共党史""政治经济学""国际共产主义运动史""哲学""无产阶级专政理论""人民公社经济""写作(包括新闻报道、小戏、民歌、曲艺、革命故事等内容)""文艺理论""当代文艺思想斗争史""中国古典文学讲座""外国文学讲座""现代汉语""古代汉语"和"作品选读"等课程。同时,按照毛泽东关于"文科要把整个社会当作自己的工厂"的指示,进行了新闻报道、小戏创作、故事创作和参加福建省农业学大寨文艺汇演等实践活动。

4.其他试点班

从1969年到1973年,中文系为贯彻毛泽东提出的"两条腿走路"方针,与各单位协作,举办了短期培训班,派小分队出去办"通讯报导""大批判""写作""推广普通话"等短训班。

1974年10月,中文系承担了知青函授教育的任务,开设"写作和现代汉语基础知识"等科目。写作班的学员在三大革命运动中,结合公社、大队的宣传任务写通讯报导文章,或者创作文艺宣传作品,对知青提高写作水平有较大的帮助。现代汉语基础知识班的函授对象主要是民办教师,对提高民办教师的教学水平有一定的帮助。

"文革"期间,"文革"前十七年所推行的教育体制、教学形式和内容都被视为修正主义的教育路线加以批判,被认为是"高楼、深院"中的"三脱离"教学。根据教育要革命的精神,当时中央"文革"主管教育部门,提出推倒学校的"围墙",实行"走出校门与三大革命实践相结合"的"开门办学"模式。根据这一精神,1970年代后,复课后的厦大采取"校办工厂、厂待专业、厂校挂钩、社校挂钩"等多种方式,实行教学、科研、生产的结合。因此,教学时间大大缩减,全年教学时间计划为52周,扣去假期、节日、军训以及机动时间,实际的教学时间仅为38周,同时,挖防空洞、学工、学农、学军、毕业实践和各种政治、社会活动又占去许多课时。为了突出"无产阶级专政",中文系所开设的业务课程,如"毛泽东文艺思想""写作""汉语""鲁迅作品选""毛主席诗词""革命样板戏",基本上是为当时的政治运动服务的。在“文革”期间的科研也主要围绕对所谓“资产阶级思想观点的批判”开展，围绕着评法批儒、批林批孔、评《水浒》等方面进行，真正的学术研究开展得较少。

“文革”十年动乱期间，高校教育系统与中国其他领域一样，受到的冲击与损害显而易见，尤其是在此期间推行的教育方针与制度，严重违背和破坏高级人才的培养规律，科研落后、人才断层的严重后果也显而易见。但即使是在那样困难的环境与条件下，留校教师们秉承教书育人的良知，坚守岗位，在力所能及的范围内，力求通过招生途径招到优秀的工农兵生源，尽心尽力，传授知识，培养了许多具有真才实学与社会实践能力的学生。他们当中的一些人，在日后的各个领域甚至领导岗位上，发挥重要的作用。

第五节　教授录

1.洪笃仁

洪笃仁(1922—1993)，字柏园，惠安人，生于厦门，著名语言学家。1945 年暨南大学中文系毕业，先后在台湾、金门、厦门日报社、厦门一中工作。1951 年 9 月调厦门大学中文系工作，任讲师、副教授、教授，至 1987 年 12 月离休。洪笃仁是我国著名的语言学家，从事语言学教学与研究工作 40 余年，在厦大中文系先后担任过“语言学”“文字学”“‘说文’研究”“现代汉语”“汉语史”等课程教学，指导过研究生十余名。他的教学内容翔实，表达明晰，富有启发性。他在文字、音韵、训诂和辞书编纂等方面都有较高的造诣，治学严谨、成绩颇丰。70 年代，洪笃仁教授被国家出版局、教育部任命为《汉语大词典》副主编，负责审定全书六分之一的稿件，寒暑数易，笔耕不辍。《词典》出版后受到国内外的瞩目。此外，洪笃仁教授还担任中国语言学会理事、华东修辞学会顾问、福建省语言学会常务理事，福建省自学考试委员会兼职教授等职务。洪笃仁先生为人襟怀坦白、平易近人，深受师生的尊敬。

2.周祖譔

周祖譔(1926—2010)，字君述，浙江人。著名文史学家，曾兼任中国唐代文学学会副会长。1945 年考入东吴大学，毕业后随即考入清华大学中文研究所，师从著名学者浦江清先生，从事唐代文学研究。清华文科并入北大后，1952 年从北京大学研究生毕业，即任教于厦门大学中文系，历任讲师、副教授、教授。1977—1984 年任中文副系主任。周祖譔在教学方面取得较大成就。他在主持厦大中文系教学工作时，对中文系的课程设置、开课计划、教学方法等均投入大量精力，做出许多开拓性贡献。“文革”以后，作为恢复研究生制度之后的首批研究生导师，周祖譔培养出在学界多有建树、颇有声誉的知名学者，如吴在庆、林继中、贾晋华等，使得厦大中文系的唐代文学研究成为全国重镇。著述有《唐五代文学史》《百求一是斋丛稿》，主编《中国文学家大辞典·唐五代卷》《历代文苑传笺证》等。

3.应锦襄

应锦襄（1927—2014），女，浙江永康人，生于上海。著名学者。1948 年毕业于复旦大学中文系并留校任教，1949 年考入清华大学研究生院攻读研究生，清华文科并入北大后，1952 从北京大学研究生毕业。1958 年起任教于厦门大学中文系，历任副教授、教授。应锦襄教授毕生致力于高等教育的教学与科研工作，在中国现当代文学、比较文学等领域造诣精深，成果卓著，主编过高等学校统编教材《中西比较文学教程》，奠定了中文系比较文学的研究传统，被学术界称为“中国比较文学女中四杰”之一。应锦襄先生学术造诣精深，深受学子爱戴。著述有《三人行》《并肩行》《世界文学格局中的中国小说》等，参与《鲁迅全集》注释工作。

4.石文英

石文英（1928—　），女，厦门人。著名学者。1950 年毕业于厦门大学，后赴东北参加经济建设。1957 年调回厦门大学任教，历任讲师、副教授、教授。长期从事中国语言文学的教学与研究，曾参加《写作实习》《作品选读》等海外函授教材的编写。1978 年转授“先秦魏晋南北朝文学史及作品”“中国古典文学理论”“《文心雕龙》专题”“经学史”等课程。著述有《古典诗文研究散论》《简明国学百题》，合作点校《石遗室诗话》，主编《汉诗赏析集》等。

5.黄拔荆

黄拔荆(1932—2015),又曾名拔金、拔今、倍坚。福建闽清人。著名学者。1948年参加中国共产党领导的地下斗争。1958年毕业于福建师范学院中文系,1958—1960年入北京大学中文系进修,师从林庚、吴祖缃,研究唐诗、宋词及元明清戏曲、小说。1974年调入厦门大学中文系,历任副教授、教授。长期从事古典文学教学与研究,开设"中国文学史""词史""散曲概论"等课程,曾任厦门大学中文系副主任、科研处副处长、古籍整理研究所所长。黄拔荆还是中国韵文学会理事,兼任福建省诗词学会副会长、厦门市诗词学会会长。著述有《元明清词一百首》《词林采英——历代优秀词选析》《南唐二主暨冯延巳词传》《词史》(上下卷)等。

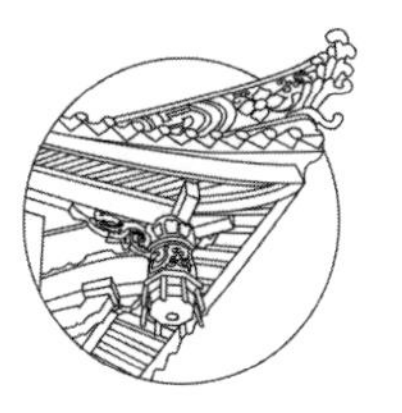

第五章 拨乱反正

（1977—1984）

第一节　拨乱反正

一、清算“文革”

1976年，在中国历史发展进程中，发生了一件政治大事——粉碎“四人帮”。“文革”十年内乱结束，中国教育翻过灾难的一页。全社会性的拨乱反正，纠正冤假错案，落实党的干部政策和知识分子政策，也给高等院校教育职能的全面恢复奠定了良好基础。10月下旬，学校在建南大会堂召开全体师生员工大会，校党委正式传达中共中央发出的《关于王洪文、张春桥、江青、姚文元反党集团事件的通知》。随后，遵照党中央和福建省委的部署，于12月中旬起先后发动和组织广大师生员工深入揭批“四人帮”的罪行，各系各单位纷纷举行庆祝会、声讨会，通过批判大会、大字报、有线广播，口诛笔伐，彻底清算“四人帮”在“文化大革命”中犯下的滔天罪行。中文系成立大批判组，师生们利用手中的笔，揭批“四人帮”的“阴谋文艺”，写出一批质量较高的批判文章，与群众性的批判相结合，使大家受到深刻教育。

为配合揭批“四人帮”的斗争，校党委指示恢复中断十多年的校艺术团，排演话剧《于无声处》。该剧以1976年春天发生的“天安门事件”为背景，热情地歌颂悼念周恩来总理和同“四人帮”做斗争的时代英雄，深刻揭露出卖灵魂的丑类的无耻嘴脸，人民不会永远沉默，他们必然要奋起为祖国的命运而战的精神面貌[①]。此剧除了一位外文系、一位数学系的同学外，从导演、主角到男女配角，都

---

① 厦门大学档案馆：《厦门大学校史》(第2卷)，厦门大学出版社2006年版，第196页。

由中文系师生担任①。该剧于1978年“一二·九”期间在建南大会堂上演，连续六场，师生共计13 000人次观看演出，震动整个校园，获得很好的教育效果。

二、落实政策

“文革”中，“四人帮”为篡党夺权，竭力推行极“左”路线，煽动“怀疑一切，打倒一切”，炮制“两个估计”，对广大干部和知识分子进行残酷迫害，制造了大批冤假错案，使许多人蒙受不白之冤。

“四人帮”的垮台，为彻底平反冤假错案扫清了障碍。根据党中央、福建省委有关指示，校党委十分重视这项工作，党委书记亲自挂帅，确定两名党委常委分工具体负责。学校于1977年12月1日成立恢复落实政策办公室，各系各单位也相应成立落实政策小组，排除阻力，抓紧纠正冤假错案。在平反工作中，学校坚持实事求是，掌握四条原则：一，凡属事实清楚、定性准确、处理恰当的案件，要坚持原则，不能把正确的东西一风吹掉；二，该否定的坚决否定，该纠正的坚决纠正，错多少纠正多少，不留尾巴；三，属于按人民内部矛盾处理的，就严格按照人民内部矛盾处理；四，认真做好档案材料的清理工作。② 由于平反冤假错案顺乎民意，大得人心，因此工作进展顺利。

平反工作同时在各系各单位进行。根据党中央和省委闽委文件精神，在校党委的领导下，中文系积极落实平反政策。

一是对于在“文革”中遭受迫害的教职工给予平反昭雪。1979年1月19日，中文系为原教务处处长、系主任林莺副教授举行追悼会，恢复其名誉。他是1969年在被非法隔离审查中，受尽精神和肉体的折磨，含冤而死的。

二是认真做好消除影响工作。原中文系一位副教授，在“文革”中因有政治历史问题被定为“历史反革命”，以不戴帽子方式交群众监督，把材料寄到他的子女和亲戚那边，使他们受到牵连，他自己也因此几年不敢回老家。经复查后，他的问题按政治历史问题结论，发函给其子女及亲戚的工作单位，以消除影响。结

---

① 朱水涌：《一半是理想，一半是记忆》，厦门大学中文系编：《文缘——我与厦门大学中文系》，厦门大学出版社2011年版，第280页。

② 厦门大学档案馆：《厦门大学校史第2卷》，厦门大学出版社2006年版，第197页。

果,他的儿子一个考进中央音乐学院,一个调到团省委工作,一个侄儿出席全国科学大会,他本人也于1978年春节回老家探亲。

三是纠正和处理历史遗留问题。首先是纠正错划"右派"等问题。在1957年的"反右"斗争中,中文系徐元度、李拓之、戴锡璋等老教授无端受到冲击;系主任郑朝宗也因在大鸣大放中直言不讳被打成"右派"。1978年11月,学校根据中共中央下达的[55]号文件精神,建立专门工作机构,对原划为"右派"分子的逐个进行复查,实事求是地写出报告和结论,全部给予平反。中文系教授郑朝宗、戴锡璋和副教授李拓之也由此平反复职。另外,针对中文系黄典诚等教师的政治历史问题,撤销"文革"中的错误结论,予以纠正并恢复工作。其次清退"文革"中查抄的财物和补发工资。再次,做好个人档案清理工作。根据平反"文革"中冤假错案及纠正历史遗留问题的情况,学校专门组织一批工作人员,进行全面复查档案,并按政策规定清理完毕,以消除其本人思想顾虑,做好善后工作。

平反了"文革"中和历史上的冤假错案,使这一部分教职工和干部在政治上重获解放,卸下沉重的思想包袱,从而轻装上阵,昂首前进;同时调动了广大干部、教师和科研人员的积极性,对学校实现安定团结和发展教育事业,产生深远的影响。

第二节　领导班子调整

1978年2月,厦大恢复为教育部部属的全国重点大学,逐步进行机构调整与改革,1982年开始在教学组织方面全面实行系主任负责制。

这一时期,中文系也在不断调整领导队伍。

1977—1978年,中文系领导班子更迭较为频繁。1977年,梁敬生连任系主任,周祖譔连任副系主任。1978年,蔡铁民接任系主任,鄢行晏接任系党总支书记。

1979年,郑朝宗教授的"右派"冤案得以彻底平反,职务得以恢复,在随后的1979—1984年担任中文系系主任。郑朝宗自1938年以来,长期执教于厦门大学外文系与中文系,任中文系主任(1951—1957)等职。

郑朝宗先生复出同时,许栋梁先生由外文系调回接任党总支书记,庄明萱调任系党总支副书记。1981年增补黄拔荆为副系主任。

至此,中文系领导工作班子相对稳定。他们与全系教职员工一起,在改革伊始、百废待兴的新时期中,克服历史和现实的种种困难,同心协力,使中文系的教学、科研秩序逐渐朝正常方向发展。

第三节 高考恢复正常

一、恢复高考

1976年10月"文革"结束后,濒于崩溃的教育事业复苏。1977年8月8日,邓小平同志在科教座谈会上提议恢复高等学校招生统一考试制度。同年10月21日,教育部在北京召开全国高等学校招生工作会议,决定改革"文革"期间实行的"自愿报名,群众推荐,领导批准,学校复审"的制度,恢复高考招生制度和研究生培养制度,关闭近10年之久的高考大门重新打开。全国共有570万考生参加这次冬季高考,其中绝大多数考生报考文科。

厦大作为南方著名学府,报考参考人数众多,中文系成了这些考生"心中的太阳"。这次高考,全国各大专院校从中择优录取了27.3万名学生。其中厦门大学招生近千名,来自全国18个省市,分别录取在文、理科10个系23个专业。中文系招生95名,厦门大学中文系7701群体也由此而生。1978年10月初,学校10个系又招收七八级新生1197名,其中中文系招生90名,此为厦大中文系的7801群体。

二、中文系七七、七八级

1.身份迥异

1978年2月初,全国恢复高考招生制度后的第一批95名中文系新生进校;10月份,七八级90名新生也赴校报到。七七、七八级是中文系历史上最特殊的一代。他们入校时的年龄、身份相差很大,正如厦大中文系七七级学生朱水涌所忆:"在这个群体中,原本的身份有工人、教师、退伍军人、基层文化人、应届高中生，但有80%以上是上山下乡和回乡的知识青年。”[①]这是一个特殊时代的特殊大学生群体，最小的年龄才十五六岁，最大的年龄有三十出头，他们是做了父亲母亲之后才来上的大学。

2.起点较高

这批学子多为“文革”前的老三届，他们都有高中毕业的实际文化程度，录取的“成绩线”较高，起点高，素质好。那时，厦大中文系学子的高考平均分是全厦门大学各系最高的，录取的平均总分达302分，有一个新生总分为372分，平均每科93分。当年福建省的文科高考状元黄鸣奋、福建省的作文卷状元张红都在中文系。这些万里挑一的尖子生，在学校各项活动中表现出色，是当日校园的佼佼者。经过四年寒窗苦读，精心培育，今日大多已成为社会有用之才。

3.求知欲强

七七、七八级是特殊的群体，他们在始料未及的历史大转折的浪潮中走到一起，成为特殊时期的第一批受惠者。虽然身份迥异，但他们有一个共同的特点：身上都有着那个时代的年轻人共同拥有的对于民族振兴的焦虑和对于知识的渴望。正如七七级同学所写的：“在我们大学第一学期的期末，中文副系主任周祖譔先生给我们做第一学期的总结报告，我清晰地记得先生那无比忧患的神情。他说：‘我们只知道我们的科技比别国落后，却没意识到我们这个五千年文明古国，现在的文化也落在外国人的后面。’他为我们举了三个例子……听完这场报告的当天，我在日记中写道：‘祖国啊，难道你就这样的可怜？悠久的历史，灿烂的文化，那一批批的仁人志士，都到哪里去了？为什么光荣远去，耻辱却袭上儿女的心头’。”[②]“为振兴中华而努力学习是每个七七级学生的心声。同学们个个勤奋刻苦，每当下课铃声一响，大家立即冲进图书馆，图书馆总是人满为患。晚上，每间教室灯火通明，大家忙着做作业、查资料、读参考书，谁都不愿浪费一分

---

① 朱水涌：《一半是理想，一半是记忆》，厦门大学中文系编：《文缘——我与厦门大学中文系》，厦门大学出版社2011年版，第274页。

② 朱水涌：《一半是理想，一半是记忆》，厦门大学中文系编：《文缘——我与厦门大学中文系》，厦门大学出版社2011年版，第275页。

半秒时间。”[①]正是这样“不俗的书生意气”[②]和强烈的使命感，让中文系充满朝气和进取精神，振兴了中文系的学风，也使得七七、七八级众多同学成为杰出人才，如七七级的南帆、黄鸣奋、朱水涌、温再兴、林智敏、黄启章、鲁建华、张健等，七八级的郑尚宪、许又声、黄闽、李以建、赖雄麟、林双川等，当年这批从厦大中文系走出的“天之骄子”们，在学术界、教育界、文学界等诸多领域取得骄人成绩。

4.师生无间

70年代末80年代初，很多老教授在经历了“文革”长期的空白之后，面对这些刻苦勤奋的学生，教学的热情高涨，课堂上认真教授，课下经常和学生在一起讨论，或到学生宿舍指点学生的功课。七七、七八级是幸运的，他们入学后接受众多名师的亲自指点，就连七九级的同学也印象深刻，受益良多。“老师的家门通常敞开，皆谈不上有任何陈设，学生课余、节假日可以随意出入，最热闹的是班主任黄老师家，每天前客让后客要接待好几批学生……老师们都很没架子……”[③]“那时，专业老师时常‘深入基层’，到学生宿舍里，在愉快的聊天中传授知识，就是没有担任我们这个年级课程的林兴宅老师，也来过我们宿舍与我们交谈[④]，这样无间的情感深深地影响了一代学子。那时候担任“文艺理论”课程的郑朝宗、张春吉老师，“语言学”的黄典诚、洪笃仁老师，“比较文学”的应锦襄、赖干坚老师，“现代文学”的庄明萱、庄钟庆老师，“古典文学”的周祖譔、林铁民、黄炳辉老师等，无不言传身教，勉力而为，为这些学生以后的学术道路和人格精神奠定了厚实的基础。

---

① 蒋照耀：《路漫漫 师恩长》，厦门大学中文系编：《文缘——我与厦门大学中文系》，厦门大学出版社2011年版，第87页。

② 张帆(南帆)：《七七级》，厦门大学中文系编：《文缘——我与厦门大学中文系》，厦门大学出版社2011年版，第282页。

③ 俞鸣：《厦大记忆》，厦门大学中文系编：《文缘——我与厦门大学中文系》，厦门大学出版社2011年版，第348页。

④ 连志：《名师良言，终身受益》，厦门大学中文系编：《文缘——我与厦门大学中文系》，厦门大学出版社2011年版，第125页。

5.争先恐后

尽管年龄相差颇远，但大家都非常珍惜上大学的机会，不仅拼命学习，就连各项文体赛事也毫不落后。当时，中文系七七、七八级充满朝气，进取心、向心力、集体荣誉感非常强，专业上不甘落后，在体育比赛、文娱活动等方面，大家也争当第一①。从投弹第一、田径总分第一、合唱比赛第一到篮球冠军、排球冠军、文艺演出获奖等，无一不展示了七七、七八级强烈的集体荣誉感和朝气蓬勃的时代风貌。中文系七七级的黄鸣奋同学还于1979年5月当选为全国学联第十九届委员会副主席，为中文系赢得了荣誉。

第四节　恢复研究生招生

高考恢复后不久，全国研究生考试也恢复了。1978年，厦大积极筹备招收研究生。1978年10月，“文革”后首批录取的63名研究生陆续进校。1979年，中文系首次招收硕士研究生16名，为当年全校招收研究生最多的系之一，为中文系的发展注入新鲜血液。这不仅体现了中文系教学科研的雄厚实力，也标志着中文系办学水平的历史飞跃。

中文系研究生分为三个研究方向：文艺理论、古代文学史、汉语方言学，指导教师为郑朝宗、许怀中、周祖譔、黄典诚、洪笃仁等教授和副教授。文艺理论方面，由郑朝宗教授指导研究生对钱锺书先生博大精深的《管锥编》进行研究，首开钱学研究之风，在国内乃至国际学术界颇有影响。古代文学史方面的周祖譔教授指导研究生对隋唐文学精心研究，卓有成效，后劲绵延，成为中文系科研的又一劲旅。汉语方言学方面的导师黄典诚教授的教学研究活动，不仅保持并发扬了中文系教学的历史特色与研究传统，而且为日后汉语史博士点的建立打下良好的基础。至1984年，硕士研究生招收方向又增设了中国文学批评史、现代文学史专业，先后有应锦襄、庄钟庆、蔡景康、何耿丰、柯文溥等教授、副教授加入导师行列。经教育部批准，1982年3月，厦大成立学位评定委员会，开始了研究生

① 黄鸣奋：《忆77高考》，厦门大学中文系编：《文缘——我与厦门大学中文系》，厦门大学出版社2011年版，第214页。

学位的申请和授予,研究生教育朝着更加科学化、规范化的方向迈进。

第五节 重启教学科研

党的十一届三中全会作出“把全党工作的重点和全国的注意力转移到社会主义现代化建设上来”的决定后,高校的工作重点也相应地转移到以教学为中心上来,厦大的教学秩序迅速走上正轨。十年浩劫,中文系都是“重灾区”。经过历史震荡之后,中文系逐步走上复兴之路。在努力纠正因“文革”造成的教学混乱状态,进一步调整并提高教学层次的同时,中文系的科研工作秩序也在逐渐建立。老师们纷纷为自己设立研究的方向与计划,全力投入人才的培养和系所的重建工作。中文系拨乱反正,有组织、有计划地进行教学科研活动。

一、恢复教学秩序

七七、七八级本科生入学,以及“文革”后首批研究生入学,大大改变了学校的局面,也促进了中文系教学秩序的全面恢复。

1.大力开设基础课

为提高教学质量,加强教学工作,学校于 1979 年 5 月底召开全校教学工作做会议。会上提出要按照教育规律办事,切实抓好加强基础课教学、进一步做好师资培养工作、建设好教研室等环节,讨论并通过《关于加强基础教学的几点意见》[①]。中文系贯彻学校会议精神,下大力气狠抓基础教学。当时的中文系设有汉语言文学专业,确定了一二年级学习基础课,三四年级分专业方向的教学方法。同时开设“文学概论”“现代汉语”“古代汉语”“中国现代文学”“写作”“文学史”“语言学概论”“外国文学”等近十门专业基础课,老师大都由有经验、水平高的教师担任。人手不够,便以老带新,给主讲教授搭配年轻的助教,促进经验交流和学术提升。同时,优先保证基础课的教学经费,充分调动基础课教师的积极

---

① 厦门大学档案馆:《厦门大学校史第 2 卷》,厦门大学出版社 2006 年版,第 221 页。

性。学校对担任基础课的教师在精神上和物质上给予必要的鼓励，评选优秀教师、先进教学集体时充分考虑基础课教师和教学集体。这些措施培养了学生宽厚扎实的专业知识，成绩突出。

2.开设各种选修课

为满足高年级和研究生学习的需求，各专业的选修课也陆续开设。著名学者陆续走上讲台，为学生讲授研究性的选修课。如郑朝宗教授讲授"古典文学"和"《管锥编》的研究"，"充分展示他学贯中西的学识"[①]；应锦襄老师讲授"现代小说"和"西方小说"，"视野开阔，生动有趣"[②]；还有"文选""美学概论""中国古代文论""音韵学""训诂学"等众多选修课，与专业基础课有序交叉，丰富了教学内容，在专业学习的同时更具备综合性，受到广大学生的欢迎。与此同时，系里还支持学生跨系跨专业选修课程。在系主任郑朝宗"文史哲不分家"的治学理念的影响下，很多同学选修外系的课程，如哲学、历史、新闻传播、党史等课程，受益匪浅。一位七九级同学不无感慨地回忆道："毕业之后，我仍然记得郑朝宗先生的指点，20 多年业余读的书仍然是'文史哲不分家'。如今回顾这种治学方法，确实让人感到心胸开阔……郑朝宗先生这种大学本科教育为学生打下'博而专'的底子，对学生们今后的工作、治学起到搭建合力的知识结构、创新知识作用。"[③]

3.加强外语教学

随着科学的发展和对外交流的需要，外语工具的掌握越来越重要。厦大针对本校学生一般外语水平偏低、不利于学术水平提高的状况，大力加强外语教学。如 77 级学生入学后，公共英语教研室即对他们进行英语水平检测，对其中二名成绩特优者，按学校规定给予免修英语课；对于成绩优良、达到大学二年级

---

① 连志：《名师良言，终身受益》，厦门大学中文系编：《文缘——我与厦门大学中文系》，厦门大学出版社 2011 年版，第 127 页。

② 汪舟：《我的母校我的家》，厦门大学中文系编：《文缘——我与厦门大学中文系》，厦门大学出版社 2011 年版，第 235 页。

③ 连志：《名师良言，终身受益》，厦门大学中文系编：《文缘——我与厦门大学中文系》，厦门大学出版社 2011 年版，第 127 页。

英语水平者，学校批准他们参加教师进修班中级班英语和78级研究生第一外语的英语一块学习。从79级开始，国家高教部对重点大学实施规范化管理和教育，要求较为严格，如对中文系古代汉语、英语的教学。公共英语教研室还根据80级学生的英语程度，分成快、慢四个班进行教学，以加强教学针对性，提高学习效率。[①] 这样严格的学术训练，大大提高了学生的外语水平，不仅开阔眼界，也有利于学术素养的提高。

4.实行学时学分制

50年代初向苏联学习，中文系将学分制改为学时制，取消了原来延续多年的选课制。"文革"结束后，重建教学秩序，教育部在1980年12月召开的高校文科教学工作座谈会上，决定对大学教学工作"权力下放"，学校可以根据自己的学科体系和培养目标，独立地发挥教学管理职能。根据校党委1981—1982学年工作计划："从81级开始在执行去年批准的教学计划基础上，采取以学分计算学生学习量的方法。"按照学籍管理细则的有关规定，相应地修改教学管理办法，以便逐步地过渡到全面执行学分制。从1981年起，中文系正式恢复学时学分制，规定本科生修满学分方可毕业。1982年5月，学校做出《关于学分制与学籍管理的若干规定》。根据规定，学时换算为学分的计算标准如下：

(1)原则上每周上课一学时换算成一学分，(个别难度较大课外自学时数较多的课程也可例外)；体育课以每二学时换算一学分；不满一学期的课程可按实际上课时数折算学分。

(2)实验课(包括独立设课的实验课程)：根据实验难度及课外所需工作时数等情况，以每周上课2～8学时换算一学分。

(3)生产实习或社会调查，按集中进行的周数计算，每周以一学分计算；教学大纲中规定必须进行教学实习、现场教学的课程，其学时已包括在各该课程内，不另计学分。

(4)毕业论文(或科研训练)，以大约50个小时的工作量折算一学分，具体学分由各系按论文一般要求与学习量分别确定。

---

① 厦门大学档案馆：《厦门大学校史第2卷》，厦门大学出版社2006年版，第226页。

(5)军事训练、生产劳动,均属教学计划的组成部分,每个学生必须参加并进行考核,但不计算学分。

(6)学生应修习的总学分数以130～145为幅度,由各系按专业具体情况订定,教务处审核,校长批准。

实行学时学分制后,学生所修课程均需参加考试,成绩及格方可获得学分。同时,成绩考核、转系转专业、退学、毕业等均有严格的规定。但这一阶段的做法,还是"学分制的计划,学年制的管理",处于过渡阶段。为完善学分制,学校决定再跨前一步,从"学年制"的学籍管理过渡到实行"学分制"的学籍管理,遂于1987年12月公布《厦门大学本科生学分制学籍管理暂行细则》,1987级新生开始试行。[①]

学时学分制的实行,使得中文系的教学计划和教学资源配置更有针对性,增强了教师的竞争意识,有利于提高教学效果;扩大了学生选课的自由度和灵活性,使学生可以根据自身的兴趣和条件选修一些课程,激发其学习热情。这些措施的实施和完善对于中文系的学科建设、人才培养都起到了积极的推动作用。

二、提倡学术研究

1.学术氛围

"文革"期间,校园里"百花凋零",学术呈现"万马齐喑"的沉闷局面。十一届三中全会后,学术界如迎严寒后的春风,出现百家争鸣、百花齐放的局面,学会林立,刊物风起云涌,大有用武之地。这一时期,正是春风吹拂、寒冰解冻的大好年代,学术活动空前活跃,有如春潮激荡。学校规定每周星期三下午为学术活动时间,各系各单位纷纷举办学术讲座、专题报告会,仅从召开全国科学大会通知发表后的半年时间里,全校就举办各类学术讲座100多场次。为了实现新时期的总任务,向科学技术现代化进军,贯彻党的"百花齐放,百家争鸣"的方针,努力把厦大办成既是教育中心,又是科研中心,多出人才,多出成果,1978年5月,校党委决定成立厦门大学哲学社会科学学术委员会和自然科学学术委员会。哲学社

① 厦门大学档案馆:《厦门大学校史第2卷》,厦门大学出版社2006年版,第283页。

会科学学术委员会由傅家麟担任主任委员，中文系周祖譔担任六个副主任委员之一，郑朝宗、许怀中位列十九位委员之中。

80 年代初，厦大中文系学术氛围浓厚。师生们都十分珍惜来之不易的正常学习秩序，虽然意识形态和“左”的思想体系仍然渗透各门学科，但中文系的老师们在各自专业领域兢兢业业，对学术孜孜以求的良好师风熏陶着莘莘学子。上课时老师台上侃侃而谈，底下学生聚精会神。正如有同学所回忆的：“美学专家卢善庆先生论述康德美学思想时的气势和激情；庄明萱先生朗诵郭沫若《女神》时‘劈吧！劈吧’的情感节奏；茅盾作品研究权威庄钟庆先生在课上挥拳高喊‘冲啊！冲啊’等等，都不同程度地反映那一代师长们对专业研究的深深投入。”[①]陈子谦在纪念郑朝宗先生的一篇文章里有一段描述，“正因为思想解放，厦大校园一时显得生龙活虎，中文系也是龙飞凤舞，不仅研究生，包括本科生在内，个个兴致勃勃，勤奋钻研，学术风气十分活跃”，“林兴宅教授后来名震遐迩的‘阿 Q 性格系统’就是在这种学术风气中诞生的。那时有关马克思主义的异化理论也为大家所关注，石文年教授是这方面的权威，他的研究深刻透辟”，“一大批优秀青年学子初露头角”，“后来都是活跃于文评领域中的佼佼者”。[②]

生机勃勃、孜孜不倦的学术氛围和追求，使得中文系学术研究从“文革”的束缚中迅速恢复过来，推动了学科重建和学术发展，也为中文系学风文脉的延续奠定了良好的基础。

2.学术成果

在经历了长期的学术空白期之后，中文系的教师终于重新获得学术研究的自由。1977 年，经教育部批准，中文系成立中国语言文学研究所、古典文学、汉语方言和现代文学四个研究室，郑朝宗教授担任第一任中国语言文学研究所所长。

1978 年，在前方言调查小组的基础上成立方言研究室，继承和发展了从余謇、周辨明先生等开始的语言学研究传统。80 年代初由中文系黄典诚教授牵头

---

① 倪乐雄：《厦大记忆：一去不复返的美好时光》，厦门大学中文系编：《文缘——我与厦门大学中文系》，厦门大学出版社 2011 年版，第 402 页。

② 石文年：《夕阳回眸》，厦门大学中文系编：《文缘——我与厦门大学中文系》，厦门大学出版社 2011 年版，第 148 页。

主编了《普通话闽南方言词典》，全书近400万字，由福建人民出版社出版，为国内外同行所瞩目。正是由于黄典诚教授在方言研究领域中的精湛水平和突出贡献，厦大中文系一度成为全国方言研究中心，在国内外享有盛誉。第20届国际汉藏语言学会主持人、加拿大知名汉学家蒲立本曾于1980年写信赞誉黄典诚是“闽语研究众所公认的权威”；台湾学者张贤豹在《近年闽语研究论文选介》一文中也将黄典诚誉为“闽南方言研究的先驱”，显示了中文系在语言学研究方面的深厚实力和鲜明特色。

1979年，黄典诚、洪笃仁教授参加由上海、江苏、浙江、福建协作的《汉语大辞典》编委工作。洪笃仁教授担任全书副主编并兼任第四卷、第五卷、第七卷分卷主编，经过几年努力，这部卷帙浩繁的共12卷约5 000万字的大型辞典于1987年完稿，交由上海辞书出版社出版。

随着学科建设的发展和新教学制度的完善，这一时期中文系的学术研究取得很大的成绩，各类学术著作陆续出版。如庄钟庆的《茅盾的创作历程》、林兴宅的《艺术魅力的探寻》、许怀中的《鲁迅与中国古典小说》、何耿丰的《经学概说》、郑文贞的《段落的组织》、陈世雄的《西方现代剧作戏剧性研究》等等，都在不同方面进行探索和开拓，具有相应的学术价值和影响。

三、促进学术交流

1.积极举办、参加学术会议

七十年代末八十年代初，中文系教职工不仅潜心治学，著书立说，而且注重参加学术交流活动。至1984年止，中文系主办或协办的全国性学术研讨会就有“中国现代文学史教材初稿讨论会”“《郭沫若全集》编辑注释会议”“全国汉语方言学会成立大会暨学术讨论会”“全国马列文论第六届学术讨论会”“全国首次丁玲创作研讨会”等。1979年，郑朝宗出席在北京举行的“文革”后首次全国文联代表大会。1981年，黄典诚、李如龙赴京参加中国语言学会常务理事会讨论举办全国方言研究班等。

2.扩大对外交流

这一时期，中文系迎来对外学术交流的春天。在积极参与各类学术活动的同时,部分教师走出国门。1982 年,赖干坚前往美国密西根大学做访问学者,研究比较文学。张次曼亦作为访问学者在美国加州大学从事理论语言学和汉语研究,于 1983 年 7 月应邀至华盛顿大学访问,参加第 16 届国际汉藏语言学会议并宣读论文。同时,中文系也邀请国内外著名专家学者前来讲学。欣然而至的有美国国务院远东文化顾问包拟古,日本大阪外语大学中文系主任相浦杲,著名作家丁玲、刘心武,北大中文系教授谢冕、香港中文大学客座教授郑子瑜等。诺贝尔文学奖评议委员马悦然也来中文系鲁迅馆参观访问。1984 年,中文系特聘中国作家协会丁玲、陈明为兼职教授。1985 年,敦聘新加坡汉学家郑子瑜为中文系客座教授。这些交流无疑大大拓展了中文系师生的视野,促进了教学科研的蓬勃发展。

3.海外教育

1983 年 9 月,根据教育部决定,厦大开始招收外国留学生 20 名,均为进修生,分别进入中文系、历史系学习,其中中文系 11 名。由于来校留学生的汉语水平普遍较低,故中文系设有口语和中国语文两个汉语基础班,历史系的留学生也过来上课。此外,中文系留学生还根据所学专业选修有关课程。教务部门、中文系领导和有关教师,为留学生开课做了大量的准备工作,如配备教师,选定教材,调整教室,抓紧备课。在此期间,中文系还恢复中断已久的海外函授教育,打开对外交流的新局面。当海外教育事业日渐发达,学校成立专门研究机构并招生时,中文系除抽调教师支持外,还编写了大量函授教材,举其要者有周祖譔、柯文溥、陈尽忠主编的《简明中国文学史》,参与十四院校合编的《中国古代文学英华》《中华现代文学》,陈尽忠的《中国古代文学作品选》等。

4.贡献力量

这期间,中文系在教学科研方面还做了两件好事。一是在不增加任何师资力量的情况下,面向全校开设大学语文课程。二是中文系领导班子敏锐地掌握了有利条件,利用天时地利,组织教师开拓了台湾文学研究方向,后来又从科研人员方面支持厦大台湾研究所台湾文学研究室成立的工作。这一时期,中文系在利用富余力量,为社会提供服务方面也开辟了新的道路。1984 年,受福建省委委托,中文系举办了对外宣传干部专修班,至 1987 年,共招收四届,毕业生

189人,圆满地完成委培任务,有力支持了地方专业干部队伍的建设。到80年代初,中文系的教学科研队伍已有80多人,在语言学、文艺学、古典文学和现代文学领域都颇有影响。中文系教师们的辛勤劳动也受到社会的充分肯定。1978年,周长楫同志荣获省教育先进工作者的光荣称号,郭启宗、柯文溥、林铁民、邱觉民等获校先进工作者称号。许长安、柯文溥、颜剑飞诸同志先后获得校优秀教学奖。

四、对外开放鲁迅纪念馆

1976年年初,系领导决定由林宗熙(1975年中文系毕业)接手鲁迅纪念室,当时的鲁迅纪念室只有集美楼鲁迅厦大故居和一间摆设鲁迅著作及数件展品的陈列室。鲁迅纪念室是1952年由中文系在原有的鲁迅旧居上创设,1956年增设陈列室一间。宋庆龄、郭沫若曾先后为纪念室题名。平时不对外开放,遇有来校访问视察的嘉宾、领导,才由校部陪同参观,中文系接待介绍。1976年,为纪念鲁迅诞生九十五周年、逝世四十周年以及到厦大任教五十周年,中文系积极准备相关纪念和学术研讨活动。经过不断收集资料和多方努力,将鲁迅纪念室充实扩展为鲁迅纪念馆,于1976年9月底如期完成布展,接受省、校领导的审查。于同年10月初在厦大举办的"纪念鲁迅诞生九十五周年、逝世四十周年和到厦大任教五十周年"系列活动期间,首次向来自全国各地与会者预展,在吸纳唐弢、王瑶、李何林、陈漱渝等鲁迅研究专家参观后留下的宝贵意见的基础上,加以修改后才正式开放。福建省委宣传部、厦门市委还作出决定,扩展后的厦门大学鲁迅纪念馆列为厦门市外事接待单位,参观的人络绎不绝。

1981年,为迎接厦门大学校庆六十周年和鲁迅诞辰一百周年,鲁迅纪念馆再次进行版面、展品内容修改整顿。陈列内容共分为七部分,突出"鲁迅在厦门"的内容,将鲁迅在厦门史迹专辟一室,运用慎重考证的新发现的照片、文稿、史料,辅与较详尽的文字介绍,努力达到全面、生动地展示鲁迅在厦门的生活、工作、译著及其社会活动史实,成为有别于各馆的特色。其中鲁迅在厦大任课的课程表、鲁迅为陈梦韶《绛洞花主》剧本所题《小引》以及上海鲁迅纪念馆支持提供的文学院师生挽留鲁迅致辞和送别照片、当年厦大地下党负责人罗扬才参加的青年学生送别鲁迅照片(原件)都成了弥足珍贵的馆藏珍品。[1] 据当时统计,每年参观者达 7 万多人次,为各项外事、纪念活动和学术研究发挥了重要的历史作用。

第六节 学生活动和创作

这期间,学校党政领导和有关部门十分珍惜学生的政治热情,除加强教学工作外,还大力支持学生开展第二课堂活动。中文系学生的文学创作和校园活动也从“文革”的冻结期中苏醒过来,显现出十分活跃的局面。

一、复办鼓浪文学社及《鼓浪》

1978 年年底,中文系七七级学生恢复了 1926 年在鲁迅先生亲自关怀指导下成立的鼓浪文学社及同名刊物。

鼓浪文学社是厦大历史最长、影响最深的学生社团,于 1926 年在鲁迅先生的关心和指导下成立。1927 年 1 月,鼓浪在《民钟报》发完第七期的“欢送鲁迅专号”以后,便随着鲁迅的离去而停刊了。50 年代,在刘再复和其他厦大中文学子的努力下,《鼓浪》复刊,刘再复担任主编。“文革”十年,《鼓浪》停办。中文系 77 级入学后,20 多位爱好文学、曾经发表过文学作品的同学聚集在一起,自发成立了“朝花文学社”,社名的灵感便是来自鲁迅的《朝花夕拾》,发起人是陈志铭和叶之桦。大家经常聚在一起交流自己的作品,活跃了班级的文艺创作。朝花文学社成立后,就着手复刊《鼓浪》,以朝花文学社学生为主体。

在中文系领导的积极推动下,1978 年《鼓浪》复刊。复刊后的《鼓浪》由 77 级黄启章任主编,以刊登本系学生文艺作品、文艺评论为主。那时是文学的黄金岁月,《鼓浪》复刊后立即成为厦大校园里的品牌,一直是厦大学生十分看重的文学刊物,能在上面发表作品是很多学生感到非常光荣的事情。《福建文艺》也经

---

① 林宗熙:《从鲁迅纪念室到鲁迅纪念馆》,厦门大学中文系编:《文缘——我与厦门大学中文系》,厦门大学出版社 2011 年版,第 204 页。

常从《鼓浪》中挑选小说、散文、诗歌和评论去发表，厦门大学一年一度的“《鼓浪》文学奖”也从此举办开来。自此，厦大的《鼓浪》秉承“鼓时代之浪”的文学宗旨，薪火相传，一代一代地办了下来，成了不少著名作家、文艺理论家、评论家的诞生地，成为全国大学生的优秀刊物，鼓浪文学社也被评为全国优秀大学生社团。①《鼓浪》文学综合刊物历史悠久，文质上乘，除了战乱及非常时期之外，每年至少出一期。复刊后的《鼓浪》受到冰心、舒婷等全国著名作家的关怀，培养了不少著名作家和评论家。散文家林丹娅，文艺理论家南帆、朱水涌、俞兆平等人以及著名小说家北村，都曾是《鼓浪》的骨干并从这里走向文坛。

二、成立采贝诗社和矜秋文学社

1.采贝诗社

1980 年，厦门大学中文系七七、七八、七九级爱好诗歌的同学组织成立文学社团“采贝诗社”，油印出版不定期的《采贝》诗刊，诗刊的编委有 5 位同学：俞兆平（七八级研究生）、周俊祥（7801）、温再兴（7701）、朱碧森（7901）、傅卓洋（7801）。根据在《采贝》上投过稿的厦门大学外文系七七级同学、现任厦门大学外文系教授的郑启五回忆，起初《采贝》是油印报纸型的，印刷出版了第一第二期。1980 年 12 月 10 日出版的第三期改为 32 开的油印本，1981 年 2 月 10 日将一二期合刊重印成册，由此油印《采贝》变为一期一册，激发了中文系和外系同学创作和投稿的积极性。② 后来在系里领导老师的提议和支持下，将《采贝》作为《鼓浪》的诗歌专辑，成为《鼓浪》的副刊，专门刊登现代诗。

当时的采贝诗社是开放的团体，没有章程，没有入会制度、登记注册，全校对诗歌有兴趣者都可以参加活动。《采贝》诗刊也持开放宗旨，全校学生皆可投稿，即使是第一次习作，有点新意，也可刊发。除个别字句，尽量不删改，保持作者原

---

① 朱水涌：《一半是理想，一半是记忆》，厦门大学中文系编：《文缘——我与厦门大学中文系》，厦门大学出版社 2011 年版，第 278 页。

② 郑启五：《写给〈采贝〉30 年》，厦门大学中文系编：《文缘——我与厦门大学中文系》，厦门大学出版社 2011 年版，第 237 页。

意。诗歌形式兼容并蓄，有外国诗歌翻译。[①]

《采贝》的横空出世引来多方面的反响，四川《星星诗刊》就选用了中文系7801林双川等同学的作品，《厦门日报》海燕副刊也经常转载《采贝》傅卓洋等同学的诗文，广东《作品》期刊还专文评论《采贝》的诗作，引得俞兆平与之论争。中文系师生的投稿支持更是给予《采贝》无穷的力量，当时的系主任郑朝宗、副系主任黄拔荆，还有余钢、赖丹等老师都曾应约来稿以示支持。而《采贝》诗刊发表的诗作亦颇得海内外诗界的关注。

1992年，《文学评论》杂志社编辑李以建（中文系78级）以《采贝》为主，结合全国的大学生爱情诗，选编了一部分优秀诗作结集为《等待中的雨景》，由中国友谊公司出版。

2.矜秋文学社

1981年，中文系一批古典诗词爱好者本着"唱大风于晚秋"的宗旨，成立了矜秋文学社，编有同名刊物《矜秋》。《矜秋》后来亦成为《鼓浪》的副刊，专发古典诗词。矜秋文学社以其强大的亲和力吸引了众多文学爱好者，在中文系老师的关心和同学的支持下不断成长，丰富了校园文化，在当时文学活动众多的校园生活中别具一景。

三、学习竞赛和学术活动

1.参加学习竞赛

从1979年4月以后，学校每年都举行一次学习竞赛。1980年5月中旬，教务处、数学系、外文系、中文系和校团委、学生联合会举办数学（分数学专业与公共数学两组）、英语（分英语专业与公共英语两组）、写作（分小说、论说文、戏剧、散文四类）三种学习竞赛，参赛者多达500余人，占全校学生总数的14.6%。尤其是写作竞赛，吸引了不少中文以外的学子参加，应征的作品题材广泛，涉及面

---

① 朱碧森：《采贝人的感谢》，厦门大学中文系编：《文缘——我与厦门大学中文系》，厦门大学出版社2011年版，第245页。

广，有些文稿不仅艺术技巧较高，而且有一定的现实教育意义。[①]

2.开展学术活动

中文系77级的朝花文学社和78级的星光社，结合课堂学习，座谈分析建国以来“左”倾思想对文艺领域的干扰情况，评析古今中外一些诗歌、小说的艺术技巧。朝花文学社的同学还经常互相交流自己写的小说、散文等创作作品，而中文系一些同学自发组成的读书会则在应锦襄老师的指引下，更加注重读与论。

1979年，王蒙开始他那后来被称为“东方意识流”的小说创作探索，写出《夜的眼》这篇引起文坛争论的小说，中文系77级的田力维、叶之桦给王蒙写信，称道王蒙的“标艺术手法之新”。王蒙为此给他们回了一封长长的信，详细地谈了自己对“意识流”的看法和借鉴，并把两封信一起发表在辽宁作协主办的文艺月刊《鸭绿江》1980年的第2期上，题为“关于意识流的通信”[②]。后来又收进《中国当代文学研究资料·王蒙专集》，成为研究王蒙创作的重要资料。

1981年春，为了庆祝厦门大学建校六十周年，校团委和学生会编印了一部学生论文集。全校文科各系中文、外文、历史、经济和哲学共有39位同学的31篇论文入选。这部《厦门大学校史》上第一部文科本科在校生的论文集在六十年校庆前出炉，墨香浮动，一册难求，校友、师生争相索阅。

中文系是人文强系，高手云集。文集的开卷之作是黄鸣奋同学的长篇大论《曹丕“文章经国之大业”说》，而紧随其后的李以建的《异域同文心，旧文析新义》则是开放之初较早的中外比较文学论作。王玫同学和朱守道同学分别撰写了《试论李清照的〈词论〉及其词的艺术风格》和《试论汉府民歌的历史影响》，为他们此后持之以恒的教学与研究发出了清亮而又悠扬的初啼。[③]

3.参加文体活动

当年的厦门大学各项文体赛事，总是少不了中文学子的身影。那是厦大中文系学生最辉煌的时期，投弹比赛第一、田径总分第一、篮球冠军、排球冠军、文

---

① 《厦大校刊》1980年11月15日。

② 王蒙：《关于意识流的通信》，《鸭绿江》1980年第2期。

③ 郑启五：《1981年的凤凰花》，陈福郎主编：《凤凰树下——我的厦大学生时代》，厦门大学出版社2011年版，第283页。

艺演出获奖等等,以至于在任何比赛中,中文系总成为令人瞩目的对象。

1980 年 5 月,校团委和学生会在全校学生中开展大唱革命歌曲活动,做到“班班有歌声”,在此基础上,于 5 月 25 日举办全校学生歌咏比赛大会,中文系 7701 获得第二名。1981 年 5 月,厦门大学纪念“五四”青年节的合唱比赛中,在中文系 77、78、79 级学生的通力合作下,以一曲《八路军进行曲》获得全校第一名。

1982 年初,中文系 7701 学生朱守道的正楷书法作品获得“全国大学生书法竞赛”二等奖。1980 年 3 月 15 日,学校正式恢复学生艺术团活动。同年 10 月,校艺术团赴榕参加福建省首届大学生文艺会演,共获八项奖。其中,由中文系 7701 自编自导自演的独幕话剧获得了创作奖,当时刊登的校报新闻还特别指出:“由中文系学生黄启章、伍林伟等创作的话剧《我们走向生活》,比较细腻地刻画了大学生对待毕业分配的不同态度,歌颂了正直无私、诚实好学的道德风尚,鞭挞了自私虚伪、表里不一的不良倾向,生动地体现了大学生的精神风貌,具有一定的时代特点。”[①]后来这个节目还获得全国大学生文艺会演一等奖,足见中文系学生的创作和表演水平。

四、加强思想政治教育

在学校教学和科研工作蓬勃开展的形势下,校党委根据当时的形势和实际情况,于 1979 年 5 月召开全校思想政治工作会议,明确了新时期高校思想政治工作的方向、任务、方法等要求。随后在广大师生中进行四项基本原则教育、社会主义法制教育,开展清除精神污染的斗争。

1980 年 5 月初再度召开全校思想政治工作会议,着重讨论进一步加强和改进学生思想政治工作问题,制定了《关于加强和完善学生思想政治教育工作的意见》,采取了几项措施:一是加强思想政治工作队伍的建设;二是重建马列主义教研室,加强政治理论课教学;三是加强对学生的共产主义思想品德教育,如从 82 级本科生开始设立“德育课”作为必修课纳入各系的教学计划;四是制定教育管理的规章制度,如制定《厦门大学学生守则》《大学生文明公约》等规章和行为准则,从 1982 年开始制定《奖学金试行条例》;五是充分发挥校共青团的作用,如召

---

① 《厦大校刊》1980 年 11 月 15 日。

开学生代表大会，开展“红”与“专”的教育，开展形势和国情教育，广泛开展向为国争光的中国女排、优秀大学生张华、当代中国的保尔——张海迪学习的活动，等等。在学校、系里党政领导下，中文系学生在德、智、体诸方面得到全面的发展。在校团委和学生会举办的首届学生社会调查报告演讲会上，中文系 77 级二班团员说，我们就应当满腔热情地为国家分担困难，而不能怨天尤人，要“既当时代评论员，又做‘四化’战斗员”[①]。

在 1982 年 2 月共青团中央和教育部联合召开的建国以来第一次全国三好学生、优秀学生干部和先进集体代表会议上，中文系 79 级二班班长郭光明同学获得“全国优秀学生干部”光荣称号。这些无不显示出中文学子奋发向上、朝气蓬勃的景象。

第七节　教授录

1.黄炳辉

黄炳辉(1931—2019)，福建泉州人。著名学者。1955 年毕业于厦门大学中文系毕业，留校任教，1956 年到北京大学进修两年，师从王力。历任讲师、副教授、教授。在厦门大学中文系从教四十年，为学生开设过“语言学”“古代文学”“诗歌史”等多门课程。他从语言学到古代文学、哲学、兵法等，均有涉猎。1992 年曾赴菲律宾雅典耀大学讲授唐诗与唐代文化。获国务院特殊津贴。著述有《唐诗人才漫话》《唐诗学史述论》《国学研究论稿》《老子章句解读》《旅菲文史随笔》《文史经典解读》《浮生剪影》等。

2.何耿丰

何耿丰(1933—　)，又名何耿镛。广东大埔人。著名学者。1957 年毕业于北京大学中国语言文学系，1973 年调入厦门大学中文系工作。1984—1987 年任中文系主任，兼任厦门大学中国语言文学研究所所长。曾任中国语言学会理事、福建省语言学会会长、厦门市政协常委等。何耿丰教授多年从事古代汉语和汉语方言学的教学和科研工作，为汉语史硕士生导师。著述有《经学简史》《经学概

① 本书编委会：《厦门大学校史》(第 2 卷)，厦门大学出版社 2006 年版，第 251 页。

说》《客家方言语法研究》等。

3.庄钟庆

庄钟庆(1933—)，福建惠安人。著名学者。1955 年毕业于厦门大学中文系，1961 年起在厦门大学任教，历任讲师、教授，享受政府特殊津贴。曾任中国现代文学研究会理事，茅盾、丁玲研究会副会长，福建省文学学会副会长，福建省社会科学联合会理事，厦门市东南亚华文文学研究会会长、中国作家协会会员等。主要研究鲁迅、茅盾、丁玲等作家的作品，近年来研究中国现当代文学研究方法论、中国现代文学与东南亚华文新文学关系等，曾赴东南亚、美国讲学并进行学术交流。著述有《茅盾的创作历程》《茅盾的文论历程》《茅盾史实发微》《中国现代文学研究方法论与实践》，主编及编撰《茅盾研究丛书》《丁玲创作独特性面面观》《东南亚华文文学》《中国现代文学》等。

4.许长安

许长安(1936—2017)，福建晋江人，祖籍台湾。1961 年毕业于厦门大学，留校任教，历任助教、讲师、副教授、教授，长期从事汉语言文字教学和语文现代化的研究。1986—1988 年被国家语委借调到北京编写《当代中国的文字改革》，该书为国家“七五”社科研究重点项目。1992 年参加制定《福建省推广普通话规定》，主持点校清道光版《晋江县志》，另出版著作《厦门话文》《闽南白话字》等。1986 年获“全国文字改革和推广普通话积极分子”称号，1998 年获“福建省优秀归侨侨眷知识分子”称号。

5.蔡景康

蔡景康(1937—2007)，祖籍福建晋江，马来西亚归侨。著名学者。1955 年考入厦门大学中文系。1959 年毕业留系执教，先后任助教、讲师、副教授、教授，兼任厦门大学中文系古代文学教研室主任、中国古代文学理论学会理事、中国《儒林外史》学会理事、福建省古典文学研究会副会长、中国致公党厦门大学总支委员兼文科支部主委等。长期从事古代文学与中国文学批评史教学与研究，尤致力于古代小说、小说理论和古代文论研究。著述有《明代文论选》《中国古代文学理论概略》《鲁迅论中国古典文学》等。其夫人王碧月整理出《蔡景康文集》三卷，分别为《中国古代文论研究》《力耘轩散文诗词》《唐人传奇小说》。

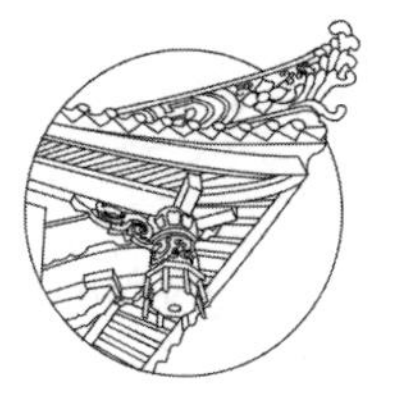

第六章 流金岁月（1984—1990）

第一节　形势逼人

一、中央领导视察与厦大新形势

1983 年，国家主席李先念、全国政协副主席陆定一等中央领导先后来校视察，对厦大的发展给予关心和指导。1984 年 2 月，邓小平视察厦门之后，党中央，国务院于 1984 年 4 月正式做出决定：把厦门经济特区范围扩大到全岛，逐步实行自由港的某些政策，从而使厦门大学成为处于经济特区的全国唯一一所教育部直属重点综合性大学。党中央的重大决策和中央领导的亲切关怀，给厦大师生以莫大的鼓舞和鞭策。

80 年代以来，我国经济领域的改革逐步扩大。80 年代中期，科技、教育、文化等各个领域的改革也开始启动。1984 年春天之后，随着邓小平视察厦门经济特区引起的重大变动，学校教学和科研“两个中心”的确定，世界技术革命潮流的兴起，厦大应势而起，以新的思路提出改革与发展的设想，努力工作，建立多学科教育体系，厦门大学从此进入新的发展阶段。

学校抓住这样难得的机遇，立即着手研究制定改革与发展的规划。从 1984 年四五月份起，分别召开部分干部和专家、教授座谈会，集思广益，酝酿出厦大今后发展的初步设想。是年 9 月，校党政领导新班子组成，在原有工作的基础上，于 10 月份正式制定出《厦门大学改革和发展的基本设想》(下称《基本设想》)。《基本设想》分析了厦大具有的优越条件，确定了学校今后的发展方向是：“在党的教育方针的指导下，充分利用特区有利条件，发挥学校优势，在‘特’字作文章，在‘高’字下功夫，依靠特殊政策，灵活措施，全面改革教育体制和教学方式，把我校办成一所面向特区、面向全国、面向东南亚、具有较高水平和富有特色的综合大学。”该设想提出了应达到的目标、任务及要采取的措施等。

《基本设想》的提出和厦大未来的发展蓝图令人十分鼓舞。12月中旬，学校提出在实行对外开放方面，要分期分批抓好十二项基础工作，如加强理科重点实验室建设，扶持文科有特色的研究所，成立技术科学院，成立研究生院，扩展国际教育中心，大力提高图书资料管理水平等。整个80年代，学校历任党政领导努力沿着学校的发展方向和奋斗目标，锐意改革，加快开放，增强了学校活力，也促进了各科系的改革和发展，取得显著成绩。

二、领导班子换届

1984年9月，系领导班子换届，郑朝宗、周祖譔两位教授年事已高，功成身退。

黄拔荆副教授调任校科研处任副处长。

何耿丰教授任系主任兼汉语言文学研究所所长。何耿丰1957年毕业于北京大学中文系，1973年来厦门大学中文系执教，从事古代汉语的教学与研究，卓有成就，相关研究成果在海内外有重要影响。

张春吉、许栋梁被任命为副系主任。

吴秋滨任系党总支书记。

林建德任副书记。

三、教改与科研

80年代，整个国家迈入改革开放与全球现代化进程的行列。伴随着人文学科激情岁月的到来，在“文化热”的大背景下，中文系也迎来自身发展的黄金时期。面对厦门经济特区发展的新形势与全校锐意改革的新氛围，中文系新的领导班子开拓求实，开展了一系列工作。

1.课程改革

根据学校公共课程教学之需，中文系设置了大学语文教研室，负责外系的大学语文课教学。在本系，确定了正、副教授及讲师助教的教学任务，根据社会需要适当调整教学计划和课程设置。一方面，中文系派出老师配合校教务处对历届毕业生做跟踪调查，考查中文系毕业生的社会工作能力与表现，以便在以后的教学中进一步扬长避短，提高质量。另一方面，对毕业生、在校生进行了课程设置的调查。每月由系主任、分管教学的副主任、分管学生工作的副书记召集一次学生意见听取会，由各班班长、学习委员参加，然后将意见集中反馈给有关教研室及教师。

在广泛听取意见的基础上，系领导班子对教学进行了一些改革，一方面停开那些涉及面过窄、现实意义不大的老课、旧课，一方面组织教师开设适应社会的应用类教程，如"公共关系学""行政管理学""秘书学""书法""口才与演讲"等选修课，加强了书本理论与社会实践之间的联系，进行大胆尝试。

2.三学期制与课程实践

1985 年 5 月，根据中央关于教育体制改革的精神，厦大为了突破原有教学计划和课程安排的限制，加强有关专业之间的联系，扩大学生的选修面和社会实践空间，决定试行"三学期制"。是年 11 月 20 日，学校下达《关于实行"三学期制"总体安排的意见》，正式决定从 1986 年开始实行三学期制。同时要求各系各专业根据培养目标的要求和实行三学期制的新情况，对已有的学分制教学计划进行一次认真修订，重新明确学分计算办法，切实调整课程，特别是要开出足够数量的、高水平、有特色、有吸引力的选修课；列出有意义的、丰富多彩的学生研究"小课题"(包括社会调查活动等)；尽可能把实习、社会调查、劳动向"短学期"延伸。对教学管理制度也作了若干新规定。

所谓"三学期制"，就是将每学年划分为"两长""一短"三学期。划分办法是：每年以春节为轴心，前后各延伸 18 周，组成两个"长学期"，另在每学年第一学期的前面，安排 6 周为一个"短学期"，寒暑假周数不变，一般是暑假 6 周，寒假 4 周。

三学期制实行以来，中文系利用第三学期的 6 周时期，组织师生结合课程深入社会实践。陈育伦副教授的"民间文学"课程坚持每年带领学生到农村、城镇采集民间故事，整理民间文学资料一百多万字，编印出《三明民间文学作品集》(上、下册)、《邵武民间文学》、《将乐民间故事传说》、《龙岩矿工民间文学作品集》、《畲族民间文学集》等，成果显著。

一方面，中文系派出老师配合校教务处对历届毕业生做跟踪调查，考查中文系毕业生的社会工作能力与表现，以便在以后的教学中进一步扬长避短，提高质量。另一方面，对毕业生、在校生进行了课程设置的调查。每月由系主任、分管教学的副主任、分管学生工作的副书记召集一次学生意见听取会，由各班班长、学习委员参加，然后把意见集中反馈给有关教研室及教师。

在广泛听取意见的基础上，系领导班子对教学进行了一些改革，一方面停开那些涉及面过窄、现实意义不大的老课、旧课，一方面组织教师开设适应社会的应用类教程，如公共关系学、行政管理学、秘书学、书法、口才与演讲等选修课，加强了书本理论与社会实践之间的联系，进行大胆尝试。

3.主辅修制和双学位制

为开阔知识面，充分调动学生的学习积极性，学校于 1985 年 6 月颁布《关于试行"主辅修制"的暂行办法》，规定学生申请辅修其他专业的条件是：必须读满一年或两年主修课程，成绩良好以上，同时必须保证完成主修专业教学计划内规定课程，经本人申请，系主任批准。辅修其他专业的要求是：凡辅修 6 至 8 门其他专业的课程，修完 24 个学分，成绩合格者，毕业时发给"辅修专业证明书"。凡同时取得主修专业毕业证书和辅修专业证明书的学生，在报考研究生或毕业分配时将享有选择专业方向的优先权。同时学校还实行"双学位制"，规定凡学有余力、成绩优良者，均可申请攻读第二个"学士学位"，经考试合格，授予第二"学士学位"证书。这些制度的施行对于调整中文系学生的知识结构、促进学科交流、多出人才起到了推动作用。

4.新增硕士、博士点

根据研究生培养已具的规模，经学校申报、国务院批准，国家教委于 1986 年 4 月 15 日发文，同意厦大试办研究生院，由校长田昭武教授兼任研究生院院长。[①] 9 月 12 日，学校在建南大会堂隆重举行研究生院成立大会，广大师生和校友无不欢欣鼓舞。中文系黄典诚教授喜赋七律一首"演武场中大学城，百花齐放

---

① 本书编委会编：《厦大校史资料 · 第 4 辑(1966—1987)》，厦门大学出版社 1990 年版，第 235 页。

百家鸣。文明两个需经济，专业四年尚径庭。树蕙滋兰当孟晋，超群出类得精英。宏开研究菁莪院，硕士联翩博士生”[①]，表达喜悦之情。厦大是当时全国为数不多的成立研究生院的学校，是我国培养研究生的重要基地。研究生院成立后，进一步加强了研究生工作的领导和培养力量，使全校的研究生教育事业更上一层楼。

1985 年，中文系汉语史硕士点建立，同年招收硕士研究生 3 名。在此基础上，1987 年，汉语史博士点建立，博士生导师为黄典诚教授，标志着中文系往高层次办学方向的重大发展。首招博士研究生 3 名，培养出中文系第一批汉语方言学博士蓝小玲、林寒生、黄笑山。黄典诚教授为我国著名语言学家、辞书专家，作为博士生导师，为中文系的高层次教育倾注了大量心血，做出了重大贡献。1988 年，在厦大文科申报第二批高校社会科学博士点专项科研基金项目中，黄典诚的“在闽方言中为古汉语音韵钩沉起坠的研究”课题被通过，列为资助项目。[②]

在原有硕士点的基础上，中文系增设唐宋文学、中国现代文学、文学批评方法等招生方向，蔡师圣、林兴宅等老师被新聘为硕士导师。

5.科研新举措

在科研方面，何耿丰教授接任中国语言文学研究所所长后，即按教委核定的编制，落实科研人员，成立了文学和语言两个研究室。文学研究室以古典文学和文艺理论为研究重点，语言研究室以闽方言为重点。厦大中国语言文学研究所由此正式列入国家“全国科研机构要览”。

到 1987 年为止，研究所承担国家级资助研究项目有：

黄典诚教授的“闽南方言志”。

郑朝宗教授的“文学批评方法学”。

应锦襄教授的“西方现代文学批评”。

黄拔荆副教授的“两宋词史”。

---

① 《厦门大学》1986 年第 171 期。

② 本书编委会编:《厦大校史资料・第九辑(1988—1991)》，厦门大学出版社 1996 版，第 168 页。

张次曼副教授的“福州方言变调研究”。

陈世雄副教授的“欧美戏剧研究”。

为了激发中文师生科研的积极性，系领导采取了一些措施，一是规定教师在国家级刊物发表文章，给予适当数量的奖金；二是调整了资料室人员，充实图书设备，拨专款购置了《丛书集成初编》等，为教学和科研提供了良好的后勤服务；三是加强教师间的学术信息交流，凡教师外出参加学术会议，都要在全系大会上介绍学术情况。

四、学术交流与成果

1.学术交流频繁

1984 年 12 月，学校根据学科发展和人员变动情况，对学术机构成员进行调整，重新组成文、理科学术委员会。科研处对全校开展学术活动做出安排，系、所每月举行一次学术报告，各研究室每月活动一次，副教授以上教师每学期作一次以上学术报告，基本形成制度。校、系领导的重视和制度的保证，有力地推动学术活动蓬勃开展。

随着八十年代中期改革开放的进展，中文系“请进来、走出去”的学术交流活动更加频繁。这期间，黄典诚教授曾前后三次应邀到香港举行学术报告会；应锦襄教授也分别应香港中文大学以及中美文化协会的邀请，到香港与美国参加比较文学研讨会，并在会上宣读了论文，引起与会者的重视；庄钟庆教授在赴菲律宾探亲期间，向菲华文艺界做了专题演讲，当地报纸做了专题报道，反响颇大；许长安副教授应邀到香港出席第二届语文教育国际研讨会并提交论文；陈世雄副教授到前苏联列宁格勒大学访问进修。国内外许多著名专家学者也应邀来前来做学术交流，举其要者有美国华盛顿大学闽语专家罗杰瑞，文艺理论家钱谷融，红学家刘梦溪、戏剧理论家陈瘦竹，现代文学研究家王瑶，语言学家林焘、陈章太，翻译家戈宝权等。同时，中文系还举办了一系列全国学术研讨会，如 1985 年的“全国文学评论方法论讨论会”“全国毛泽东文艺思想研究会年会暨研讨会”“丁玲创作研讨会”；1986 年的“全国现代汉语学术研讨会”“华东修辞学会学术年会”“鲁迅研究学术讨论会”等。

尤其值得一提的是1985年3月在厦大举办的“全国文学评论方法论讨论会”，中文系作为发起单位之一筹办此次会议。这次会议是在八十年代初中期文艺批评“方法论”变革的潮流中召开的，反映了当年批评界的一批中坚分子变革文艺批评现实的迫切愿望。中文系林兴宅老师在会上提出文艺科学可以数学化，他系统阐述了方法论变革的三个层面：借鉴西方现代各种流派的批评方法；引进自然科学的概念、知识和方法；运用系统科学方法论，包括系统论、信息论和控制论等。这些独到见解引起与会者的热烈讨论。它们同林兴宅此前发表的《论阿Q性格系统》[①]，成了这次会议热门话题，在文坛上产生很大影响。厦大中文系在“文学批评方法年”(1985)标领风骚，使得本系的文艺学学科在80年代锋芒毕露，也使中文系在学界声誉日隆。

2.学术成果斐然

在如此活跃而又宽松的学术空气中，中文系的教学科研结出累累硕果，先后出版著作20余部。

在福建省首届社会科学优秀成果评奖中，有七部获奖。其中，由黄典诚、周长楫主持，洪笃仁、李熙泰、林宝卿等人参加编写的《普通话闽南方言辞典》获一等奖，林兴宅《艺术魅力的探寻》获二等奖，许怀中《鲁迅与古典小说》、郑文贞《段落的组织》和《不息的浪涛——厦门大学解放前革命斗争风貌》、陈世雄《西方现代剧作戏剧性研究》、黄鸣奋《论苏轼文艺心理观》等获三等奖。

1985年，林兴宅老师还获得省“先进教育工作者”称号，郭启宗、林寒生老师获得校教书育人先进工作者称号，黄鸣奋、朱水涌、李国正获得校中青年优秀论文奖，庄庆钟教授荣获厦大最高荣誉奖首届“南强奖”一等奖。

1986年，许长安副教授被国家教委和国家语委授予“全国文字改革和推广普通话积极分子”称号。

五、学生工作

由于北京一些高校学生闹事的不良影响，1985年年底厦大校园曾经出现过

---

① 《鲁迅研究》1984年第1期。

少量内容偏激的大字报。1986 年年底全国发生了波及不少城市的学潮，及至 1989 年的政治风波，使得加强学生工作、关心学生成长这一工作显得尤为重要。学校在此期间主要采取以下几方面内容加强和改善学生思想政治工作：

第一，加强政治理论课教学，规定文、理科本科生的政治理论课总学时数分别为 315、210，在研究生中开设马克思主义理论课。

第二，进行爱国爱校教育，编纂厦大党史校史，竖立鲁迅石雕立像、陈嘉庚铜像等；通过参加军训和开设军事理论课进行国防教育。

第三，组织社会实践，了解国情民情。

第四，进行人生观和理想教育等。

在学生管理方面，中文系制定实行了《学生品行评分暂行办法》，对端正系风起了积极作用。

1985 年，中文系开始与驻厦海军举办军民共建活动。活动办得生动活泼，有声有色，引起地方与东海舰队、厦门水警区领导的重视。1986 年，中文系学生党支部被学校评为先进党支部。1987 年 3 月，在海军共建现场经验交流会上，代表们参观了系组织的活动并拍摄了专题片。1987 年，中文系被驻厦海军及校团委评为军民共建先进单位。分管系学生工作的总支副书记林建德同志，为中文系学生的健康成长做出很多贡献，于 1991 年调任校人事处副处长。

第二节　全方位发展

一、系领导换届

1987 年 6 月，系领导班子换届，学校任命郑文贞副教授为中文系主任。郑文贞教授 1955 年毕业于厦大中文系并留校工作，长期从事写作教学与文章学研究，是修辞学专家。

何耿丰教授留任中国语言文学研究所所长。

吴秋滨同志调任校成教处副处长。

许栋梁同志调任新闻系代系主任。

张春吉副教授留任副系主任，增补陈育伦、黄鸣奋为副系主任。

林事恒同志接任系党总支书记。

二、多渠道办学

厦门大学创办于厦门市本岛，由于地缘人缘关系，历来与厦门人民息息相关，休戚与共。从1980年10月国务院批准厦门设立经济特区，到1984年厦门特区范围扩大到全岛，厦大师生莫不为之振奋。学校发挥人才、智力优势，采取多层次、多规格、多种形式办学，为厦门市培养各类专门人才，大力支持了特区建设。

八十年代中后期，改革开放给社会带来巨大变化，中文系面对社会新需求，调整办学方向，以适应社会，面向特区。不仅在本科内增设一些应用性课程，还面向社会，开展多种形式办学，使中文系教学明显发展成为三个层次。1980年复办的厦门大学夜大学从1984年秋季起，面向厦门市招收中文、电子两个大专班，每班40名，共80名。以后增设的新专业，也大多招收厦门市学员。

1985年，中文系举办“对外宣传干部”专科班。1988年，经省教委批准，中文系创办了对台业务专业证书班，招收福建省对台工作干部20多人。同年，经省教委批准，为南平地区开办文化宣传专业证书班，招收学员50余人，主要开设课程有“写作”“秘书学”“文学作品选”“现代汉语”等。1989年，又为南平地区开办政工干部专业证书班，招收两届学员100多人。1988年，创办中国语言文学函授专修班，学制三年，招收两届学员近200余人，办班效果显著。

厦门大学中文系开展多种规格与形式办学，既为省、市有关部门培养了各类急需的人才，有力地支援了地方建设，又扩大了自身办学规模，促进了教学工作的发展；同时也获得一定的经济效益。这类办学形式，与中文系所处的历史社会条件密切相关，随着社会需求的变化，不断调整。

三、学术活动

1.学科建设

这期间，系硕士研究生增设“中国古典诗词与诗论词论”“元明清文学文论”“现代诗论”等方向，先后有周长楫、黄炳辉、黄祖良、赖干坚等老师加入导师行列。这时期，中文系积极开展台湾文学研究，成了大陆台湾文学研究的拓荒者之一。这些都推动中文系学科体系建设的日益完善。

2.科研成果

在中国现当代文学领域，中文系参与《鲁迅全集》《郭沫若全集》《茅盾全集》的编辑注释工作，参与唐弢主编的《中国现代文学史》和十四院校的《中国当代文学史》的撰写，与北京大学、复旦大学、南京大学等高校发起和组织了粉碎“四人帮”后第一部《中国现代文学史》的编写出版。许怀中的《鲁迅与文艺思潮流派》、庄钟庆的《茅盾的创作历程》等一批现代作家作品和文学思潮流派的研究论著，为中文系在现代文学研究领域赢得重要地位。这期间，中文系的科研论著成果迭出，即以后三年而言：

1988 年，中文系出版专著 5 部，发表论文 50 篇。

1989 年，中文系出版专著 7 部，发表论文 59 篇。

1990 年，中文系出版专著 6 部，发表论文 78 篇。

呈稳定上升趋势，良性发展势头良好。

3.科研项目与学术交流

同时，中文系教师更加注意申请并承担各级科研项目，仅国家级的就有张次曼的“福州方言的形态音韵”、应锦襄的“世界文学格局中的中国文学”、林寒生的“闽东语言研究”、赖干坚的“现代西方文艺批评”、黄鸣奋的“需要理论与文艺批评”、黄典诚的“在闽方言中的古汉语”等。学术交流活动也很频繁。黄鸣奋 1988 年赴荷兰阿姆斯特丹大学访问，甘章贞参加在平壤举行的“朝鲜问题专家国际学术研讨会”并在会上宣读论文。赖干坚 1987 年应邀前往菲律宾马尼拉阿德尼奥大学讲学。

这一时期中文系主办的全国性学术会议有：1987 年“首届东南亚华文文学

研讨会”，1988 年与国家、省有关单位联合举办第四届“茅盾与中外文学学术研讨会”“全国修辞学会第四届年会暨研讨会”“中外文艺理论研讨会”“文艺批评学研讨会”等，著名作家魏巍等也应邀前来作讲座报告。

截至 1990 年，中文系又有一批教师获得教学、科研成果奖。黄鸣奋获校“南强奖”，陈育伦获福建省优秀教学成果二等奖、校一等奖，俞兆平、陈世雄先后荣获厦大首届、第二届“清源奖”。

第三节　刊物与社团

一、《中文风》

1988 年，由中文系学生会主办的刊物《中文风》刊出，主要刊登中文系师生的作品，较为系统地记载了中文人的当代风貌。这样，除了原有的《鼓浪》和《采贝》之外，厦大中文系师生有了第三种刊物，越发拓宽了文章的发表渠道，促进了日常创作，使厦大中文系的文艺氛围越发浓厚。而且，三种刊物各有针对，各司其职，彼此互补，是学生学习、创作的重要平台，深刻影响了他们的思想、趣味。

二、南强话剧社

南强话剧社诞生于 1988 年，直属于厦大艺术团。它在中文系话剧活动的基础上成立，集创作、导演、演出于一身。南强话剧社汇集了众多具有表演天赋的同学，具备排演话剧的实力，成立至今举办过多次大型话剧的专场演出，在厦大师生中具有很强影响力。在从事话剧表演的同时，优秀话剧的观摩以及话剧知识讲座也是该社经常组织的重要活动。话剧社还出版了社刊《南强戏苑》，让广大同学更加深刻了解并认识了话剧。话剧社不仅在校内活动积极，在校外也经常应邀到企事业单位、电视台进行交流活动，扩大了自己的影响力。话剧社的宗旨是“全心全意为广大师生服务，尽心尽力为校园文化添彩，弘扬南强精神，振兴话剧艺术”，话剧社的口号是“南强舞台，尽显风采”。

三、影视协会

作为厦门大学唯一的影视娱乐类社团，厦门大学影视协会1988年由中文系学生创办，本着“展现景点影视魅力，丰富校园文化生活”的宗旨，一直受到全校师生的普遍欢迎。协会长期开展的主要活动有观摩电影、影视讲座，优秀影评等。影视协会成立后得到校内外学者、影视专家的长期支持和帮助，如厦门大学台湾研究所陈飞宝、郑启五，中文系郭启宗、朱水涌，厦门市青年影评协会会长徐鹭雄，皆有不同程度的贡献。

第四节　教授录

1.陈育伦

陈育伦（1937—　），福建安溪人。著名学者。1959年毕业于厦门大学中文系，留校任教，历任助教、讲师、副教授、教授，兼任厦门大学东南亚华语文文学研究中心主任、中国民间文艺家协会会员、福建民间文艺家协会副主席、福建省民俗学会副会长等。退休后任厦门华夏学院副院长。长期从事写作学、民间文学、现代文学的教学与研究工作，在民间文学理论、民俗学及东南亚华文文学研究方面有较丰硕的成果。著述有《福建六十年民间故事选评》《中国少数民族文学》《东南亚华文文学丛书》等。

2.赖干坚

赖干坚（1937—　），福建永定人。著名学者。1959年毕业于厦门大学中文系，留校任教，历任助教、讲师、副教授、教授。1982年10月至1983年10月，公派至美国密歇根大学英国语言文学系访问进修。1987年7月至10月，赴菲律宾马尼拉阿德尼奥大学讲学。1994年9月至1998年2月担任中文系主任。兼任福建省文学会副会长、厦门市社科联顾问、全国高校外国文学教学研究会常务理事。享政府特殊津贴。专业方向为欧美文学与比较文学，著述有《西方文学批评方法评介》《西方现代派小说研究》《中国现当代文学与外国文艺思潮》《二十世纪中西比较诗学》《狄更斯评传》及译著《叙事虚构作品：当代诗学》等。

3.庄克华

庄克华(1937—),女,江苏徐州人。著名学者。1959年考取山东大学中文系研究生,师从冯沅君先生。1962年毕业后任教于华侨大学,“文革”中调入厦门大学,历任讲师、副教授、教授。教学与研究的主要范围为中国古代文学史、古代文学作品选、词曲赏析以及红学研究等。著述有《古书人物辞典》《全元曲》《中国历代民歌鉴赏辞典》《南戏调查报告集》等。

4.周长楫

周长楫(1938—),1938年7月生,福建厦门人。1959年秋考入厦门大学中文系。1963年毕业后留系任教,历任助教、讲师、副教授、教授。曾任中文系汉语方言研究室主任,汉语史硕士生导师。担任全国汉语方言学会理事、中国音韵学研究会理事,福建省语言学会副会长、福建省辞书学会常务理事、厦门市语言学会会长等。周长楫教授长期从事语言学的教学与科研,主要科研方向为汉语韵学和闽南方言。开设的主要课程有“现代汉语”“写作”“汉语语音史”“汉语语法史”“闽南方言研究”。主要科研成果有:《普通话闽南方言词典》(主持编写人之一),该书获福建省首届社科优秀论著一等奖,首届全国图书奖提名奖;《汉字古今音表》《厦门方言辞典》等,发表论文数十篇。曾获省教育先进工作者等称号,曾受聘赴台湾担任台湾成功大学中文系客座教授,赴新加坡南洋理工大学担任客座研究员。

5.林兴宅

林兴宅(1941—),福建德化人。著名学者,文艺理论家。1963年毕业于厦门大学中文系,历任助教、讲师、副教授、教授。曾兼任厦门大学中国语言文学研究所副所长、中国文艺理论学会理事、中国中外文艺理论研究会常务理事、中国当代文学研究会理事、中国作家协会会员、福建省作家协会主席团成员、厦门市政协委员、厦门对外文化交流中心主任等职。从事文学研究和教学,致力于文艺批评新方法的探索,取得一系列富有创见的成果,在学术界产生强烈的反响,引发1985年中国大陆的“新方法热”,由此被学界誉为“文艺批评新方法的开拓者和带头人”。他在90年代倡导的“文艺象征论”被认为是中国当代文艺学体系探索的五种代表类型之一。著述有《论文学学术的魅力》《艺术魅力的探寻》《文艺象征论》《批评的实验》等。

第七章 寻求突破

（1990—2000）

第一节　机遇与挑战

一、领导班子换届

历史跨进九十年代，邓小平同志的南方讲话使中国的改革开放进一步深化，经济建设高潮迭起，社会经济形态向市场经济转型。社会主义市场经济的建立，给中文系事业的发展带来机遇和挑战。在新的时代背景下，既要保持中文系的传统特色，使教学科研迈上新台阶，又要考虑适应社会主义市场经济的新需要，给古老的中文系注入新鲜的时代血液。

1990 年，系领导班子换届：

郑文贞调任校档案馆馆长兼校史办公室主任。

张春吉调任校统战部副部长。

郭启宗被任命为系主任。郭启宗，祖籍福建龙海，1936 年出生，1960 年毕业于厦大中文系，并留任任教，从事文艺理论的教学与科研，兼及电影艺术理论研究。参加编著有《中国解放前文学史小说卷》《美育基础知识》《中国小说提要》等。郭启宗是文艺理论方面的专家，历任全国毛泽东文艺理论思想研究会理事、福建省文学学会副会长等职。

班子成员也做了相应的调整。

陈育伦、林铁民、陈世雄任副系主任。

林铁民于 1991 年 9 月调任教务处任副处长后，由李国正接任副系主任。

黄鸣奋调任中国语言文学研究所副所长。

林事恒留任系总支书记。

杨聪凤任总支副书记，主管学生工作。

班子建立后，首先按学校的指示恢复了停顿两年的职称评聘工作，以后每年都按正常秩序顺利完成职称评聘工作，逐步解决了这一关系教师切身利益的问题，进一步调动了教师教学科研的热情。

二、教学改革

1.调整课程

面对新形势，为了确保本科教学质量，中文系更新课程结构，重新确定了十门主干课程："文学概论""现代汉语""古代汉语""中国现代文学史""中国古代文学史""中国古代文学作品选""马列文论""语言学概论""写作""外国文学"，加强了 3637 主干课程的建设。同时，注意了选修课的筛选工作，制定了配套的限制性选修课与非限制性选修课。为了适应市场经济发展的要求，扩大学生知识面，培养社会应用型人才，优化学生知识结构，系里一方面鼓励教师开设新的应用性选修课，一方面鼓励教师开设边缘学科或交叉学科的选修课程。前者有"秘书学""公务员应用写作""报告文学""文化语言学""公共关系学"等，后者有"文艺心理学""生态语言学"等。除此之外，中文系还按学校的要求，开设一些由外系教师执教的必修课程，如"中国通史""世界政治经济与国际关系""算法语言""法律基础"等，尽可能满足学生的求知欲，调动学生的学习热情。1992 年，学校统筹考虑，决定取消三学期制，把实行三学期制的一些长处吸收进二学期制中继续发扬，规定每星期拨出一至两个单位时间让各系学生选修全校性课程。与此相应，中文系也积极向全校推出多达 15 门的跨系跨专业选修课，受到全校同学的欢迎。在教学管理方面，进一步完善考勤制度与学生请假制度，保证了各门课的听课率。

2.社会办学

在社会办学方面，中文系走在全校的前列。

1990 年、1991 年，为南平地区开办政治工作专业证书班。

1992 年，中文系受省文化厅委托开办群众文化干部培训班。

1993 年，经上级批准，接受省教委委托，开办中文教师委培班；开办文秘公关函授三年制、一年制专修班。相应拟定出三年制师专、公关文秘及函授大专等三套教学大纲及课程设置计划。

努力办班的结果，一方面使中文系在经济大潮的冲击下，能够尽可能增加收入，改善办学条件；一方面有力地支援了地区建设，为地方培养大批干部。现福建省对外宣传、对台宣传的干部大部分是由厦大中文系培训出来的。他们大多成为业务骨干，有的还被提拔到一定的领导岗位上工作。

中文系分管社会办学的副系主任陈育伦教授自 1987 年任职以来，勤思苦干，为社会办学做出贡献。

三、研究生教育

本时期中文研究生教育也有新的发展。

1990—1993 年，共有 5 名博士生和 24 名硕士生毕业。

至 1994 年，中文系各类研究生在学人数达到 25 人以上。经批准，系里增列张次曼、庄克华、黄鸣奋、吴在庆、王玫、朱水涌等硕士生导师。

1994 年，由林兴宅、赖干坚教授和俞兆平、陈世雄副教授组成梯队申报的文艺学硕士点获国务院学位委员会批准，成为中文系第五个硕士点。

至此，中文系已有中国古代文学、中国现代文学、汉语言文字学、比较文学、文艺学五个硕士点，为进一步扩大本系研究生教育规模创造了条件。

四、深化管理

这一期间，中文系的教学具有了多层次、多品种的特色。经过全系上下共同努力，基本实现既拓展层次、适应社会，又保证重点、使教学科研更上一个新台阶的设想。随着改革开放的不断深入，教育改革的浪潮滚滚向前。

1991 年，学校制定“八五”事业规划（1991—1995）和十年规划设想，提出把厦大办成高水平、有特色、开放型的社会主义的重点综合大学。中文系也发动全系教师，制定了相应的发展规划。特别是 1992—1993 年，学校为适应国家经济建设和社会发展，提高教学科研水平，增强综合实力，针对人浮于事、忙闲不均、分配不合理等现象，实行了校内管理体制改革，在搞好定编、定岗、定责的基础上，实行全员聘任制度和与之相配套的考核评估制度，推行国家工资、政府补贴与校内津贴相结合的工资制度。

中文系努力贯彻学校的改革方案，做好思想工作，克服了大方案实施过程中的困难，出现了争上课、争申请科研基金、争出成果的局面，优化了队伍，增强了活力，一定程度提高了教职工待遇，调动了教职工的教学科研积极性和主动性。

1993年，系里根据教学情况的变动，撤销大学语文教研室，原任课教师编入写作教研室。至此，中文系建有文艺理论、现代文学、古代文学、写作、语言五个教研室。

中文系实行系所合一的体制。中国语言文学研究所设文学和方言两个研究室。在语言研究方面，何耿丰、黄景湖、周长楫、张次曼、林宝卿等都有良好的成绩；文学研究方面，主要从事唐代文学研究的周祖譔、黄炳辉、吴在庆、贾晋华等，主要从事比较文学研究的应锦襄、赖干坚、林铁民等，都有令人瞩目的研究成果。

五、学术成就

1.研究拓宽加深

1990—1994年，中文系所承担的国家级科研项目有：

黄鸣奋“人的需要与文艺创作”

何耿丰“客家方言语法研究”

贾晋华“五代文学研究”

林丹娅“当代中国女性文学史论”

陈世雄“戏剧思维学”

赖干坚“西方现代派小说研究”

贾晋华“唐代文学集团研究”

张次曼“连读变调的数学模型、特征组合以及所含语言结构信息”“从连续变调数学模型研讨语言学的方法论及其与高科技的结合”

林兴宅、俞兆平、朱水涌等在文艺理论美学理论方面的研究及著述，陈世雄对戏剧心理的研究及著述，柯文溥对现代诗歌的研究及著述，陈茂同对职官沿革的研究及著述，横跨边缘交叉学科的黄鸣奋对文艺心理学的研究及著述，都自成一家，引起学术界的瞩目。

2.扩大学术交流

在学术交流方面，中文系有不少教师前往世界各地进行交流：

1992 年，应锦襄教授应美国哈佛大学比较文学室邀请，两度赴美访问。

1993 年开春伊始，周长楫、黄景湖、林宝卿老师集体赴香港参加第三届国际闽南方言学术会议。

1993 年，中文系协助学校与菲律宾雅典耀大学做短期讲学。

1993 年，中文系协助学校与菲律宾国家铝业有限公司合作创办岷厦国际学校，派出陈荣岚、巫汉祥、王诺三人赴菲律宾《商报》工作，为国际合作办学、开展对外交流开拓了新路子。

1993 年 3 月，周长楫副教授应邀参加台湾首届国际语言学术会议。陈世雄副教授亦先后应邀赴香港中文大学合作研究。

1993 年 6 月，叶宝奎老师应邀参加新加坡大学主办的第一届国家汉语语言学会议。

1993 年 10 月，周祖譔教授应邀参加香港第二届国家赋学研讨会。

与此同时，中文系也主办了一些全国性乃至国际性学术会议：

1991 年的“全国语文学会第六届年会暨学术讨论会”。

1992 年 11 月举办的“唐代文学学会暨国际学术讨论会”，接待了来自六个国家三个地区的国内外专家学者 120 余人，宣读了 100 多篇论文，是具有国际水平的学术会议。

1993 年 7 月的“全国高校电影学会第六届年会暨十周年学会奖颁奖会”。

这些交流活动不仅使教师们开拓了学术视野，而且大大提高了中文系的知名度。

3.教学科研获奖

通过领导班子与全体教职员工的奋发图强，克服困难，这一时期，中文系的教学科研面貌有了新气象，共有 50 多人次获得从国家到学校的各级荣誉。

陈世雄被国家教委、国家人事部评为有突出贡献的回国留学人员。

吴在庆、贾晋华参加撰写的《唐才子传校笺》获“全国首届古籍著作”二等奖。

朱水涌参加撰写的著作获“浙江省文学优秀成果”一等奖。

黄景湖获全国“园丁奖”。

薛锡振被评为1990年“福建省自学考试先进工作者”。

张次曼获1992年校“南强奖”。

周长楫、颜剑飞、薛锡振、王玫先后获“校公共基础课优秀教学奖”。

郑文贞、周长楫、杨聪凤、朱水涌先后获校“教书育人先进工作者”称号。

朱水涌还获校“张子露优秀贡献奖”，获得英国剑桥传记中心的“国家二十世纪成就奖”。

周长楫、陈育伦、林宝卿、林丹娅获1993年厦大“九州奖”。

写作教研室集体荣获“省优秀教学成果”二等奖及校一等奖。

“中国文学史”“文学概论”被评为“优秀主干课程”。

黄炳辉、庄钟庆、何耿丰教授，陈世雄、黄鸣奋副教授荣获国务院的特殊津贴。

六、江泽民总书记视察厦大

1991年12月19日上午，中共中央总书记江泽民在参加厦门经济特区建设十周年庆祝活动期间，前来视察厦门大学，看望厦门大学师生员工，在群贤楼与厦门大学师生代表亲切座谈。在座谈会中，江泽民总书记勉励青年学生要经受锻炼，努力学习，并寄予厚望，座谈会持续了约50分钟。

在座谈会召开之前，江总书记参观了厦门大学鲁迅纪念馆，由中文系现当代文学教研室的任伟光老师担任讲解员。参观结束之后，江总书记还在鲁迅纪念馆的签名簿上留下亲笔签名：“江泽民，一九九一年十二月十九日于厦门大学。”[①]江总书记的到来和讲话给中文系以及全校师生以极大的鼓舞，全体师生员工认真贯彻落实江总书记的重要讲话，紧紧抓住历史的新机遇，贯彻党的教育方针，继续前进，以满腔的热情投入社会主义现代化建设中。

① 厦门大学档案馆：《厦门大学校史第2卷》，厦门大学出版社2006年版，第381页。

七、敦聘兼职教授与设立奖学金

1990 年 11 月，中国作家协会书记处书记、作家张锲来厦大参观访问。1955 年，年轻的张锲曾被中文系录取，但因为运动牵累而错过上学的机会。此次来厦，张锲圆了大学梦，在中文系听了课，也向中文系学生做了《文学与青年》的报告。郑学檬副校长代表厦大授予张锲“厦门大学名誉校友”称号。多年来，张锲同志一直关心支持厦大中文系的工作。

1992 年，中文系聘请香港实业家、书法家施子清先生为兼职教授。

1994 年 4 月，中文系还敦聘香港作家梁凤仪为客座教授。

1994 年，新加坡文艺家、企业家周颖南应聘中文系兼职教授。

1992 年，厦大校友、菲律宾著名企业家庄汉水，为纪念曾在中文系任教的虞愚教授，在中文系设立“虞愚奖教金”。

1993 年，感于系全体教师的敬业精神，菲律宾华裔著名实业家姚嘉熙在中文系设立“嘉熙奖教奖学金”。

1994 年，厦大校友、实业家陈安祺为纪念其同窗学友林莺先生，在中文系设立“林莺奖教金”，每年奖励两人。

中文系在长期的办学过程中，始终得到海内外友好人士以及校友系友的支持和赞助。在陈嘉庚先生倾资兴学的精神感召下，他们以各种方式对中文系的发展给予关注和支持，其殷殷之情激励着中文系师生不断开拓进取。

第二节 在市场经济浪潮中沉稳前行

一、系领导班子调整

1994 年 9 月 20 日，中文系党政领导班子换届，成立了由陈育伦任书记，赖干坚任系主任，郑楚任副书记，陈世雄、朱水涌任副主任以及由黄鸣奋任中国语言文学研究所所长、李国正任副所长的新一届领导班子。

赖干坚，祖籍福建永定，1937 年 9 月生，1959 年厦门大学中文系毕业后留校任教，曾赴美国密西根大学英语系作访问学者，是研究英美小说和西方现代文学批评的专家。赖干坚教授多年来致力于现代西方文论、西方现代派小说及中西比较诗学方面的研究。从1985年起三次承担国家社科基金课题。出版专著《西方文学批评方法评介》《文艺本体论对反映论的碰撞与渗透》《文学兴衰初探》等学术论文数十篇。赖干坚1990年起为文学批评史专业硕士生导师，是全国高校外国文学研究会常务理事、福建省比较文学会副会长。

1994年11月6日，中文系建系七十三周年庆祝大会召开，到会的海内外系友及有关领导近400人。其间，举办了中文系教学、科研成就展，获得各界的好评。与此同时，中文系充分发挥面向东南亚的地域优势与研究特长，于1994年12月18日成立厦门大学东南亚华文文学研究中心，行政上挂靠中文系，由陈育伦任主任，郑松锟、周宁任副主任。

二、市场经济的冲击

90年代市场经济的体制转型促成中国当代社会从政治社会向市民社会转变，由此形成当代文学艺术新的语境。90年代中期以来，市场经济的全面展开不仅改变了许多人的生活处境，也使得新的社会价值转型悄然发生。最为明显的表现是拜金主义和消费主义的逐渐蔓延。由此文艺界兴起一场相对持久、影响广泛的“人文精神大讨论”[①]。

20世纪90年代的中国社会文化趋于市场化、世俗化，大众文化与消费主义意识形态盛行。面对与之前完全不同的文化语境、文化现象，面对着来自方方面面的社会潮流对人文基础学科冲击和挑战，中文系的教学科研仍沉稳而富于学理性地进行。面临人文学科被边缘化的局面以及师资队伍新老交替的困难，中文系开始进入自我调整、自我巩固的时期。

---

① 晓声：《1994年文化研究的一大热点——关于“人文精神失落”问题的讨论》，《社科信息文萃》1995年第9期；王晓明主编：《人文精神寻思录》，文汇出版社1996年版。关于“人文精神大讨论”的背景、内容等，可以参考上述文献。

三、教学与科研

1.教学科研获奖

这一时期,新的领导班子积极推进中文系的教学改革和科研活动,取得可喜的成果。

“现代汉语”“中国现代文学史”分别被评为厦门大学第三、第四批优秀主干课程。

郑朝宗、郑松锟编著的《西洋文学史》,叶宝奎著《语言学概论》,获厦门大学优秀教材一等奖。

林兴宅主编《文学评论概要》、俞兆平著《诗美解悟》,获厦门大学优秀教材二等奖。

1995 年庄钟庆被评为“优秀研究生导师”,林丹娅被评为校“教书育人先进工作者”并荣获 1996 年“厦门市劳动模范”称号。薛锡振被评为学校“校园文明建设积极分子”。

1997 年,李国正的“语言学新课程教材建设与传统课程教学方法改革”及王诺的“高校文科学生综合能力培养方案及其实施成效评估”,在厦门大学教学成果评审中获一等奖。

李国正的《生态汉语学》、庄明萱等四人参著的《台湾文学史》,获福建省第二届社会科学优秀成果一等奖,郑文贞著《篇章修辞学》获二等奖。

俞兆平、赖干坚、周长楫获厦门大学“九州”(科研类)奖。

林铁民、徐姗娜获“九州”(管理类)奖。

周宁的博士论文被收入“中国人文社会科学硕士、博士文库”。

校庆期间,林兴宅、周长楫和张次曼在厦门大学“二十一世纪科学的展望”的讨论会上作专题报告。

郑楚、李峰同志在行政工作方面成绩突出,被评为“厦门大学校园文明建设先进工作者”。

1996 年 12 月,林丹娅教授作为代表出席了第五次全国作家代表大会。

在福建省作家协会代表大会上,林兴宅、林丹娅当选为主席团成员。

陈育伦在省民间文艺家第三届代表大会上当选为副会长。

2.承办学术会议

这一时期,中文系的学术活动十分频繁。

1994年11月,中文系主办了由福建省比较文学学会、广东省比较文学学会共同举办的"闽粤港第二届比较文学学术研讨会",40多名学者参加了会议。会后出版了《跨世纪与跨文化》论文集。

1995年8月,赖干坚教授参加了国家教委主办的直属高校部分中文系主任会议,研讨专业评估以及如何面向21世纪、进行教学内容和体制等方面的改革问题。

1995年10月,中文系承办了在厦大举行的,由厦大、省社科院、省文联、省社科联、福建师大、漳州师院、厦门市文化局、平和县坂仔镇人民政府、福建省炎黄文化研究会等单位联合举办的"林语堂和中西文化"学术研讨会,来自海内外高校和研究机构的50多名学者参加此次会议。

1996年11月,由中文系和中华诗词社联合举办的"中华诗词研讨会"在我校举行,来自全国各地的30多名代表参加了会议并作了学术报告和诵唱。

1997年5月,"全国高校外国文学教学研讨会·97厦门年会暨学术交流会"在厦大召开,会议中心议题为"人文精神与外国文学",来自全国各地的数十位专家学者出席会议。

1997年11月,由中国现当代文学研究会女性文学委员会发起,厦大中文系、中华文学基金会文学部等五个单位联合主办的"中国当代女性文学第三届学术讨论会"在厦大召开,由中文系承办。会议探讨了中国当代女性文学的特征及发展历程,为建构富有中国特色的新世纪女性文学与文学理论展开了多方面的研究与讨论。

1997年12月,"世纪之交的东南亚华文文学研讨会"由中文系协办在厦大举行。这次会议由厦门市东南亚文学研究会、厦门大学东南亚华文文学研究中心、厦门大学海外教育学院联合举办,历时三天,来自新加坡、马来西亚、泰国、菲律宾、印尼、文莱及中国各地的作家、教授、专家、研究者共80余人莅会,共提交论文60多篇。本次研讨会的主题是在世纪之交汇合点上观察东南亚华文文学的特色及其在世界文学、世界华文文学格局中的位置及未来发展趋向。

学术会议的承办,加强了中文系与海内外各大学、学术研究机构及专家学者间的学术交流,大大开拓了本系师生的学术视野,对教学科研多有裨益。

3.邀请专家莅系讲学

除邀请出席学术会议的专家学者为中文系师生作深入广泛的学术交流外，中文系还不断邀请海内外的知名学者到中文系讲学。

1995年4月，邀请台湾诗人兼学者，校友余光中教授为中文系师生作了题为“现代诗与我的创作”的学术报告，同时邀请表演艺术家李默然作了题为“我的艺术生涯及当前戏剧界情况”的报告。

1995年6月，学校敦聘邵建寅为中文系兼职教授，仪式结束后，邵先生作了题为“老庄哲学走向现代”的学术演讲，演讲结束后，又与中文系系师生开了座谈会。

1995年11月，邀请中文系兼职教授、新加坡文艺家、企业家周颖南为中文系师生作了题为“东南亚华文文学与我的创作历程”的学术报告。

1996年12月，邀请中国社科院文学研究所研究员杨义、复旦大学中文系教授陈思和与师生座谈“小说研究的方法”及“当代文学的三种意识”。

1997年5月，中文系兼职教授、北大俄语系教授李明滨为师生作了题为“俄苏文学与当代俄国国情”的学术报告。

1997年11月，邀请北大教授乐黛云、汤一介分别为中文系部分教师及研究生作了题为“关于比较文学研究”和“当前哲学学术动态”的学术报告，邀请中国社科院文学所所长张炯作了题为“当前文学艺术创作评论和现状”的学术报告。邀请暨南大学李如龙教授为部分教师及研究生作了学术报告。

1997年12月，邀请华中师大黄曼君教授为研究生作了题为“新文学的现代品格与90年代文学的变格”的报告。

此外，中文系还敦聘澳门著名学者梁披云先生为名誉教授，邀请美国印第安那大学副教授张英进博士、新加坡国立大学中文系副教授杨松年博士为师生作报告及座谈会。

4.对外交流活跃

这一时期，中文系的对外学术交流也比较活跃。许多教师赴世界各地讲学访问。

1994—1995年，郑文贞赴新加坡国立大学执教。

1995 年 10 月，陈世雄赴台北参加台湾大学举行的两岸歌仔戏学术讨论会。

1996 年 2 月，俞兆平赴台湾作为期一个月的学术访问。

1997 年 3 月，庄钟庆、陈育伦赴泰国、马来西亚、新加坡，与三国的华文文学团体、作家及新加坡国立大学中文系进行学术交流。

1997 年 5 月，林兴宅赴菲律宾马尼拉阿德纽大学作为期两个月的讲学。

一系列的学术交流活动，有利于提高中文系在海内外的声誉，对教学改革及科研活动也起到积极的推动作用。

为适应新的社会需求，中文系还积极筹办应用型大专班，1996 年 12 月，经国家教委批准，中文系成为福建省应用型秘书专业自学考试主考单位，当年即招收第一届应用型秘书专业（公共关系方向）自考大专生 272 人，以后每年均招收 200 人左右。应用型秘书专业大专班的开设，丰富了中文系的办学层次。在满足社会需求的同时，这种收取适当费用的新的办学方式，也为本系的教学科研提供了一定的财力支持。

第三节　世纪之交的学科建设

一、机构变更

1998 年 2 月 19 日，中文系领导班子换届，成立了由郑楚任总支书记，黄鸣奋任系主任，陈世雄、朱水涌任副主任的新一届领导班子。

1999 年 9 月，学校决定成立人文学院，中文系隶属其中。原有的系党总支、团总支、党政办公室撤销，中文系资料室亦于此前划归校图书馆。

1999 年 10 月 29 日，学校任命黄鸣奋为人文学院副院长兼中文系系主任、中国语言文学研究所所长。黄鸣奋教授 1984 年 12 月获厦门大学文学批评史专业硕士学位后留校工作，锐意进取，成果丰硕。此前曾担任副系主任、中国语言文学研究所副所长等职。

朱水涌任副系主任。

李国正任中国语言文学研究所副所长。

周宁任东南亚华文文学研究中心副主任。

学院成立党总支，徐姗娜任人文学院总支副书记。

新一届领导班子的基本思路是：以思想政治工作为保障，以学科建设为目标，以师资队伍建设为龙头，积极推进教学改革、开展科研活动，改善办学条件，努力扩大中文系在国内外的影响。

二、学科建设

1.制定发展规划

新领导班子将学科建设作为当务之急来抓，广泛征求意见，在1999年制定了《中文系学科建设发展规划》，确定以文艺学作为今后几年里的主要发展学科，此后，又将重点建设的学科扩大到中国现当代文学、应用语言学、艺术学和戏剧戏曲学。在具体操作中，鼓励学科间的相互渗透，寻找新的学科增长点，努力发展边缘学科和新兴学科，关注当今全球化、知识经济、可持续发展等热点问题。

2.加强师资队伍建设

学科建设要上去，师资队伍是关键。由于自然减员等缘故，中文系师资队伍规模在90年代中期急剧缩小。针对这种情况，新领导班子加强引进人才的力度。国务院学科评议组成员、博士生导师李如龙教授，国家级有突出贡献的专家杨春时教授，语言学专家苏新春教授等学者陆续调入中文系，增强了师资力量。

李如龙教授主要研究方向为汉语方言学、汉语音韵学，旁及汉语地名学、社会语言学学、应用语言学等，其研究成果曾获国家图书奖荣誉奖及省部级多次奖励，具有重要学术影响。他是多所大学的兼职教授，在厦大筹建了汉语语言学研究中心并任负责人。

在此期间还有一批教师晋升职称，中文系所拥有的现职教授从1998年的5名增加到2000年底的12名，副教授实现了年轻化。钱莫香、刘荣平等年轻博士加入教师队伍，保证了中文系持续发展的后劲。在现有的师资队伍中，拥有博士学位的还有林寒生、叶宝奎、郑尚宪、周宁、曾良等人，比例已经达到教师总数的四分之一。

2000年学校聘任首批教学科研重要岗位，中文系李如龙教授受聘一级岗位，黄鸣奋教授受聘二级岗位，陈世雄、杨春时、周宁、苏新春、吴在庆、朱水涌、林丹娅等教授和郑尚宪副教授受聘三级岗位。

人才建设是学科建设的基础,科学合理地制定师资队伍建设规划和多方人才的引进,为中文系学科发展奠定了厚实的基础。

3.科研成果及教师荣誉

在科研方面,中文系力争保持本系各学科的传统优势,花大力气研究世纪之交的社会变动与文学变革,引入先进的科研手段,顺利获得并完成诸多国家、省部级社会科学基金项目:

朱水涌"90 年代中国文学思潮研究"。

陈世雄、周宁"二十世纪西方戏剧思潮"。

黄鸣奋、林丹娅、王玫、周长楫等所承担的省级科研项目也取得可喜的成果。

新获得的国家社科基金项目有:

黄鸣奋"信息科技与文学变革"。

郑尚宪"莆仙戏史论"。

俞兆平出任《厦门大学学报》(哲社版)副主编,组织了关于文学现代性等颇有影响的讨论。

1996 年,林丹娅教授被评为"厦门市劳动模范"。

1997 年,林丹娅教授当选中国当代文学研究会中国女性文学委员会副主任。

1998 年,林丹娅的《当代中国女性文学史论》获第二届"全国青年优秀成果专家"提名奖。

陈世雄的专著《戏剧思维》获"全国首届社科项目优秀成果"三等奖。

黄鸣奋的《艺术交往论》获"省第三届社科优秀成果"一等奖(2000 年补授)。

许长安的《汉语文字学》、朱水涌的《文化冲突与文学嬗变》获"福建省第三届社科优秀成果"三等奖。

朱水涌获校"清源科研奖"。

黄鸣奋获校“自强奖”。

俞兆平获校“九州教学奖”，荣获“厦门市劳动模范”称号。

在2000年举行的福建省第四届社会科学优秀成果评奖中，我系收获甚夥。

李如龙的《福建方言》获得“福建省第四届社会科学优秀成果”二等奖。

吴在庆与人合作的《唐五代文学编年史(晚唐卷)》获得“福建省第四届社会科学优秀成果”二等奖。

黄鸣奋《电脑艺术学》获得“福建省第四届社会科学优秀成果”二等奖。

李国正《古汉语文化探秘》获得“福建省第四届社会科学优秀成果”三等奖。

应锦襄、林铁民、朱水涌合作的《世界文学格局中的中国小说》获得“福建省第四届社会科学优秀成果”三等奖。

4.继续对外交流

1999年，厦大中文系加入由北京大学、南京大学发起的，主要由全国部署重点大学中文系组成的“中文系发展论坛”，密切了与兄弟院校的联系，对于开阔本系师生视野，促进人文学科发展，增强学术氛围有着积极意义。

1998年，中文系与北京大学、复旦大学等校中文系和《萌芽》杂志社一起发起“新概念作文大赛”，林丹娅、高波老师分别出任评委和工委，大赛至今已举办了十几届，引起社会各界的广泛关注。

由李如龙老师领衔的汉语言研究中心，积极开展与日本、美国以及港台学者的合作，在2000年成功举办国际合作的东南方言比较学术研讨会、教育部语言学高级研讨班和全国性的百项用词IC学研讨会。

1998年5月，林兴宅教授赴美国参加国际学术会议。

1998年10—11月，李如龙教授赴日本京都大学等十余所高校讲学、访问。

1998年11月，陈世雄赴俄罗斯莫斯科国立文化大学访问。

1999年，周宁赴英国作为期一年的学术访问。

1999年周长楫赴新加坡从事为期一年的合作研究。

1999年6月，中国社科院外文所研究员、《外国文学评论》主编盛宁给全系研究生作了题为“当代西方文论的最新发展”的学术讲座。

1999年10月，中文系邀请《人民文学》常务副总编崔道怡，大连作协主席邓刚，当代知名作家徐小斌、徐坤、周洁茹等与中文系文学社团成员及研究生座谈，对文学创作和当前的中国文学现象等问题作了交流和探讨。

1999年11月，林丹娅赴马来西亚参加国际学术会议。

1999年12月，由厦门市东南亚华文文学研究会、新加坡文艺协会和厦大东南亚华文文学研究中心、海外教育学院联办的第四届东南亚华文文学研讨会在厦大召开。来自新加坡、马来西亚、菲律宾、日本、新西兰等国以及香港澳门地区的作家、学者及国内各单位代表100余人出席会议。中文系还与海外教育学院协作，为来自东南亚各国的学员授予文学学士学位。

2000年，王诺应邀赴美国哈佛大学作为期一年的访问研究。

2000年8月，黄鸣奋应华人企业家陈永栽邀请参加厦大代表团赴菲律宾访问，并作了题为“郑朝宗与钱学”的学术讲演。

2000年年底，由黄炳辉教授提议，菲律宾华人企业家丁德仁捐赠15万人民币，为中文系设立离退休教职工基金。

2000年1月，美国哈佛大学著名教授杜维明为学生作了题为“儒家人文精神及文学对话”的学术报告。

在此期间来校讲学的还有全国莎士比亚学会会长方平编审、海南大学文学院院长余虹教授等。

5.开源节流

为改善办学条件，中文系在职职工开源节流，在朱水涌等老师的具体主持下，通过举办应用型秘书专业自学考试大专班、研究生课程班等形式，取得可观的社会效益和经济效益。1999年，中文系积累的发展资金首次超过百万元的规模，根据国家劳动部实行就业准入制度的需要，中文系还牵头创办“厦门大学职业技能鉴定站”。中文系贯彻为地方“两个文明”建设服务的方针，密切与省、市有关部门的联系，鼓励教师和科研人员进行关于厦门特区文化、周边城市文化和闽台文化的研究。林兴宅教授主持厦门市社会发展研究会的工作，推出光盘、大典等多种成果。退休教师发挥余热，成绩斐然。郭启宗等老教师承担了本系创收的部分管理工作，李熙泰等老师和厦门市有关人士合作编撰《厦门文化丛书》，已经出版24本。

6.本科与研究生教育

在教学改革方面，中文系根据学校部署，制定了汉语言文学专业（本科）新的教学方案，积极为全校开设公共课。

由薛锡振、黎兰等老师执教的“大学语文”课程，在保持传统特色的基础上又有所创新。

中文系还开设“中国古典文学”“现代文学”“外国文学”“电子文艺学”“汉语与中国文化”“大学写作”等6门有特色的面向全校的选修课，每学期选修的学生数多达数千人。郑尚宪等老师的教学效果受到广泛的好评。以此为基础的“高校文化素质课汉语言文学工程”（课题组长朱水涌）于2000年获“福建省优秀教学成果”二等奖。

面向本系开设的专业课也取得新进展，中国现当代文学课程获福建省高校优秀课程奖。朱水涌老师主持的省教改项目“汉语言文学专业面向21世纪的课程体系改革”颇获佳评。

适应近年来网络媒体兴起的形势，系里组织教师参加网络技能培训，开通了中文系网站（由巫汉祥老师负责），着手筹备基于网络的远程教学。

研究生工作开创了新局面。汉语言文字学（即原汉语史）博士点自从1993年黄典诚过世后，一直未招生。1998年李如龙回到中文系后，卓有成效地组织学术队伍、开展学术活动，使汉语言文字学博士点顺利通过评估，恢复了招生。

语言学沙龙常年坚持活动，活跃了学术气氛。

新设的戏剧戏曲学硕士点于1998年开始招生。

原在艺术教育学院的艺术学硕士点也并入中文系，带头人易中天教授到中文系工作。

2000年戏剧戏曲学专业荣获博士学位授予权，这是1987年中文系建立汉语史博士点以来学科建设的重大突破，陈世雄、周宁、郑尚宪等老师为此做出重要贡献。

研究生的教学质量也在不断提高。在学期间，有的研究生出版了学术专著与译著，有的以第一名的成绩同时考取北京大学、复旦大学的博士生。2000年，中文系的硕士生招生规模首次突破30人。本科招生也逐步摆脱90年代中叶以来的低谷状态，在2000年不仅扩大了规模，而且提高了生源质量，新生最低分高出重点线20余分。这些，都为中文系在新世纪扬帆起航创造了有利条件。

第四节 九十年代的学生活动

20 世纪 90 年代以来是中文系蓬勃发展、寻求突破的新时期。在“以学生为本”的管理理念的指导下，中文系的学术、文体、社会实践等课外活动开展得有声有色，丰富多彩的学生生活成为中文系的一大亮点。

一、社团活动

成立于 1981 年的学生社团“矜秋”诗社，于 1993 年改名为“矜秋散文社”，易帜后的矜秋以其强大的亲和力吸引了众多的文学爱好者，其刊物《矜秋》成为全校师生发表散文的重要园地。1998 年，矜秋又高举“文学社”的大旗，成立新的组织机构，登上互联网出版了刊物，组织了各种文学活动。1999 年“矜秋”文学社负责人林有楠(97 级中文系)被评为优秀社团负责人，矜秋得到全校各界的一致好评，以其独特的魅力成为厦大校园中一道亮丽的风景。

南强话剧社自 90 年代起也不断壮大。在 1991 年参加厦门市调演，荣获创作奖与优秀表演奖;1997 年参加厦门市文艺汇演获得两个创作奖。1998 年，在可口可乐公司的大力支持下，成功演出大型话剧《胆剑篇》;同年举行十周年社庆，社庆期间收到北京大学、清华大学、人民大学、北京师范大学的贺电贺信。南强话剧社的成绩得到其他名牌高校的肯定。在从事话剧表演的同时，南强话剧社还积极参与影视节目的制作。1997 年与上海东方电视台合作拍摄节目《香港风情》;1999 年与中央电视台合作拍摄节目《梦想剧场》。2000 年，在西门子公司的大力支持下，话剧社成功举办西门子之夜大型社团颁奖文艺晚会，得到广泛的认可和好评。

1991 年，在庆祝厦大七十周年校庆期间，鼓浪文学社举办“鼓浪文学征文大赛”和“校园文化演讲比赛”，为母校庆典献礼。此外，中文系学生还成立了书法研究会、读书研究会等社团。社团活动丰富了校园生活，锻炼了学生的才干，也成为很多中文人难忘的学生时代记忆。从 1996 年起，由系总支、系团委和系学生会主持，中文系每年都举行一次包含文艺演出、学术讲座、师生座谈交流等内容的文化艺术节，探求素质教育的新形式，学生的课外活动丰富多彩。

二、社会实践

中文系学生在九十年代表现出两大特征，一是社团活动十分活跃；二是学习与开放改革洪流紧密结合。学生们利用寒暑假日及四年级上半年的时间期，或由系里组织，由老师带队，或自己联系实习单位，前往参加工作实践，这也是中文系理论联系实际、学以致用的指导原则的体现。几年来，取得良好的效果。如1992年，中文系组织89级学生配合市文化主管部门对厦门市文化市场进行较全面的综合调查，有的学生还正式发表了调研论文。同年，系学生会与演武小学在厦门首次推出为“希望工程”募捐活动，反响颇大，得到社会各界好评。

三、个人与团体获奖

1999年10月，中文系九八级洪春生同学获“福建省五四新闻大赛”特等奖。鼓浪文学社获98—99年度“全国校园文学优秀社团奖”。2000年，系学生会被评为校级优秀学生会，鼓浪文学社、南强话剧社荣膺“本校优秀学生社团”称号。2000年，洪春生同学获“福建省优秀三好学生”称号，王菲菲同学参加“美在厦门”全国模特精英赛获亚军，王珊同学荣获厦门大学首届主持人大赛“最佳形象奖”。众多的荣誉激发着中文学子更年轻的活力和更丰富的潜能。在中文系所聘请的校外辅导员吴明月、林拓、林美臣、孙忠杰（均为部队老首长）的关心帮助下，1998年，中文系关工委被评为厦门市教育系统关工委先进集体。次年又被评为省教育系统关工委先进集体。

第五节　教授录

1.李如龙

李如龙（1936—　），福建南安人。著名语言学家。1958年毕业于厦门大学中文系并留校任教，自1973年来，先后在福建师范大学、暨南大学中文系任教，

1998年调回厦门大学，为汉语史专业博士生导师。曾任厦门大学汉语语言学研究中心主任，厦门大学学术委员会委员，语文工作委员会副主任，1997年起任国务院第四届学位委员会中文学科评议组成员。在国内外学术团体担任过中国语言学会及汉语方言学会理事、中国应用语言学会及中国地名学会常务理事，福建省语言学会会长，国际中国语言学会、国际客家学会理事等。他用数十年时间调查闽、客、赣、吴等方言及官话方言岛近百点，在广泛调查研究汉语方言的基础上，开展了方言学、音韵学以及地名学、社会语言学、应用语言学的研究，对汉字改革、推广普通话、语文教育等问题也有密切的关注，在诸多领域做出了贡献，有些方面具有前沿性和创造性。主要著述有《闽语研究》《客赣方言调查报告》《方言与音韵论集》《动词谓语句》《客家方言研究》《汉语方言学》《汉语方言的比较研究》数十种。

2.俞兆平

俞兆平（1945— ），福建福清人。著名学者。1979年考入厦门大学中文系读研究生，师从郑朝宗、许怀中两位教授，毕业后留校任教。历任讲师、副教授、教授、文艺学专业博士生导师。曾任《厦门大学学报》（哲学社会科学版）常务副主编、编辑部主任，兼任福建省文学学会文艺理论研究会会长、福建省高校学报协会副理事长、中国闻一多学术研究会理事、中国作家协会会员、中华美学学会会员等。致力于美学、文艺理论、中国现代文学的教学与研究，多在前沿和深度上进行探索和挖掘，数次引发一定范围内的学术讨论，成果受到海内外同行的重视与好评。著述有《诗美解悟》《闻一多美学思想论稿》《现代性与五四文学思潮》《中国现代三大文学思潮新论》《浪漫主义在中国的四种范式》等。

3.吴在庆

吴在庆（1946— ），福建厦门人。著名学者。1970年毕业于北京大学中文系，在江西工作十年，1979年考入厦门大学中文系，师从周祖譔先生攻读中国古代文学硕士学位，1982年毕业留校任教，历任讲师、副教授、教授、历史文献学和中国古代文学专业博士生导师，兼任中国唐代文学学会常务理事、福建省文学学会常务理事。长期从事中国古代文学、文献学的教学与研究，文史并重，考论结合。尤长于唐宋文学与文献，对唐五代诗人与诗歌的系列考辨，解决了很多纠缠不清的具体问题，为进一步研究唐五代文学提供了依据。在此基础上他对唐代诗人的心态与文学关系研究，拓展了唐代文学研究的新领域。著述有《杜牧论稿》《唐五代文史丛考》《唐代文士与唐诗考论》《唐代文士的生活心态与文学》《杜牧集系年校注》《韩偓集系年校注》《韩偓论稿》《唐五代文学编年史》《唐五代文编年史》《唐才子传校笺》等数十种。

4.易中天

易中天(1947—　)，湖南长沙人，著名学者、作家、教育家。1981 年毕业于武汉大学中文系中国古代文学专业，获文学硕士学位并留校任教。1992 年受聘于厦门大学，历任副教授、教授、文艺学专业博士生导师。长期从事文学、艺术、美学、心理学、人类学、历史学等多学科交叉性研究，取得非同一般的成就。2005 年以来，于中央电视台“百家讲坛”主讲《汉代风云人物》《易中天品三国》《先秦诸子百家》等，家喻户晓，风靡全球，开启了一个文化知识向大众普及的新时代。主要著述有《易中天文集》十六卷，包括文学梦想、美学追求、艺术关怀、美学准则、大话国人、闲话两性、城市剪影、看人说人、品评美国、历史人物、中国王朝、三国侧记、三分天下、诸子百家、中国文化、公民中天等十六个板块。另有《易中天中华史》系列数十册，大部分已出版，但尚未全部面世。

5.李国正

李国正(1947—　)，重庆永川人。著名学者。1985 年毕业于厦门大学中文系汉语史专业，留校任教。历任讲师、副教授、教授，汉语言文字学专业博士生导师。曾任厦门大学中文系副主任、中国语言文学研究所副所长、任韩国仁荷大学客座教授、马来亚大学中文系客座教授、马来西亚拉曼大学中华研究院教授。主要从事汉语言文字学研究，创立了生态汉语学，引起学术界的广泛关注。著述有《生态汉语学》《四川泸州方言研究》《古汉语文化探秘》《汉字解析与信息传播》《网络文学的语言审美》《文学修辞学》等。

6.杨春时

杨春时(1948—　)，黑龙江哈尔滨人。著名学者、美学家。1982 年吉林大学中文系文艺学专业研究生毕业，获文学硕士学位。曾任黑龙江省社会科学院研究员、海南师范学院教授。1998 年受聘于任厦门大学，任中文系教授、博士生导师。兼任第九、第十届全国政协委员、中华美学学会副会长等职务。享受政府特殊津贴，获“国家有突出贡献的中青年专家”称号。主要从事美学、文艺学、中国现代文学思潮以及中国文化思想史的教学与研究，建立了自己的“生存—超越美学”体系，成为“后实践美学”的代表，在“文学现代性”以及“文学主体间性”研究方面成就卓著，在新时期以来的美学界、文艺学界产生重大影响。主要著述有《审美意识系统》《系统论、信息论、控制论浅说》《艺术符号与解释》《艺术文化学》《生存与超越》《现代性视野中的文学与美学 》《作为第一哲学的美学——存在、现象与审美》数十种。

7.叶宝奎

叶宝奎(1948—)，福建周宁人。著名学者。1976 年毕业于厦门大学中文系，留校参加《汉语大词典》的编写工作。1978 年师从杨茂勋先生学习理论语言学，1990 年师从本校著名方言音韵学家黄典诚教授学习汉语音韵学，1993 年 9 月获厦门大学汉语史专业博士学位。历任助教、讲师、副教授、教授，汉语言文字学博士生导师。兼任厦门大学海外教育学院兼职教授、中国音韵学会理事、厦门市语言学会会长、马来亚大学语言学院校外学术委员、韩国安东大学中文系研究教授、马来亚大学中文系客座教授。在语言学理论、汉语音韵学等领域，造诣精深。主要著述有《明清官话音系》、《语言学概论》、《现代汉语》(主编)、《普通话语音概说》(韩文版)、《汉语语法》(韩文版)。

8.朱水涌

朱水涌(1949—)，原名朱水永，福建同安人。著名学者。1982 年毕业于厦门大学中文系，留校任教，历任助教、讲师、副教授、教授，中国现当代文学专业博士生导师。行政职务为厦门大学中文系副主任、人文学院副院长、厦门大学教师发展中心常务副主任等。兼任中国比较文学学会理事、中国新文学学会理事和中国当代文学研究会理事、中国作协会员、厦门市作家协会副主席、福建省比较文学学会会长。曾应至邀香港中文大学、新加坡、马来西亚等进行学术合作研究和其他学术活动。主要从事中国现当代文学和比较文学的教学科研，以现当代文学思潮及中西小说比较为主要研究方向，着力于在文化与文学的关系和现、当代文学的关联中探讨文学的发展。主要著述有《诗歌形态美学》《文化冲突与文学嬗变》《世界文学格局中的中国小说》《世纪之交的中国文学》《中国文学：世纪初与世纪末》。

9.黄鸣奋

黄鸣奋(1952—　),福建南安人。著名学者。1982年厦门大学中国文学批评史专业硕士毕业,留校任教,历至教授、特聘教授,为文艺学专业、影视戏剧文学专业博士生导师。曾任厦门大学中文系主任,中国语言文学研究所所长,人文学院副院长,海外教育学院院长,荷兰莱顿大学客座研究员等职,兼任曾任教育部中文学科指导委员会委员、中外文艺理论学会理事、中国文艺理论学会理事、中国古代文学理论学会理事、福建省文学学会副会长。享受国务院专家津贴。主要从事古代文论、文艺心理学、文艺传播学、电子艺术与计算机文化之教学与研究。在电子传媒冲击艺术变革的前沿地带,成为我国最早研究电脑文艺、数字艺术的人文学者之一,以其独创的需要理论和传播六要素学说为基础,沟通科艺、融汇古今,填补了诸多的学术空白。主要著述有《论苏轼的文艺心理观》《艺术交往论》《需要理论与艺术批评》《传播心理学》《超文本诗学》《西方数码艺术理论史》《数码艺术潜学科群研究》《位置叙事学：移动互联时代的艺术创意》数十种。

第八章 守正创新（2001—2011）

伴随着新世纪钟声的敲响，中文系也开始了其新的征程。特别是随着人文学科传统回归、国学热的兴起，厦门大学中文系在语言文字学、古典文学、戏剧戏曲、文艺理论、现当代文学研究等方面成为人文领域的南方重镇。在先后几位系主任黄鸣奋、周宁、李无未的领导下，在一批老中青学者和中文学子的共同努力下，中文系秉持着厦大自由、开放、包容的学风，继往开来，在寂寞中坚守，在喧嚣中出击，用自己独特的方式走过属于自己的新世纪十年。

第一节　与时俱进

2001—2011 年，在国家科教兴国与厦门大学进入全国“211”“985”工程重点院校的背景下，厦门大学中文系经过十年的不懈努力、扎实发展，在学科建设、学术文化交流、人才队伍建设等方面都取得长足进步。

一、领导班子调整

2004 年，中文系原系主任黄鸣奋教授升任海外教育学院院长，原副系主任朱水涌升任人文学院副院长。

周宁教授担任中文系系主任，高波副教授、金美副教授任副系主任。

叶宝奎教授担任中文系党支部书记。

2006 年，林丹娅教授担任中国语言文学研究所所长，李无未教授担任中国语言文学研究所副所长。

2006 年，李晓红副教授担任中文系工会主席。

2006年，金美副教授辞去副系主任一职，王诺教授接任。

2008年，人文学院行政领导班子换届，系主任周宁升任人文学院院长。

李无未教授担任中文系系主任，李晓红教授、王烨副教授担任副系主任。王烨副教授兼任中文系党支部书记。

林丹娅教授继续担任中国语言文学研究所所长。

胡旭副教授担任中文系工会主席。

2010年，李晓红教授担任人文学院副院长。李菁副教授接任中文系副系主任。

两任领导班子承前启后，采取一系列有力措施，做出多方努力，推动与加速学科建设方面的工作。

二、师资变化及相关荣誉

2007年3月，周宁教授带领的团队“20世纪世界汉语语言与文学研究”入选2006年度校级创新团队(文科)。

2007年10月，中文系林丹娅教授当选为福建省作家协会副主席。林丹娅教授还作为福建省代表分别于2001、2006年出席中国作协第六次、第七次代表大会。

2007年，易存国教授入选2007年度“福建省高等学校新世纪优秀人才支持计划”名单。

2007年11月，周宁教授、李无未教授访问北京大学中文系、中国人民大学文学院、中央民族大学少数民族学院，与陆俭明、沈阳、杨慧林等教授座谈，启动厦门大学中文系申报中国语言文学与戏剧戏曲影视学一级学科博士点计划。

2008年11月，陈世雄教授当选中国田汉研究会副会长。

2008年12月，李无未教授当选福建省语言学会副会长。

由于自然升替承接不够及时等种种原因，到世纪之交，中文系师资出现很大问题。一是整体偏老，二是职称偏低，三是人数偏少。时任系领导黄鸣奋教授、朱水涌教授对此进行了大力改进，在师资的晋升、人才引进等方面用力尤重。随后担任系主任的周宁教授、李无未教授，在师资建设方面都花了很大力气。

2001 年

郑尚宪副教授、王玫副教授晋升教授。

引进王承丹副教授及李晓林、赵春宁、苏琼、张世宏等青年博士。

林丹娅教授作为福建省代表出席中国作协第六次代表大会。

2002 年

李菁讲师在职博士毕业，由成人教育学院调入中文系。

引进王烨博士，聘为副教授。

2003 年

王诺副教授晋升为教授。

刘荣平、钱奠香、李菁、苏琼四位讲师晋升为副教授。

李焱博士毕业留系，聘为讲师。

引进郭惠芬博士，聘为副教授。

引进李城希、胡旭、钱建状、郭勇健、陈明娥、肖湛等博士后、博士，皆聘为讲师。

2004 年

巫汉祥副教授晋升为教授。

周湘鲁讲师从外文学院调入中文系。

引进易存国教授。

引进王宇博士，聘为副教授。

引进贺昌盛博士后，聘为副教授。

引进杨惠玲博士，聘为讲师。

杨春时教授当选为中华美学学会副会长。

郑尚宪教授被福建省人事厅、教育厅联合授予“福建省优秀教师”称号。

2005 年

高波副教授晋升为教授。

李晓林、赵春宁、胡旭三位讲师晋升为副教授。

引进李无未教授。

引进苏永延、洪迎华二位博士，皆聘为助理教授。

2006 年

曾良副教授晋升为教授。

肖湛讲师晋升为副教授。

叶玉英博士、王晓红博士毕业留系，皆聘为助理教授。

引进夏光武博士，聘为副教授。

引进郑国庆博士后，聘为副教授。

林丹娅教授作为福建省代表出席中国作协第七次代表大会。

2007 年

李晓红副教授晋升为教授。

杨惠玲、钱建状、李焱三位讲师晋升为副教授。

引进谢泳教授。

引进彭达池博士、张治博士，皆聘为助理教授。

林丹娅教授当选福建省作家协会副主席。

2008 年

王宇副教授晋升为教授。

2009 年

贺昌盛副教授晋升为教授。

引进黄瓒辉博士，聘为助理教授。

引进师雅惠博士，聘为助理教授。

高波教授调离本系。

2010 年

王烨副教授晋升为教授。

李城希、周湘鲁、郭勇健三位助理教授晋升为副教授。

杨慧博士后出站留系，聘为助理教授。

引进芮欣博士，聘为助理教授。

唐琰助理教授调离本系。

三、学术研究与培养体系

中文学科在新世纪面临前所未有的挑战和机遇。伴随着全球化时代和新一轮信息化浪潮的到来，中文系克服困难，与时俱进，不断充实学科研究力量，完善学术研究制度，增强学术研究实力，提高学术研究水平，以此推进加快学科建设。

1.拓宽学术领域

近十年来，中文系各学科在各自研究领域里展开多层面的研究，或开辟新方向，或占据前沿，结出一系列丰硕成果。如文艺学在“超越实践美学”与文学主体间性问题、“现代性”与中国现代文论问题、电脑艺术学与超文本诗学、艺术人类学、中国古代美学、国学思潮、汉学与汉学主义等方面的研究；古典文学在隋唐五代文学、汉魏六朝文学等方面的研究；现当代文学在现当代文学思潮与生成关系、女性文学、性别与文化、革命文学、台湾文学与新媒体等方面的研究；戏剧戏曲学在欧美戏剧思潮、中外戏剧戏曲、中国古典戏剧和东南地方戏剧等方面的研究；比较文学在东西方中国形象学、生态主义文学、外国文学等方面的研究；语言学在汉语音韵学、方言学、辞书学、文字学、语法学等方面的研究，应用语言学在汉语计量词汇学、数据库和语料处理等方面的研究。凡此种种，颇令人瞩目。有些研究甚至具有开创性意义，其研究者也成为国内学科的代表性人物。

2.本、硕、博教育体系

中文系保持传统优势学科的同时，又力图打开学科建设与学术研究的新局面，在全国产生新的学术影响力。在此基础上，学科建设能力大大增强，2000年获戏剧戏曲学博士学位授予点，2003年获文艺学博士点，这是中文系近年来学科建设的重大突破。

除汉语言文字学、戏剧戏曲学、文艺学3个博士点之外，中文系现拥有汉语言文字学、语言学与应用语言学、文艺学、古代文学、中国现当代文学、比较文学与世界文学、艺术学、戏剧戏曲学等8个硕士学位授权点。

同时，中文系根据社会发展新形势，增设汉语言（应用语言学）专业并于2002年开始招收本科生；2004年4月，经批准，新增戏剧影视文学专业，当年秋季开始招收本科生。至此，中文系已有汉语言文学、汉语言文学（师范类）、应用语言学、戏剧影视文学4个本科专业。

2007年8月，国家人事部、全国博士后管委会联合下发文件，公布了全国新设博士后流动站名单，中文系中国语言文学博士后科研流动站获批，李无未教授任博士后流动站站长。学科建设带动了中文系研究生工作的发展，也使得研究生工作迈上一个新的台阶。

博士生导师队伍迅速壮大，近十年通过遴选增列博士导师的教授有：戏曲戏剧学的陈世雄、周宁、黄鸣奋、郑尚宪、李晓红；文艺学的俞兆平、杨春时、易中天、朱水涌、王玫、林丹娅、朱二；语言文字学的叶宝奎、李国正、苏新春、曾良；古典文献学的吴在庆等。他们在学科发展和博士研究生培养等工作上倾其所能，功不可没。

3.教学建制与研究建制

中文系在教学建制上拥有汉语言文字学、语言学与应用语言学、文艺理论、古典文学、现当代文学、戏剧学与艺术学、外国文学等7个教研室。

在研究建制上拥有中国语言文学研究所、厦门大学语言技术中心、厦门大学汉语语言研究中心、厦门大学汉语言文字学应用推广研究中心、厦门大学东南亚华文文学研究中心、厦门大学戏剧影视与艺术学研究中心、厦门大学比较文学与世界文学研究所等研究机构。

由中文系管理的鲁迅纪念馆，是国内五大鲁迅纪念馆（博物馆）之一。

2004年3月6日，经国家语言文字工作委员会、福建省教育厅、福建省语言文字工作委员会批准，中文系设立厦门大学普通话培训测试站。

2004 年 12 月，中文系筹建“厦门大学语言学”网站。

2005 年，“戏剧研究网”由中文系创办，这是我国首个以学术研究为主的戏剧类网站。

2005 年 6 月，教育部语言文字信息管理司决定在厦大设立国家语言资源监测与研究中心教育教材语言分中心，并于 6 月 20 日授牌。

2006 年 1 月 6 日，挂靠在厦大中文系的国家语言资源监测与研究中心教育教材语言分中心举行揭牌仪式、学术委员会和管理委员会的成立仪式。学术委员会成员由语言学界、语文教育学界、对外汉语教育界等领域的国内知名专家学者组成。管理委员会由厦门大学中文系等有关院系部门及厦门市语委办的人员组成。该中心的成立有力地推动本系应用语言学的学科发展。

在全系上下向心凝聚，开拓进取，积极追求，努力工作下，中文系近十年无论从教师出版的著作和发表的论文上，还是从获得的国家、省、部级社科基金等纵向项目与地方上的横向课题；无论是从获得的优秀成果奖还是从发表的著述质量，都达到历史新高度，显示出可喜的发展态势与欣欣向荣的面貌。

第二节　学术交流与学科建设

一、学术交流

近年来，中文系与国内外同行的交流规模不断扩大、层次不断深入，每年均有国际性、全国性大型会议在中文系召开。这些会议的召开，不仅使中文系参与研讨学科前沿问题，也扩大了在学术界、教育界的影响。此外，中文系教师出国、出境讲学、研究、进修的人员也越来越多。同时，中文系诸多教师都在人文学院举办的人文系列讲座中多有作为，展示了各自的研究成果，彰显了独到创新的学术思想。

此外，中文系这十年来还敦聘知名专家、学者钱中文、曾繁仁、童庆炳、詹福瑞、邵建寅、胡从经、周颖南、陆文虎、曾永义、许总等为中文系兼职教授，使得中文系在学界的影响力进一步提升。为了加强研究生的培养、活跃学术氛围，中文系除了聘请国内外知名专家学者前来开设讲座，还鼓励各个专业坚持开设专业学术沙龙，如具有深厚传统的语言学沙龙和 2009 年开设展开的文艺学前沿沙龙等。

同时，中文系老师也在众多学术领域担纲重任，贡献了自己的力量。

2004 年 3 月，中文系杨春时教授在中华美学学会第六届理事会选举中，当选为中华美学学会副会长。

2005 年，中文系易中天教授在中央电视台“百家讲坛”开讲《汉代风云人物》，因其幽默风趣，辩才无碍，内容通俗，老少咸宜，而受到全社会追捧。

2006 年，易中天教授在中央电视台“百家讲坛”，开讲《品三国》，以人讲事，以事说人，从中透析历史事件的本质并点评阐释普遍的人性，越发引爆社会，知名度激增，遂至妇孺皆知，极大地提升了厦门大学的声誉。

2006 年 8 月，中文系工会组织部分教师赴甘肃、青海、西藏等地进行学术考察，林丹娅老师具体负责此项工作。

2007 年 3 月，周宁教授带领的团队“20 世纪世界汉语语言与文学研究”入选 2006 年度校级创新团队(文科)。

2007 年 10 月，中文系林丹娅教授当选为福建省作家协会副主席。林丹娅教授还作为福建省代表分别于 2001、2006 年出席中国作协第六次、第七次代表大会。

2007 年，易存国教授入选 2007 年度“福建省高等学校新世纪优秀人才支持计划”名单。

2007 年 11 月，周宁教授、李无未教授访问北京大学中文系、中国人民大学文学院、中央民族大学少数民族学院，与陆俭明、沈阳、杨慧林等教授座谈，启动厦门大学中文系申报中国语言文学与戏剧戏曲影视学一级学科博士点问题。

2008 年 11 月，陈世雄教授被选为中国田汉研究会副会长。

2008 年 12 月，李无未教授当选为福建省语言学会副会长。

2008 年 8 月，我系工会组织大部分教师赴云南昆明、大理、丽江及香格里拉地区进行学术考察，李晓红老师具体负责此项工作。

2010 年 4 月，王诺教授出任牛津大学出版社“牛津学术期刊”和国际学术刊物《文学与环境跨学科研究》(ISLE)期刊编委。

2010 年 8 月，我系工会组织大部分老师赴甘肃敦煌、嘉峪关，以及新疆乌鲁木齐、吐鲁番、哈密、喀纳斯湖、天山、克拉玛依等地进行学术考察。

二、学科建设

近年来，中文系整合资源，进行跨系所、跨学科合作，加强学科队伍的建设。在重点学科建设上成绩突出，富有特色，优势明显。

1.文艺学

厦门大学中文系文艺学学科传统悠久，实力雄厚，创始人郑朝宗老师开“钱(锺书)学研究”之先河，在国内外学术界产生广泛影响。林兴宅教授为文艺批评方法之开拓者。该学科主要有三个研究方向：一为文艺学原理与西方文论。学术带头人杨春时教授为中华美学学会副会长，在美学界和文艺理论界有重要影响。杨春时教授主持国家社科项目“现代性与20世纪中国文学思潮”等，著有《系统美学》及国家规划教材《美学》等。易中天教授为著名学者，著有《艺术人类学》等。还有李晓林、肖湛等副教授及其研究成果。二为文艺传播学。学术带头人黄鸣奋教授近年来关注计算机与网络技术对文艺变革的推动作用，开创电脑艺术学学科，主持国家社科项目“超文本之兴：信息科技与文学变革”等，著有《数码艺术学》等。还有陈嫵如、巫汉祥等教授及其研究成果。三为中国文论。学术带头人俞兆平教授从“现代性”角度研究中国现代文论与思潮，其《写实与浪漫》《现代性与五四文学思潮》等专著与论文有一定影响。易存国教授在古代美学研究方面颇有建树，主持教育部社科项目“作为非物质文化遗产的中国艺术研究”等，著有《敦煌艺术美学》等。还有贺昌盛教授、郑国庆等副教授及其研究成果。

2.汉语言文字学

中文系汉语言文字学学科自林语堂、周辨明等创始发展至今，已形成享有国内外学术声誉的研究重镇。该学科主要有三个研究方向：一为汉语音韵学。学术带头人李无未教授近年来在重要期刊上发表论文30余篇，在日本汉语音韵学研究史等方面的研究居国内领先。李无未教授主持国家社科项目“宋元吉安方音研究”等，著有《音韵文学与音韵学史》等。叶宝奎教授主要从事近代汉语官话语音研究，著有《明清官话音系研究》等。还有叶玉英、郭建花等副教授及其研究成果。二为汉语方言学。学术带头人刘镇发教授主要研究客、粤语等，主持国家社科项目“斯氏200词与闽粤赣方言年代亲缘关系的计算研究”等，著有《香港原居民客语》等。李如龙教授是著名语言学家，近年又出版新著10余种，发表论文40余篇，主持国家社科项目“中古到现代汉语语音演变研究”等。还有钱奠香、李焱等副教授及其研究成果。三为汉语训诂学与汉语文字学。学术带头人曾良教授，其研究涉及佛教与敦煌文献、训诂学、汉语俗字学等领域，著有《敦煌文献字义通释》等。还有林寒生教授、王颖、陈明娥等副教授及其研究成果。

3.比较文学

中文系在比较文学领域有着长期的研究传统。20世纪80年代初中国比较文学学会成立，厦大中文系是发起单位之一。应锦襄教授作为副主编，具体负责高等学校统编教材《中西比较文学教程》的编写。中文系还参与编写了另一部重要且被广泛使用的教材《比较文学史》。

福建省比较文学学会也由厦大中文系发起创立，并由本系教师担任会长。该学科主要有三个研究方向：

一为比较文学形象学。学术带头人周宁教授从事比较戏剧学、比较文学形象学研究，著有《天朝遥远——西方的中国形象研究》等，其《西方的中国形象史：问题与领域》等多篇论文被《新华文摘》转载，主持教育部人文社会科学重大项目、国家社科艺术学重点项目等课题多项。吴建平教授从事中西跨文化和语言与文学跨学科研究，主持欧盟项目“面向21世纪的跨文化互动”。

二为欧美文学。学术带头人王诺教授的生态文学研究在国内领先，著有《欧美生态文学》等，主持国家社科项目“生态批评的困惑与解惑”、国家规划教材《欧美生态文学》等。还有李美华教授、夏光武副教授及其研究成果。

三为文学人类学。学术带头人彭兆荣教授长期从事比较文学的跨学科研究，是国内文学人类学研究开创者之一。在《中国社会科学》上发表多篇论文，主持国家社科项目和文化部项目等多项，著有《文学与仪式》等。冯寿农教授从事中法比较文学与文化研究，主持国家社科项目“法国文学批评史”等，著有《文本·语言·主题——寻找批评的途径》等。

4.中国现当代文学

中文系中国现当代文学学科积淀深厚，其悠远的学统可追溯至曾在中文系任教过的中国现代文学巨擘鲁迅和现代文学名家林语堂、孙伏园、川岛、施蛰存、徐霞村等人。自20世纪50年代开始设立中国现当代文学学科，迄今已有50余年的历史。

20世纪50年代，郑朝宗、徐霞村两位教授开始在中文系讲授中国现代文学课程，是全国最早讲授中国现代文学的学者，培养了不少全国著名的现代文学专家学者。该学科主要有三个研究方向：

一为中国现当代文学思潮。学术带头人朱水涌教授关于现当代文学关系的研究颇受学界关注，主持国家社科等课题多项，著有《世纪之交的中国文学》等。谢泳教授的知识分子问题研究具有思想史研究的独特视角，《储安平与〈观察〉》等论著开辟了学科研究的新思路。高波教授是国内第一个出版海子诗歌研究专著的学者。王烨教授的革命文学研究在学界有一定影响，李城希副教授、张治博士的研究成果亦值得关注。

二为台港澳及东南亚华文文学。学术带头人朱二教授是中国世界华文文学学会学术委员会副主任，《台湾研究集刊》副主编，主持国家社科基金、教育部重大课题等多达59项，著有《台湾文学思潮与渊源》等。还有徐学、郑楚、郭惠芬副教授及其研究成果。该方向是教育部人文社科重点研究基地台湾研究中心和东南亚研究中心以及"211""985"工程台湾问题研究、东南亚问题研究的重要组成部分。

三为女性文学/性别研究。学术带头人林丹娅教授是女性文学研究知名学者，主持国家社科项目"台湾女性文学史"等，主编国家规划教材《女性文学教程》，其专著《当代中国女性文学史》与论文《中国女性文化——从传统到现代化》有一定影响(SSCI收录)。王宇教授是近年有突出研究成果的中青年学者，著有《性别表述与现代认同》等。还有李晓红教授及其专著《面对传统的张爱玲》等。

5.中国古代文学

厦门大学建校之初就重视国学教育，古典文学有深厚的学术传统。该学科主要有三个研究方向：

一为先唐文学。学术带头人王玫教授致力于六朝文学研究，主持国家社科基金项目等课题，著有《六朝山水诗史》等著作6部，发表论文70余篇。胡旭副教授著有《汉魏文学嬗变研究》等著作，主持国家社科项目"先唐别集叙录"，结项成果得到全国哲学社会科学规划办公室的表彰。

二为唐宋文学，学术带头人吴在庆教授从事唐代文学研究，主持教育部及全国高古委等课题6项，著有《杜牧论稿》等专著17部，发表论文250余篇，获第四届国家图书奖等奖项。还有刘荣平、李菁、钱建状、洪迎华等教师及研究成果。

三为元明清文学。学术带头人郑尚宪教授致力于元明清文学和古典戏剧戏曲学研究，主持全国艺术规划项目"莆仙戏史论"等，著有《文苑明珠》等，获第三届全国高校人文社科优秀成果一等奖，还有王承丹、张世宏等教师及其研究成果。

6.语言学与应用语言学

中文系语言学与应用语言学学科充分发挥综合大学多学科优势，紧密结合社会发展的需要，取得显著成果。教育部与厦门大学共建"国家语言资源监测与研究中心教育教材分中心"，近年来厦门大学投资200万建立"厦门大学语言技术处理中心"。该学科主要有三个研究方向：

一为应用词汇学。学术带头人苏新春教授近年来主要开展词汇规范、辞书语言等方面研究，主持国家社科项目等多项，有《汉语释义元语言研究》等。郑泽芝副教授承担"基于大规模真实文本的汉语字母词语分类考察"等多项运用计算机数据库技术进行词汇研究的国家和省部委项目，并发表论文多篇。

二为对外汉语教学。学术带头人卢伟教授被教育部聘为"中美网络语言教学项目专家"，主持国家汉办项目"乘风汉语课件脚本编写"等，其论文《基于网络的英汉双语平行语料库的制作与应用》代表中国远程第二语言教学的先进水平。还有陈荣岚、耿虎等教授及其研究成果。

三为比较语言学。学术带头人邓晓华教授主持的"中华南方民族的起源及形成"，获准作为国家哲学社会科学规划重大课题立项，另还主持教育部社科项目等课题多项，其论文《壮侗语族语言的数理分类及其时间深度》在学界有一定影响，还有金美副教授及其研究成果。

7.戏剧戏曲学

该学科重在研究戏剧文学，主要有三个研究方向：

一为戏剧理论与历史。学术带头人陈世雄教授致力于该领域研究多年，著有《西方现代剧作戏剧性研究》《现代欧美戏剧剧史》等，获国家社科基金项目优秀成果奖，主持教育部博士点基金项目、全国艺术科学规划项目“20 世纪东西方戏剧的交流与互动”等。

二为古代戏曲研究。学术带头人郑尚宪教授在古典戏曲典籍和喜剧研究方面独具特色，其近年来开展莆仙戏等福建地方戏剧种的研究，受到国内学术界瞩目，著有《兼具众美的中国戏曲》等。詹石窗教授研究道教戏剧，著有《道教与戏剧》等。还有赵春宁、杨惠玲等副教授从事《西厢记》版本研究与明清家班研究等。

三为闽台地方戏剧研究。学术带头人陈耕教授主要从事闽台民间戏曲研究，其著《歌仔戏史》获“文化部五十年艺术科研成果奖”三等奖。该方向利用厦门大学地缘人缘优势，研究海峡两岸、闽台两地的戏曲剧种，在闽台歌仔戏、高甲戏研究、莆仙戏研究、莆仙戏与宋元南戏地域文化关系、台湾现代戏剧研究等方面都有重要发现，在戏剧文学界有重要影响。

第三节　鲁迅研究走向深入

在中国现代文学史上，鲁迅是永远的话题。而在厦大中文系，鲁迅则更像是一个文学的“影”[①]，冥冥中萦绕着身处其中的学人。从 1926 年 9 月 4 日抵达厦门，鲁迅开始了他一生中最纯粹的一段学院生活。在厦大的 130 多天的日子里，他担任国文系教授和国学研究院研究教授，教授了“中国小说选”和“中国文学史”两门课程，支持学生创办了泱泱社和鼓浪文学社，写下 17 万多的文字。从 20 世纪以来，厦大中文系对鲁迅的纪念、研究活动从未停止过，也获得一系列令人瞩目的学术成果，还拥有唯一的位于高校的鲁迅纪念馆。进入 21 世纪，在一个个的历史变局和精神历程中，鲁迅的创作和思想又会有怎样的时代价值和现实意义？厦大中文系一直在努力和探索。

---

① 鲁迅：《影的告别》，《鲁迅全集・第二卷》，人民文学出版社 2005 年版，第 169 页。

一、学术讲座和征文

2001年9月22日，为纪念鲁迅先生诞辰一百二十周年，由校党委宣传部、团委、学生会、人文学院主办，中文系承办的福建省大学生“鲁迅在我心中”征文大赛颁奖仪式于9月22日在博学报告厅举行。大赛旨在弘扬鲁迅精神，引导学生认识并思考鲁迅精神的时代价值与现实意义，展现福建省大学生的文学品位及青春风采。中文系九八级涂洪长的散文《痛觉的意义》荣获一等奖，99级曾臻等6人获二等奖。朱水涌教授还为全校师生作题为“鲁迅在厦大——一个伟大生命在厦门的生活、爱情、工作和心态”的学术讲座。2002年5月20日，北京大学博士生导师、前国务院文科评议委员严家炎教授应邀来厦大，晚上在鲁迅馆会议室与中文系师生进行座谈，作了题为“鲁迅的复调小说”学术演讲。2009年6月22日，吉林大学文学院院长张福贵教授为中文系师生作题为“鲁迅离我们有多远”的讲座。一系列学术报告不仅深化了中文学子对鲁迅先生作品及精神的理解，也为其在新的时代语境下思考鲁迅的时代意义有所启示。

二、鲁迅纪念馆与学术研讨会

自20世纪50年代成立鲁迅纪念室到“文革”结束扩建为鲁迅纪念馆，中文系对鲁迅馆的建设工作一直不遗余力。厦大鲁迅纪念馆凭借独特的展览风格以及依托本校中文系推出的一系列鲁迅研究成果在社会上知名度日益提升。

2003年10月，鲁迅纪念馆再度向游客开放。经过培训，中文系全体学生党员及入党积极分子负责各个展室的讲解工作。同时，《鲁迅纪念馆馆讯》创刊号与读者见面。同年11月，为配合党支部立项工作的开展，《鲁迅纪念馆馆讯》正式刊印发行。随后，中文系学生会宣传部在《厦门大学报》刊发《弘扬鲁迅精神传播先进文化——中文系党支部立项工作进展顺利》的专题通讯。

2004年4月30日下午，鲁迅先生的长孙周令飞先生，在校党委副书记、副校长潘世墨、中文系主任周宁的陪同下，参观了鲁迅纪念馆，并就21世纪如何了解鲁迅精神、文化鲁迅与学术鲁迅以及如何传播等话题与中文系部分教师、研究生展开讨论。

2005年4月，在厦大八十四周年校庆之际，应朱崇实校长的邀请，鲁迅之子周海婴先生携夫人、长孙周令飞先生及夫人一行四人，来校参加校庆活动，中文系隆重而热烈地接待了周海婴先生等人。4 月 7 日下午，学校敦聘周海婴先生为鲁迅纪念馆名誉馆长的仪式在鲁迅纪念馆会议室举行，校党委副书记、副校长潘世墨向周海婴先生颁发了聘书并赠送纪念品。周海婴也向鲁迅纪念馆馈赠了珍贵的史料：鲁迅在厦大寄给许广平的明信片、鲁迅即将离开厦大时与林语堂等人的合影、鲁迅与许广平通信《两地书》手稿的复制品。随后，周海婴先生一行参观了鲁迅纪念馆各展室，与中文系师生进行了座谈。4 月 8 日下午，周海婴、周令飞先生与中文系商讨有关鲁迅纪念馆建设问题。

2006 年 4 月，为纪念鲁迅逝世七十周年和到厦大任教八十周年，在周海婴先生的支持及上海鲁迅纪念馆的大力协助下，鲁迅纪念馆重新进行整修和布置。纪念馆现有 5 个展室，第一室简要回顾鲁迅的人生轨迹及思想历程；第二室陈列鲁迅在厦门时的历史文物资料；第三室是“鲁迅与许广平”专题展览；第二、三室是全馆的展出重点，也是有别于全国各馆的地方。第四室辟作纪念室，展有镇馆之宝——1936 年鲁迅先生逝世后厦门文化界举行悼念活动所用的五副挽联和挽幛；第五室为鲁迅故居，室内摆设按鲁迅当年居住时的原貌布置。

2006 年 4 月 3 日上午，由厦门大学主办、中文系承办的“鲁迅纪念馆重修开馆仪式暨鲁迅国际学术研讨会”在鲁迅纪念馆举行。出席开馆仪式的校领导有厦门大学校长朱崇实，党委副书记、副校长潘世墨，副校长李建发。出席现场的嘉宾有厦门市委副书记、市政协主席陈修茂，市委常委、宣传部长洪碧玲，市政协副主席桂其明，福建省文联主席、原中共福建省委宣传部副部长许怀中，厦门市文联党组书记张平，鲁迅先生之子周海婴、孙子周令飞，日本福田日中友好协会理事、鲁迅家庭世交佐藤明久，著名鲁迅研究专家、法国高等社会科学院研究员王剑，韩国外国语大学中国研究所所长朴宰雨，中国现代文学研究会会长王富仁，北京大学中文系教授孙玉石，中山大学现代文学史专家黄修己，厦门地方史专家洪卜仁，北京鲁迅博物馆馆长孙郁及其他鲁迅纪念馆馆长，以及出席鲁迅国际学术研讨会的国内外专家等。开馆仪式由人文学院副院长朱水涌主持。开幕式上，潘世墨、洪碧玲、周海婴、鲁迅研究专家代表孙郁分别致辞。朱崇实、潘世墨、李建发、陈修茂、洪碧玲、周海婴、许怀中、王富仁、孙玉石、孙郁等为厦门大学鲁迅纪念馆重修开馆剪彩。其间还举行了由厦门大学主办、中文系承办的“鲁迅国际学术研讨会”。应邀参加研讨会的国内外代表共有 70 余人，主要是国内外著名的鲁迅研究专家。在三天的会议中,代表们就“鲁迅在厦门”“鲁迅与中国文化省思”“国内外鲁迅研究回顾与今后的开展”等议题进行深入的探讨。

2008 年 10 月日本东北大学的代表向鲁迅纪念馆赠送“鲁迅医学笔记·脉管学”翻印本。

2009 年 9 月,中文系与日本东北大学、北京鲁迅博物馆联合主办的“中日视野下的鲁迅”国际学术研讨会,于 9 月 23 日至 26 日在厦门大学举行。会议主要有三个会议论题。一是“鲁迅与日本”;二是“鲁迅与中国现当代文学”;三是“性别视角下的鲁迅”。近 90 位中日两国著名的鲁迅研究专家、青年学者与会。鲁迅之孙周令飞、藤野先生之孙藤野幸弥也前来厦门参会,并就鲁迅与日本、鲁迅与藤野先生、鲁家与藤野家族等情谊进行对话。日本东北大学的鲁迅研究课题组成员带来关于鲁迅在仙台时期《医学笔记》的最新研究成果。在此期间还召开了 2009 年全国鲁迅纪念馆馆际交流会,来自北京、上海、南京、绍兴、广州等地的鲁迅纪念馆同仁聚首厦大,就当前鲁研工作的最新动态、文物资料的征集与保护、免费开放对策和措施、馆际互助联动与跨区域学术交流等议题进行了广泛交流和探讨。同年,鲁迅纪念馆被厦门市委宣传部和厦门市社科联命名为“厦门市社会科学普及教育基地”。

第四节　本科课改与学生培养

中文系历来十分注重人才培养的科学性和现实性,不断深化教学改革,调整课程设置、教研室建设和人才培养方案,取得丰硕的成果。

一、课程改革

进入新世纪,为配合学校课程建设,中文系学生课程学习方式进一步改革。2001 年 12 月,人文学院作为试点实行学院内部开设互通选修课,选修课于第 17—22 周开课,对象为 1999 级和 2000 级本科生。开设课程有“文学”“新闻学”“史学”“哲学”等 42 门,每位学生限选三门,期末参加考试,取得相应学分。原有的专业课在 17 周之前全部结束。中文系教师在本次选修课中共开出 7 门课程,受到学生的欢迎。

中文系从 2004 年起，每年以系列讲座的形式为一年级新生开设“学科导论课”“语言文学新视野”，该课由全系各位教授结合自己的专业特点和研究经验，向中文系新生介绍语言文学研究的基本领域和基本方法，展示语言文学研究的奥秘和乐趣，让新生对中文系的学科构成有所了解，激发出他们从事语言文学研究的兴趣。该导论开设至今取得良好的效果，后结集成同名图书出版。

在这十年中，中文系教学改革与精品课程建设取得令人瞩目的成果。

2000 年 11 月 28 日，中文系文化素质课汉语言文学课程组获校教学成果一等奖，参加者包括朱水涌、黄鸣奋、郑尚宪、王诺、巫汉祥、苏新春、林宝卿、高波、李晓红。

李国正教授的《古代汉语文化探秘》(教材)获校教学成果奖二等奖。

2001 年 3 月，朱水涌、黄鸣奋、郑尚宪、王诺、巫汉祥等完成的“高校文化素质课汉语言文学工程”，荣获 2001 年福建省优秀教学成果二等奖。

2005 年 3 月，中文系“文学概论”“写作”“语言学概论”三门课程获校级第二批精品课程。

2006 年 6 月，“中国文学史”“大学语文”“中国现当代文学史”三门课程获校级第三批精品课程。

2006 年杨春时教授负责的“文学概论”，林丹娅教授负责的“写作”，获省级精品课程。

2007 年 4 月，叶宝奎教授负责的“语言学概论”获省级精品课程。

2008 年朱水涌教授负责的“中国现当代文学史”获省级精品课程。

2009 年 10 月，杨春时教授负责的“文学概论”获得国家级精品课程，是中文系国家级精品课程零的突破。

由此可见，厦门大学在本科教学评优工作中取得的优异成绩，有中文系的一份突出贡献。

二、交换培养

与国内外高校“交换培养本科生”是中文系近年来本科生培养方案中又一有力举措，中文系积极参与此项工作。2002 年，根据厦大与山东大学签订的“关于交换培养本科生的协议书”，中文系确定第一批赴山东大学交换生名单，他们在山东大学进行为期一学期的学习。此后，中文系每年都选送一批本科生与山东大学进行互换培养。同时，中文系每年都选送优秀学生赴韩国仁荷大学及香港、台湾地区的知名高校进行交流活动。

三、强调实践

此外，为了适应新的国情，面对大学生就业难的严峻事实，中文系在人才培养方面，注重培养兼具理论能力与实践能力的人才，尤其鼓励学生参与校内外的实践活动、文化活动和文艺创作。2001 年中文系与厦门市思明区厦港街道办事处共建厦港社区文化实习基地。98 级 20 名本科生于 8 月 27 日至 10 月 25 日到基地进行实习。学生们借助社会实习机会，了解社情、民情、国情，参与社区文明建设，推动了社会文化的发展。2003 年，在我校学生暑期社会实践表彰大会上，中文系安溪社会实践小分队获“省级优秀实践小分队”称号。2004 年 3 月 24 日，由中文系团总支实践部牵头筹划，02 级师范班承担执行的与演武小学共建“文化实践基地”挂牌仪式暨演武小学“校外辅导员聘请仪式”顺利进行。此外，中文系还根据专业特色和需要，联系了报社、电视台等新闻媒体以及其他文化事业单位作为中文系学生的社会实践基地，使学生尽快适应社会，学以致用。

第五节　学生活动

进入 21 世纪，高校的学生活动更加自由开放，生气勃勃。学校社团林立，活动频繁，这其中都少不了中文人的身影。2001 年以来，中文系本科生在厦门大学各届班级全能大赛中都取得不俗的成绩。2003 年以来，中文系学生还积极参加全国大学生电影节、全国大学生戏剧节等全国性学生文化活动。

一、学术沙龙

为了加强学生的学术素养，活跃学术氛围，中文系鼓励各个专业坚持开设专业学术沙龙，如具有深厚传统的语言学沙龙和文艺学前沿沙龙等。

厦大语言学沙龙为厦大语言学专业主办的学术性讨论会，惯例固定每周一晚上举办。沙龙的宗旨是为语言学专业学生提供学术讨论、交流的平台。主讲人、参与者主体都为厦大语言学专业学生，一期沙龙分为两个部分：首先由主讲人就一个主题作报告，然后同学们就自己关心的问题提问并展开讨论。形式以讨论为主，内容贴近同学，气氛活跃。沙龙紧跟学术前沿，不定期地邀请国内外著名专家学者就学术前沿问题作专题讲座，已邀请到李如龙教授、叶宝奎教授、周昌乐教授、王铁琨副司长、苏新春教授、黄居仁教授、申小龙教授、王惠教授等几十位知名学者带来精彩讲座。

文艺学前沿沙龙是由中文系文艺学专业与厦门大学中国语言文学研究所联合举办的，主要目的在于追踪最新学术动态，交流学术成果，培养浓厚的学术气氛。沙龙于每月第一周的星期四晚上在人文学院举行。每期活动围绕一个主题，邀请系内外专家主讲并展开讨论，参与主体有各专业研究生、中青年教师等。迄今为止已有俞兆平、杨春时、谢泳、周宁等知名教授进行专题讲座和讨论，师生之间的思想交锋和话语互塑为广大中文学子带来学术上的盛宴。

学术沙龙是一个开放的交流平台，让学生们在交流互动的过程中得到有益的思想启发，拓宽学术视野。与此同时，中文系学生借助于人文学院开展的读书会以及电子杂志《墨乡》等平台，积极参与学习心得交流，踊跃发表自己的作品，活跃了学习氛围。

二、戏剧演出

中文系学生发挥学科特长，其文艺创作不断丰富着校园文化，在社会上、学界取得一定影响。话剧演出这 中文系长盛不衰的特色活动，更是备受瞩目。2002 年话剧《青春摇滚》、2004 年经典话剧《我们的小镇》、2006 年叙事体戏剧《诚毅人生：陈嘉庚》、2006 年实验话剧《戈多，等等》、2010 年的校园青春话剧《日租房》……中文系学生创作的作品，获得不少殊荣。

此外，配合学术研究的中文系性别与文学团队发动全校学生参加编演的一系列“女性主义戏剧”，包括《阴道独白》《美人计》《日出》《风语》等，引起校内外媒体的广泛关注。2008 年 6 月，由 2004 级中文系戏剧影视文学班主创的第一届毕业大戏《来不及了》在建南大会堂上演，开创厦大"毕业大戏"先河，引起校内外的强烈关注，也使得"毕业大戏"成为厦大新的校园文化景观。从此，"毕业大戏"成为中文系戏文专业同学走上建南大舞台实现梦想的重要契机。此后，戏文专业同学的创作热情被不断激发，自编、自导、自演"毕业大戏"，2008 年的《来不及了》，2009 年的《艾克斯与五个谎言》，2010 年的《过去将来时》，2011 年的《东方三次方》……在老师的指导下，取得一定的影响和成绩，也成为厦大备受关注的又一学生文艺活动。

中文系每年一度的毕业大戏，吸引越来越多人的参与和关注，校内外的戏剧爱好者和有志者也参与进来，由此催生"中文有戏"演出季。

2010 年 5 月，中文系举办第一届"中文有戏"演出季，集合多台以中文系学生为主创的大戏，厦门猫剧团的《日出》、厦门芳草越剧团的《梁祝》、中文系性别与文学团队创作的《风语》、中文系原创话剧《日租房》、原创实验话剧《渡》、06 级中文系毕业大戏《过去将来时》《南强雅韵》戏曲专场等，令广大师生大饱眼福，形成了规模效应和不凡影响，在厦大校园里和社会上掀起了一股"看戏、赏戏、评戏"的热潮。

2011 年，中文系规划更大规模、更为成熟的第二届"中文有戏"演出季，配合厦门大学建校九十周年和厦门大学中文系建系九十周年的盛会。演出季为期 12 天，上演了 8 台 9 场以厦大中文系学生为主创的大戏。剧目题材丰富，既有新鲜出炉的原创校园戏剧——07 级中文系的毕业大戏《东方三次方》、09 级中文系原创话剧《天剩我才》和中文系原创实验话剧《斯德哥尔摩》，也有对经典剧目的重新诠释——美国剧作家桑顿怀尔德的经典力作《我们的小镇》和多次排演的校园精品话剧《日租房》（第四届福建省艺术汇演获奖作品），还有致力于弘扬传统曲艺的"南强雅韵"精品工程——《南强雅韵・博乐相声大会》和《南强雅韵・京剧专场》等戏曲曲艺专场，在剧目方面可谓原创与经典、先锋与传统并举。

此后，"中文有戏"已经与每年一度的毕业大戏有机融合，成为打造厦大校园文化建设的新名片，全面展示厦门大学培育学生多方面才华的实绩。

三、DV 作品

近年来，学生原创电影在一些高校悄然兴起，逐渐成为高校的又一文化热点。厦门大学中文系戏剧影视文学专业成立以来，每学期一次的“DV 剧”展播形成 DV 创作的风潮和传统，学生作品正逐步走向成熟，成为重要的专业招牌。有的同学甚至开始尝试 DV 电影创作。

2008 年 11 月，由中文系 2006 级本科生陈斯嘉编导的原创电影《羽化成烟》在克立楼多功能厅展映，引起热烈反响，为厦门大学学生原创电影这一事业添上浓墨重彩的一笔。

第六节　庆典与赞助

一、八十周年系庆

2001 年 4 月 5 日，中文系迎来八十周年华诞。来自海内外的近 400 名中文学子参加了上午在厦门文联大厦举行的中文系建系八十周年庆祝大会。省政协副主席何少川、厦门市委宣传部副部长罗才福等省市领导以系友的身份参加系庆。庆祝大会由副系主任朱水涌主持，系主任黄鸣奋回顾了中文系八十年来走过的光辉历程，向系友介绍中文系近年来取得的科研成就及今后的发展目标和方向。副校长朱崇实代表学校出席庆祝会并致贺词。会上同时举行了菲律宾华人企业家丁德仁为中文系离退休老教师捐赠人民币 15 万元活动基金的仪式以及“虞愚奖学金”颁奖仪式。下午系友们参加了中文系未来发展座谈会，系友蔡厚示、林荣华，中文系博导李如龙等在会上发言。晚上举行联欢晚会，由中文系师生以及系友自编自演的精彩文艺节目，把庆典活动推进了高潮。

二、捐资助学

十年来，中文系发展受到诸多海内外有识之士的热心支持。2002 年 4 月 12 日，中文系在嘉庚主楼二楼会议室举行了丁德仁奖学金(首届)、虞愚奖学金颁奖典礼。丁德仁奖学金是菲律宾著名企业家、华人儒商丁德仁为中文系特设的专项奖学金，旨在发扬中华传统文化的优秀传统和爱国主义精神，勉励中文系学生为祖国富强而勤奋学习、积极创新。该奖每学年评奖一次，奖金为每人 2 000

元，至今已颁奖10次。丁德仁奖学金、丁德仁助老基金成为中文系专项奖学金。丁德仁先生这种捐资助学的“嘉庚精神”，不断勉励着中文系师生勇于求知，为发扬中华传统文化而自强不息。2004年，厦门市金榜山紫竹林寺慈愿小组，从2004年2月起资助中文系02级、03级本科贫困生三人，每人每月资助200元，直到他们毕业为止。

第七节 教授录

1.苏新春

苏新春(1953—)，江西南昌人，祖籍湖南新化。著名学者。1982年毕业于江西师范大学中文系，获学士学位；1985年毕业于华南师范大学汉语史专业，获硕士学位；1995年北京大学中文系访问学者；2003年获山东大学语言学博士学位。1999年被厦门大学引进，历任厦门大学中文系教授、博士生导师、国家语言资源监测与研究教育教材中心主任、两岸关系和平发展协同创新中心文教融合平台首席专家、福建省高校人文社科研究基地——两岸语言运用与叙事文化研究中心主任、厦门大学嘉庚学院人文与传播学院院长、嘉庚学院语言文字工作委员会副主任、台湾“中央大学”客座教授等职。侧重于汉语词汇学、语义学、计量语言学、辞书语言、词典编纂、教材语言、文化语言学、语言政策语语言规划、语言学及应用语言学等相关研究。著述有《词典与词汇的计量研究》《词汇计量及实现》《文化语言学教程》《汉语释义元语言研究》《20世纪汉语词汇研究概览》《汉语词汇计量研究》等数十种。

2.郑尚宪

郑尚宪(1954—)，福建仙游人。著名学者。1982年毕业于厦门大学中文系，考取南京大学中文系戏曲历史及理论专业研究生，师从钱南扬教授、吴白匋教授研习中国古典戏曲。1985年获硕士学位，留校工作。1986年考取中山大学中文系中国个体文学专业博士研究生，从王季思教授、黄天骥教授研习中国古典戏曲与古典文学。1989年获博士学位，分配至江苏省文化艺术研究所工作。1997年被厦门大学引进，历任副教授、教授、戏剧戏曲学专业博士生导师、戏剧学与艺术学教研室主任。主要研究方向为中国古典戏曲和古典文学。著述有《兼具众美的中国戏曲》、《儒林外史校注》、《中国喜剧史》(合作)、《全元戏曲》(辑校)、《文苑明珠》(评介)、《莆仙戏史论》、《吴白陶诗词集》(编校)、《长生殿导读》等多种。

3.巫汉祥

巫汉祥(1956—2011),福建永定人。著名学者。1988年厦门大学文艺学专业硕士研究生毕业,留校任教,历任助教、讲师、副教授、教授。2011年因病去世。主要从事文艺学、网络文化和数码艺术理论研究。讲授"写作""文学概论""网络文化"等本科生课程和"电子艺术学""网络文艺媒体研究""艺术符号学"等研究生课程。主要著述有《大学写作教程》《寻找另类空间:网络与生存》《文艺符号新论》。

4.王玫

王玫(1957—　),福建福州人。著名学者。1981年本科毕业于厦门大学中文系,留校任教。2002年毕业于福建师范大学中文系中国古代文学专业,获得博士学位。2001年任厦门大学中文系教授。兼任福建省古代文学研究会副会长、中国文选学研究会理事。主要从事汉魏六朝文学的教学与研究,亦从事散文、诗歌、小说创作及翻译工作。主要著述有《六朝山水诗史》、《人物志评注》、《建安文学接受史论》、《词林采英》(合作)、《性面具》(译著)等。

5.王诺

王诺(1958—　),江苏仪征人。著名学者。山东大学文艺学博士、美国哈佛大学燕京学社访问学者。厦门大学人文学院中文系教授、厦门大学比较文学与世界文学研究所所长。学术兼职有 SSCI 刊物、生态文学研究领域国际学界权威刊物《文学与环境跨学科研究》(ISLE)中国唯一通讯评委,全国高校外国文学教学研究会副会长,中国文艺理论学会理事,中国比较文学学会理事。主要从事西方古代文学、西方现代文学、美国学院话语(双语课:全英文授课)、欧美生态文学、神话学、生态视角的欧美文学等研究。2004年,王诺教授担任学术带头人,组建了我国高校唯一的生态文学研究团队,致力于外国生态文学的研究,成果颇丰，影响甚大，受到众多学者的高度评价。主要著有《欧美生态批评——生态文学研究概论》《外国文学：人学蕴涵的发掘与寻思》《欧美生态文学》《生态与心态——当代欧美文学研究》。

6.林丹娅

林丹娅（1958—　），笔名丹娅。祖籍诸暨，生于福州。著名学者、作家。1983年毕业于厦门大学中文系，留校任教。2001年师从李如龙先生攻读汉语言文字学博士生。主要研究方向为中国现当代文学、女性文学、华文文学、性别与文化。历任厦门大学中国语言文学研究所所长，厦门大学中文系教授、博士生导师，兼任福建省作家协会副主席、福建省文艺评论家协会副主席、中国女性文学委员会副会长、厦门市文联副主席、厦门市作家协会主席、中国妇女研究会理事、中国当代文学研究会理事、厦门市政协委员；福建省政协委员等职。著述有《人生的花季》《不死的思念》《生命的流象》《白城无故事》《用脚趾思想》《当代中国女性文学史论》《中国女性与中国散文》《女性景深》《台湾女性文学史》等。

7.李无未

李无未（1960—　），又名李无畏，吉林敦化人。著名学者，汉语言文字学专家。1987—1988年，在北京大学中文系专修汉语音韵学硕士课程，师从著名音韵学家唐作藩教授。1996年9月进入吉林大学古籍研究所在职攻读博士学位，导师为著名文献学家吕绍纲教授。2003年4月至2004年4月，在日本关西学院大学文学院任客座教授。2005年被厦门大学引进，任教授、特聘教授、博士生导师、中国语言文学研究所副所长、中文学科博士后流动站负责人、中文系主任等职。兼任中国语言学会理事、中国音韵学会理事、福建省语言学会会长、教育部中文教学指导委员会委员、福建省文化名家等。主要研究方向为汉语语音史与中外汉语音韵学史、对外汉语教学、日韩中国语教科书语言、中国古代礼仪制度。著述有《音韵文献与音韵学史》、《汉语音韵学通论》、《音韵学论著指要与总目》（上、下，140万字）、《宋元吉安方音研究》、《周代朝聘制度研究》、《对外汉语教学论著总目》、《中国历代宾礼》、《日本汉语音韵学史》等数十种。

8.高波

高波(1960—　),云南武定人。著名学者、作家。1990、2005年分别获得厦门大学中文系文学硕士和博士学位。长期从事中国现当代诗歌和"红色经典"研究,历任讲师、副教授、教授。2009年,被新疆大学引进,任该校教授、博士研究生导师。著述有《叙事的建构》《中国文化概论》《解读海子》《现代诗人和现代诗》《样板戏:中国革命史的意识形态化和艺术化》《行走历史河山》《红色足迹——长征精神青少年学习读本》等。

9.谢泳

谢泳(1961—　),山西榆次人。著名学者、作家。1983年毕业于山西晋中师专英语系,即留校任学报编辑。1986年调《批评家》杂志社任编辑,1989年调山西省作家协会理论研究室工作。1995年调《黄河》杂志社,1998年任副主编。2004年为中国科学院自然科学史研究所流动人员,副研究员。2007年被厦门大学引进,任中文系教授。在知识分子问题、现代文化史、思想史研究方面成就卓著。著述有《钱锺书交游考》《历史的趣味》《中国现代文学史研究法》《厦门集》《书生的困境——中国现代知识分子问题简论》《靠不住的历史——杂书过眼录二集》《血色闻一多》《储安平与〈观察〉》《清华三才子》《杂书过眼录》等数十种。

10.周宁

周宁(1961—　),祖籍山东金乡,生于天津。1989年进入南京大学师从陈瘦竹、叶子铭攻读现代戏剧理论与戏剧史,1992年获博士学位,受聘于厦门大学。历任讲师、副教授、教授、闽江学者特聘教授、长江学者特聘教授,戏剧戏曲学专业博士生导师。2004年任厦门大学中文系系主任,2008—2016年任厦门大学人文学院院长。先后被遴选为教育部新世纪优秀人才、福建省哲学社会科学领军人才。兼任中国话剧文学研究会常务理事、中国现代文学研究会理事、中国比较文学学会理事、厦门大学东南亚研究中心(教育部重点研究基地)研究员、厦门大学台湾研究中心(教育部重点研究基地)研究员。主要从事戏剧学与跨文化研究。著述有《比较戏剧学:中西戏剧话语模式研究》《幻想与真实:从文学批评到文化批判》《新华文学论稿》《2000年西方看中国》《2000年中国看西方》《中国形象:西方的学说与传说》《天朝遥远:西方的中国形象研究》《跨文化研究:以中国形象为方法》《影子或镜子》等数十种。

11.易存国

易存国(1963—　),湖北人。1993、2001年先后毕业于北京大学哲学系、东南大学艺术学系(1998),获哲学硕士和艺术学博士学位。2004年晋升为教授,并从复旦大学中国语言文学博士后流动站出站,入职厦门大学。主要从事美学、艺术学、文化遗产学研究等。曾参与国家教育科学规划重大项目、国家社科基金规划一般项目,主持教育部人文社科规划项目、主持福建省高等学校"新世纪优秀人才项目"等,领衔创建福建省首家(美术学)重点学科兼学科带头人。著《乐神舞韵:华夏艺术美学精神研究(审美精神)》《中国艺术论:从非物质文化遗产的视角》《敦煌艺术美学:以壁画艺术为中心》等多种。

12.曾良

曾良(1964—　),江西赣县人。1997年毕业于杭州大学中文系,获汉语史博士学位。同年到厦门大学中文系工作。历任讲师、副教授、教授、博士生导师,2009年聘任为厦门大学教学科研重要岗位二级岗。兼任中国训诂学研究会理事、中国敦煌吐鲁番学会理事。主要从事训诂学、汉语俗字、佛教文献、中古和近代汉语、敦煌学领域的研究,出版《敦煌文献字义通释》《俗字及古籍文字通例研究》《隋唐出土墓志文字研究与整理》《敦煌文献丛札》《敦煌佛经字词与校勘研究》等著作多种,发表百余篇学术论文。2013年调离本系。

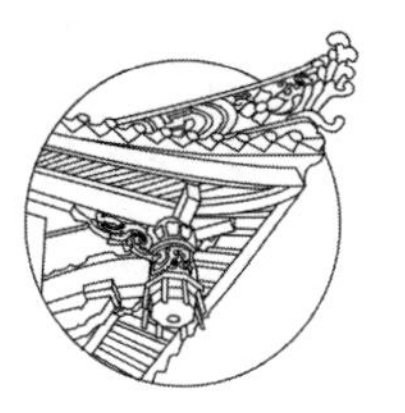

第九章 风色正好

（2011—2021）

2011年到2021年这十年，是厦门大学建校百年的收官阶段，也是中文系建系百年的冲刺阶段。在这十年中，全国高校发生巨大的变化，促进创新、强调团队的“2011计划”实施，数年一度的教育部学科评估，“211”“985”转型为“双一流”，诸如此类的一系列事件，对厦门大学中文系产生巨大影响，甚至形成冲击。我系师生面对巨变，精诚团结，共同携手，交上一份份满意的答卷。

第一节　纲举目张

一、领导班子调整

进入2011年后，中文系领导班子延续此前配置，2012年则按制度进行换届：

李无未教授继续担任系主任。

王烨教授、李菁副教授继续担任副系主任。其间李菁副教授2013年出国访学，王晓红副教授接任副系主任。

林丹娅教授继续担任中国语言文学研究所所长。

胡旭教授担任中国语言文学研究所副所长。

王烨教授兼任中文系党支部书记。

李焱副教授担任中文系工会负责人。

李敏卿、陈磊明老师先后担任中文系办公室负责人。

陈磊明、江丽陈老师先后担任中文系本科生教学秘书。

林慧玲老师担任中文系研究生教学秘书。

这一任领导班子本应运行到2016年换届，但由于学校、学院的原因，未能及时开展此项工作，一直持续到2018年，换届结果如下：

代迅教授担任中文系主任，负责中文系全面工作。

王晓红副教授继续担任主管本科生工作的副系主任。2019年王晓红副教授辞去此职，苏琼教授接任。

李焱副教授担任主管研究生工作的副系主任。

胡旭教授担任中国语言文学研究所所长。

王烨教授担任中文系党支部书记。

苏永延副教授担任中文系工会负责人。

陈磊明老师担任中文系办公室负责人。

江丽陈老师担任中文系本科生教学秘书。2018年江丽陈调任院办人事秘书，沈奕晨老师接任。2019年沈奕晨老师离职，吴志友老师接任。

林慧玲老师担任中文系研究生教学秘书。

2018年以来的这一套系领导班子，目前正在路上，形势逼人而任重道远，他们的工作直接决定中文系未来十余年的发展走向。

二、师资变化及荣誉兼职

最近十年来，随着教学科研等事业发展，我系在人才培养及引进方面做了大量的工作，师资总数及质量稳步增长，呈现出良好的发展势头。

2011年

郑楚、郑泽芝、胡旭三位副教授晋升教授。

引进王晓平副教授。

引进任鹏、杨玲、张艾弓、刘子立、李湘、赵怡怿、王悦、史言等八位博士后、博士，皆聘为助理教授。

2012年

周宁教授入选2011年度教育部长江学者特聘教授。

李无未教授被聘为厦门大学特聘教授。

林丹娅教授担任厦门市文联副主席、厦门市作家协会主席。
胡旭教授入选教育部新世纪优秀人才。
叶玉英、王晓红、洪迎华、杨慧四位助理教授晋升副教授。
许彬彬博士留系任教，聘为助理教授。
引进蔡淑美博士，聘为助理教授。

2013 年

李无未教授任教育部中文教学指导委员会委员。
李无未教授担任厦门语言学会会长。
王晓平副教授入选教育部新世纪优秀人才。
钱建状副教授晋升教授。
陈明娥助理教授晋升副教授。
曾良教授调离本系。

2014 年

周宁教授、胡旭教授入选福建省哲学社会科学领军人才。
王晓平副教授晋升为教授。
引进张惟捷副教授。
杨慧副教授、芮欣助理教授调离本系。

2015 年

引进代迅教授，聘为厦门大学闽江学者特聘教授。
李无未教授担任世界汉语教育史学会副会长。
赵怡怿助理教授晋升副教授。
引进李柏翰博士，聘为助理教授。

2016 年

钱建状教授入选福建省新世纪优秀人才。
王传龙、赵明、李天三位师资博士后出站，皆留系聘为助理教授。

2017 年

苏琼副教授晋升教授。

张艾功、仲霞、蔡淑美三位助理教授晋升为副教授。

引进乐耀副教授。

2018 年

林丹娅教授担任福建省文艺评论家协会副主席。

李晓红教授任教育部高等学校戏剧与影视学类专业教学指导委员会委员。

代迅教授任艺术学理论类专业教学指导委员会委员。

李无未教授、李晓红教授入选福建省文化名家。

李无未教授担任福建省语言学会会长。

李无未教授担任中国音韵学会副会长。

钱建状教授和乐耀副教授入选厦门大学南强青年拔尖人才，乐耀副教授因此聘为教授。

杨惠玲、赵春宁、李晓林三位副教授晋升教授。

汪晓云教授调入本系。

引进满新颖教授。

李婷文博士毕业留系，聘为助理教授。

引进景欣悦博士，聘为助理教授。

张治副教授调离本系。

黄瓒辉副教授调离本系。

李柏翰助理教授调离本系。

2019 年

郭惠芬副教授、周湘鲁副教授晋升为教授。

杨玲助理教授、张世宏助理教授晋升为副教授。

引进徐勇教授。

贺昌盛教授调离本系。

赵明助理教授调离本系。

中文系在人才队伍建设方面也有较大的发展。目前，我系专任教师队伍55人，其中教授19人，副教授23人。高层次人才逐年增长。包括：长江学者特聘教授（1人）、国家级有突出贡献专家（1人）、闽江学者特聘教授（2人）、享受国务院颁发政府特殊津贴专家（4人）、教育部新世纪优秀人才支持计划入选者（2人）、国务院中文学科评议组成员（1人）、国家社科基金评委（13人）、国家博士后基金项目评委（8人）、国务院戏剧与影视学学科评议组成员（1人）、教育部艺术学理论类本科教学指导委员会委员（1人）、教育部戏剧与影视学类本科教学指导委员会委员（1人）、教育部人文社会科学基金项目评委（1人）、福建省社会科学领军人才（2人）、福建省新世纪人才（2人）、福建省教学名师（2人）、福建省文化名家（2人）等。

十年来，尽管有新陈代谢的变化，但我系教师队伍数量增大了，师资的质量也明显提高了，几乎全部教师都拥有博士学位，大部分教师都有海外（境外）交流经历，甚至在海外（境外）取得学历、学位。时代在变化，中文系也在与时俱进。

三、九十周年系庆

2011年4月6日，既是厦门大学九十华诞，也是中文系建系九十周年庆典。为了回顾中文系业绩，缅怀先师恩泽，总结成果经验，鼓舞教育精神，激励后学志气，振兴中文事业，开拓教学科研新局面，中文系设立系庆筹备小组，进行一系列纪念活动，具体内容包括：

1.编辑出版《厦门大学中文系2001—2011学术文选》。

2.发出“我与厦大中文系”征文启事，编辑出版《厦门大学中文系九十年纪念文集》。

3.编辑出版《厦门大学中文系九十年纪念画册》。

4.重新修订《厦门大学中文系系志》。

5.重新修订《厦门大学中文系系友通讯录》。

6.制作《厦门大学中文系九十年纪念光盘》。

7.设立厦门大学中文系系庆九十年名家讲坛，邀请全国名家、著名系友、专家到校讲座。

8.举办“厦门大学中文系2011年演出季”。

这些活动获得全系师生与历届老少系友的热烈响应与积极支持。系友们不仅给予精神上的鼓励，还倾囊相助。在全体系友的响应与支持下，系庆凝聚人心，激励着更多的中文人奋然而前行。

第二节 教学与科研

一、教学成绩

长期以来，教书育人是我系的优良传统，几乎每一个时期都涌现出很多甘于奉献、不求闻达的优秀教师，他们把很多时间和精力投入在教学上，使学生得到全面而深刻的教育指导。学生永远不会忘记他们，学校也没有忘记他们，上级教育行政管理部门更未忘记他们。当然，就目前说来，这些优秀教师的付出，与他们理当得到的回报，还显得不成比例，但一切正在变化之中，趋势越来越好。以李菁副教授为代表的中青年教师，以渊博的知识、卓越的天赋及丰富的教学手段，继易中天教授之后，将我系教学水平整体提升到一个新的高度。在2011年到2021年这十年中，我系教师取得的教学成就如下。

2011年

李菁副教授获得厦门大学第六届青年教师教学技能比赛特等奖。

2012年

李菁副教授获得厦门大学第七届青年教师教学技能比赛特等奖。

李菁副教授获得福建省高校青年教师教学竞赛文科组特等奖。

李菁副教授获得首届全国高校青年教师教学竞赛文科二等奖。

刘子立助理教授获得厦门大学第七届青年教师教学技能比赛二等奖。

2013 年

王晓红副教授入选厦门大学首届“我最喜爱的十位教师”。

史言助理教授获得厦门大学第八届青年教师教学技能比赛特等奖。

2014 年

史言助理教授入选厦门大学首届“我最喜爱的十位教师”。

李湘助理教授获得厦门大学第九届青年教师教学技能比赛一等奖。

2016 年

刘子立助理教授入选厦门大学首届“我最喜爱的十位教师”。

王传龙助理教授获得人文学院第十一届青年教师教学技能比赛二等奖。

李天助理教授获得人文学院第十一届青年教师教学技能比赛三等奖。

2017 年

张世宏助理教授获得厦门大学第十二届青年教师教学技能比赛二等奖。

2018 年

刘子立助理教授获得人文学院第十四届青年教师教学技能比赛一等奖。

仲霞副教授获得人文学院第十四届青年教师教学技能比赛三等奖。

2019 年

李菁副教授教授入选厦门大学“我最喜爱的十位教师”。

许昳婷助理教授获得人文学院第十四届青年教师教学技能比赛二等奖。

2020 年

蔡淑美副教授获得人文学院第十五届青年教师教学技能比赛一等奖。

景欣悦助理教授获得人文学院第十五届青年教师教学技能比赛二等奖。

绝大多数中青年教师在教学上认真负责，兢兢业业，这是我系良好风气熏陶的结果，与很多老教师以身作则、言传身教有很大关系。是全系所有教师的共同努力，为这个集体赢得荣誉，铸造了传统。此处略用一点篇幅特别谈谈我系近十年来教学方面成就斐然的李菁副教授。

如前所述，李菁老师在中文系、人文学院、厦门大学早就证明了自己，而且在福建省也证明了自己，在全国性的教学比赛中，也过关斩将，获得很好的成绩。正因为如此，风靡全国的“百家讲坛”向她伸出橄榄枝。

2018 年清明前后，李菁老师在“百家讲坛”推出“清明思故人”系列，好评如潮。随后，与他人合作，在“百家讲坛”主讲“大国清官”之“傲骨铮铮”。2019 年 9 月中旬，李菁副教授在“百家讲坛”推出“诗词红楼”系列，也引起了不少反响，甚至因此在互联网上发生了关于红楼诗词的讨论。

李菁老师取得的教学成就，为她赢得广泛的关注与赞誉，产生了显著的社会效应。除了前面所列的荣誉外，她还是“2010—2013 年厦门市优秀教师”和福建省“五一劳动奖章”获得者。她的成功源于什么？不妨听听她的心声：“教了十几年书，很难说自己有多优秀，教书是一个逐步积累的过程。没有一种教学方式是万能的，所以教师需要不断地学习和思考，通过学习建立自己的课堂自信力。教师要想在课堂上信手拈来、左右逢源，就得有深厚的学养和丰富的积淀，我现在还在努力积累的爬坡途中。”除了谦虚诚恳，脚踏实地之外，真心热爱教学，也是她取得成功的不二法门。因此，她又说：“我喜欢站在讲台上引领学生进入古典文学的殿堂，不在乎它能给我带来什么实际利益。我的人生目标就是教书，就是终身做一名教师，一名有着自己教学个性的合格的教师。”①

尽管取得了很大成就，但实际上李菁老师还很年轻，来日正长，她的天空还很高远。以她为代表，包括史言、刘子立、李湘等在内的青年教师的茁壮成长，是厦大中文系未来的希望，必将成为我们的骄傲、我们的光荣。

二、科学研究

大学的厚度、深度，需要杰出的科学研究来支撑。厦门大学是重点综合性大学，科学研究是其接受外界评价的重要标识。厦大中文系一向强调科学研究，以原创、新颖、深刻等特征享誉教育界和学术界。

---

① 李菁：《教书是我最大的乐趣》，https://ctld.xmu.edu.cn/info/1015/1149.htm。

2011年到2021年这十年,我系形成若干学术团队,取得重要研究成果。如杨春时教授发起“超越实践美学”学术讨论,成为“后实践美学”派代表学者,黄鸣奋教授开创国内多媒体艺术理论研究先河,周宁教授推动国内“文化形象学”研究发展,王诺教授对国内生态文学批评与研究的开拓,林丹娅教授对国内女性文学研究的推动,李无未教授在域外文献的发掘与近代汉语官话等方面的深入,苏新春教授在词汇计量学、词汇规范、教材语言研究等方面研究,代迅教授的近百年中西美学与文论关系研究,王宇教授的性别与文学文化关联研究,胡旭教授、钱建状教授等为主的历代《文苑传》研究,乐耀教授及其团队的功能语言学、互动语言学研究,皆代表了相关领域的前沿学术水平。这些学术团队的形成、科研论著的产出,进一步提升了厦门大学中文学科的学术及社会影响力。

2011—2021年,我系师生积极申报并承担各级、各类项目,举凡国家社科基金项目、教育部人文社科规划项目、福建省社会科学规划项目等,皆受到大家重视,申报命中的成功率很高,兹分年列举如下:

表9-1 2011—2020中文系教师重要课题立项表

2011年		
国家社科基金项目		
胡　旭	《文选》李善注引文考证	一般项目
郭勇健	现象美学史	一般项目
肖　湛	台湾新儒家美学研究	青年项目
教育部社科基金项目		
郭惠芬	中国—东南亚文学交流史	规划项目
苏　琼	跨语境中的女性戏剧	规划项目
杨惠玲	明清江南望族和昆曲艺术	规划项目
赵春宁	《申报》戏曲史料研究	青年项目
福建省社科基金项目		
黄鸣奋	加快新媒体动漫产业发展对策研究	重点项目
刘荣平	全闽词	重点项目
钱奠香	语言接触背景下的海南、粤西闽语历史层次分析	一般项目

续表

陈明娥	朱子文集词汇研究	一般项目
2012 年		
国家社科基金项目		
李无未	海外珍藏汉语文献的发掘与明清汉语研究	重大项目
钱建状	宋人行卷与文学	一般项目
任　鹏	礼乐、身体与人文——汉代关联思维的美学研究	青年项目
教育部社科基金项目		
师雅惠	桐城派前期作家群与清初文坛状况研究	青年项目
杨　慧	中国现代文学中的白俄叙事研究	青年项目
2013 年		
国家社科基金项目		
李如龙	闽语特征研究	一般项目
陈世雄	苏联戏剧历史经验研究	一般项目
王　宇	21 世纪初年女性乡土叙事潮流的崛起及其意义	一般项目
黄鸣奋	数码艺术潜学科群研究	艺术规划项目
杨　慧	中国现代文学中的白俄叙事研究	青年项目
李晓林	审美形而上学研究	后期资助项目
教育部社科基金项目		
张艾弓	20 世纪 70 年代中国电影输出的世界版图及其效果研究	青年项目
黄瓒辉	现代汉语集合性谓词的研究	青年项目
福建省社科基金项目		
叶玉英	《说文声系》、《广韵声系》与古文字声系合证	一般项目
史　言	巴什拉诗学论	青年项目
芮　欣	后现代视阈下的文学经典：奥古斯丁《忏悔录》再阐释	青年项目

续表

2014 年		
国家社科基金项目		
贺昌盛	中国现代文学基础理论文献的整理与研究	重点项目
刘荣平	词学理论的还原与重构研究	一般项目
洪迎华	唐集序跋辑考与研究	一般项目
王　烨	国民革命时期革命文学史料整理与研究	一般项目
郭惠芬	20 世纪中国文学中的南洋书写及其意义研究	一般项目
叶玉英	古文字异部谐声通假与上古音研究	一般项目
赵怿怡	基于同一文本的句法网络语义网络关系研究	青年项目
许彬彬	17 世纪以来域外文献与闽南方言研究	青年项目
教育部社科基金项目		
李城希	中国现代长篇小说序跋研究	一般项目
福建省社科基金项目		
林丹娅	新时期以来福建省重要女作家研究	一般项目
夏光武	艾莉丝沃克诗歌的生态转向研究	一般项目
2015 年		
国家社科基金项目		
代　迅	二十世纪域外文论本土化研究（2015 年转入厦门大学）	重大项目
李　淼	基于满汉合璧类白话文献的 18—19 世纪北京官话语法研究	一般项目
福建省社科基金项目		
王传龙	朱熹文献编纂思想对明代心学的影响研究	重点项目
杨　玲	新世纪文学的产业化转型与文学理论创新研究	一般项目
金　美	朱子福建题刻集释及数据库建设研究	一般项目
王　悦	现实主义范式影响下的不可靠叙述研究	青年项目
赵　明	明末传教士文献所见的汉语外来词研究	青年项目

续表

2016 年		
国家社科基金项目		
金　美	近现代西班牙传教士文献中闽台语言文化资料的发掘整理及其传播史研究	一般项目
苏永延	东南亚抗战的华文叙述研究	一般项目
杨　玲	一带一路背景下民族地区建设文化产业公共服务平台研究	一般项目
黄瓒辉	聚合义词汇语法表达的类型学比较研究	一般项目
蔡淑美	构式浮现的多重界面互动机制研究	青年项目
教育部社科基金项目		
张　治	钱锺书中西文读书笔记手稿的整理与研究	青年项目
福建省社科基金项目		
李柏翰	从《悉昙字记》的传承与影响看日本化悉昙文献的音韵特点	一般项目
李　天	大数据时代中国古典小说及其衍生品研究	青年项目
冯　莎	人类学视阈下的当代闽派艺术家研究	青年项目
胡　倩	五代墓志研究	青年项目
李婷文	当代美国现象学美学的认知倾向研究	青年项目
其他项目		
吴在庆	《皮日休文集》系年校注	古委会项目
周　宁	海上丝绸之路精要文献汇刊	中宣部项目
李晓红	两岸"金门战役"老兵口述史	厦门市委宣传部项目
2017 年		
国家社科基金项目		
李城希	香港中国现代文学研究史(1949—1979)	一般项目

续表

教育部社科基金项目		
杨惠玲	明清文士戏曲编刊活动研究	一般项目
福建省社科基金项目		
赵　明	基于明清珍稀传教士汉文文献的汉语外来词演变及其影响研究	一般项目
张惟捷	1949 年运台甲骨《殷虚文字丙编》整理与研究	一般项目
李　湘	汉语小句"认知入场"的层级系统研究及语义知识库建设	青年项目
2018 年		
国家社科基金项目		
李晓林	西方马克思主义审美乌托邦研究	一般项目
李柏翰	日本《韵镜》文献与汉语音韵史研究	一般项目
教育部社科基金项目		
赵　明	汉语国际教育用文化词词表(草案)研究	青年项目
福建省社科基金项目		
王　宇	新世纪女性小说本土化倾向研究	一般项目
2019 年		
国家社科基金项目		
王　宇	百年中国文学女性形象谱系与现代中华文化建构整体研究	重大项目
张惟捷	史语所藏殷墟一至十五次挖掘甲骨目验整理与研究	冷门绝学
胡　旭	传世先唐别集的编撰、刊刻及流布研究	一般项目
王　宇	中国当代女性文学本土化研究	一般项目
陈明娥	日韩珍藏"语录解"类文献语言研究	一般项目
任　鹏	汉唐之间美学话语的演变研究	一般项目

续表

郭勇健	中国画的现象学诠释	艺术学项目
许昳婷	中国现代戏剧批评的域外思想来源研究(1898—1949)	艺术学项目
教育部社科基金项目		
李　天	3R 视角下视觉艺术的媒介与观念研究	青年项目
福建省社科基金项目		
王　烨	国家纪念语境中的革命诗歌研究	一般项目
郑泽芝	基于语料库的数学语言表达与理解学习资源建设与研究	一般项目
张爱功	“冷战”与国共内战双重视角下的“港九电影戏剧事业自由总会”研究	一般项目
王传龙	明代福建阳明学者治学与交游研究	一般项目
王　悦	“不可靠叙述”前沿问题研究	青年项目
许昳婷	IP 全产业链运营中的艺术创作与创意机制研究	青年项目
2020 年		
国家社科基金项目		
李无未	东亚《韵镜》学史文献发掘及研究	重点项目
乐　耀	汉语口语修补现象的语法研究	一般项目
苏　琼	多元视野中的新中国 70 年女性戏剧研究	一般项目
刘子立	《后汉书》史料构成与历史书写研究	一般项目
李如龙	闽语文存	后期资助
黄鸣奋	中国科幻电影的多维定位	后期资助
俞兆平	哲学的鲁迅	后期资助
史　言	巴什拉诗学论:理论探析与批评实践	后期资助
教育部哲学社会科学研究重大课题攻关项目		
苏新春	海峡两岸统一进程中的语言政策研究	重大项目

续表

福建省社科基金项目		
叶玉英	安大简《诗经》异文与战国语音研究	一般项目
厦门大学人文社会科学重大项目（培育）		
李无未	东亚汉语音韵学史(多卷本)	培育项目

在我系获得的诸多基金项目中，特别值得提出的是，李无未教授2012年获得的国家社科重大项目“海外珍藏汉语文献的发掘与明清汉语研究”，这是我系教授首次承担此类项目，开拓意义重大。代迅教授于2012年获得的国家社科重大项目“二十世纪域外文论本土化研究”，2015年转入我校，强化了我系国家重大课题的研究基础。2019年王宇教授获得“百年中国文学女性形象谱系与现代中华文化建构整体研究”，则再一次将我系重大课题研究风气带动起来，未来一定会有更多教授不断承担不同类型的重大项目，为国家、为学校、为本系都做出相应的贡献。除了此类纵向课题而外，周宁教授受中宣部委托的《海上丝绸之路精要文献汇刊》，李晓红教授主持的以“金门战役影像史料搜集与口述史”为代表的一系列口述史及电影研究课题，都有广泛的社会影响和学术价值。

在过去的十年中，我系教师发表学术论文800余篇，出版学术著作110余部，由于数量太多，此处不一一列举。兹逐年将获得学术界和社会各界广泛承认并获奖的成果，列举如下：

表9-2 厦大中文系教师获奖成果一览表

2011年		
福建省第十届社会科学优秀成果奖		
黄鸣奋	新媒体与西方数码艺术理论	二等奖
陈世雄	现代欧美戏剧史	二等奖
郑尚宪	莆仙戏传统剧目丛书(第二卷)	三等奖
杨春时	现代性与30年来中国的文学思潮》	三等奖
曾　良	敦煌佛经字词与校勘研究	三等奖
叶玉英	古文字构形与上古音研究	三等奖

续表

2012 年		
全国优秀古籍图书奖		
周祖譔、胡旭等	历代文苑传笺证	二等奖
2013 年		
教育部第六届高等学校科学研究优秀成果奖		
陈世雄	现代欧美戏剧史(上、中、下)	二等奖
福建省第十届社会科学优秀成果奖		
周祖譔、胡旭等	历代文苑传笺证	一等奖
杨春时	中国现代文学思潮史	二等奖
李无未	日本汉语音韵学史	二等奖
李如龙	汉语词汇学论集	二等奖
黄鸣奋	西方数码艺术理论史	二等奖
吴在庆	听涛斋中古文史论稿	三等奖
胡　旭	先唐别集叙录	三等奖
郑泽芝	字母词语与汉语文字系统	三等奖
肖　湛	双峰并峙,二水分流:朱光潜宗白华美学比较研究	三等奖
陈明娥	朱熹口语文献词汇研究	三等奖
王力语言学奖		
李无未	日本汉语音韵学史	二等奖
2015 年		
教育部第七届高等学校科学研究优秀成果奖		
黄鸣奋	西方数码艺术理论史	二等奖
陈世雄	戏剧人类学	二等奖
周　宁	中国形象为方法	三等奖

续表

2016 年		
第六届中华优秀出版物奖图书奖		
周宁、贺昌盛等	中外文学交流史·中国—美国卷	
郭惠芬	中外文学交流史·中国—东南亚卷	
全国古籍优秀图书奖		
刘荣平	全闽词	一等奖
福建省第十一届社会科学优秀成果奖		
黄鸣奋	数码艺术潜学科群研究	二等奖
陈世雄	戏剧人类学	二等奖
刘荣平	赌棋山庄词话校注	三等奖
王晓平	异域新声:历史阐释学与中国现代文化研究	青年佳作奖
2017 年		
第四届中国出版政府奖图书奖		
周宁、贺昌盛等	中外文学交流史·中国—美国卷	
郭惠芬	中外文学交流史·中国—东南亚卷》	
2018 年		
福建省第十二届社会科学优秀成果奖		
杨春时	作为第一哲学的美学——存在、现象与审美	一等奖
林丹娅	台湾女性文学史	二等奖
刘荣平	全闽词	二等奖
李无未	日本汉语教科书汇刊(江户明治编)及总目提要	二等奖
吴在庆	韩偓集系年校注	二等奖
李晓林	审美形而上学研究	三等奖
苏新春	现代汉语分类词典	三等奖

续表

2019年		
全国古籍优秀图书奖		
吴在庆	唐五代文编年史	一等奖
福建省第十三届社会科学优秀成果奖		
吴在庆	唐五代文编年史	一等奖
李无未	台湾汉语音韵学史	一等奖
杨春时	中华美学概论	二等奖
代　迅	中国美学西华问题研究	二等奖
李如龙	汉语方言调查	二等奖
叶玉英	林义光〈文源〉研究	二等奖
张惟捷	从古文字角度谈《夏商周:从神话到史实》的若干问题	三等奖
黄鸣奋	位置叙事学:移动互联时代的艺术创意	三等奖
苏新春	民国时期基础教育语文教材语言研究	三等奖
陈世雄	艺术灭亡的神话——法兰克福学派从本雅明到"新左派"的美学思想	三等奖
2020年		
教育部第八届高等学校科学研究优秀成果奖		
李无未	台湾汉语音韵学史	二等奖

不难看出,我系教师的科研成果不仅数量越来越多,而且质量越来越高,在社会上产生的影响越来越大,获得学术界肯定在所必然,获奖数量和层次都取得前所未有的发展。中文系的历届领导都注重科学研究,他们也多能以身作则,引导大家,在全系形成良好的科学研究气氛,大家齐心协力,团结合作,逐渐形成"厦大学派"之中文研究体系,体现出严谨、深刻、开放、博大的鲜明特色。

第三节　全面发展与提升

一、建设一级学科博士点

“文革”以后，同类兄弟大学中文系各学科都得到长足发展。衡量学科提升的标准之一，主要就是博士点的数量。由于种种原因，我系博士点在二十世纪八九十年代的近二十年时间里，只获批一个，即黄典诚领衔的汉语史博士点。我系博士点不仅被北大学、复旦大学、南京大学等名牌大学远远抛下，甚至与原本相差不大的山东大学、中山大学、四川大学等相比，也落后明显。二十世纪以来，中文系数任领导黄鸣奋、朱水涌、周宁、李无未、林丹娅等为此殚精竭虑，在取得影视戏剧文学和文艺学两个博士点的基础上，开始冲刺一级学科博士点。

2010 年 9 月 26 日，在时任人文学院院长周宁教授的关心支持下，我系成立了以李无未教授为第一学术带头人的一级学科博士点申报小组，主持厦门大学人文学院中国语言文学学科一级学科和戏剧与影视学一级学科博士点申报工作。经过数月努力，在等待与焦虑中传来佳音，厦门大学校内评审得以全票通过(全票只有两个学科)。

2011 年 3 月，中华人民共和国教育部网站公布了新增博士和硕士学位授权一级学科名单，厦门大学“中国语言文学”和“戏剧与影视学”皆赫然在列。消息传来，举系欢庆。3 月 21 日，中文系给每一位职工发了这样一则“喜讯”：

我系喜获中国语言文学、戏剧与影视学两个一级学科博士学位授予权。

谨以此向一直关切、支持并为之努力奋斗的我系各学科带头人及全体教工敬礼！报喜！

中文系

2011 年 3 月 21 日

这个困扰中文系数十年、给学科发展带来巨大障碍、让前后数代中文人心情郁闷、颜面难堪的关键问题，至此迎刃而解。

在原有汉语史、文艺学、影视戏剧文学三个博士点的基础上，我系“中国语言文学”和“戏剧与影视学”两个一级学科博士点重新整合，形成中国古典文学、中国古典文献学、中国现当代文学、比较文学与世界文学、文艺学、中国少数民族语言文学、汉语言文字学、语言学及应用语言学、戏剧影视学、比较戏剧学、影视艺术学、新媒体艺术理论、中国戏剧戏曲史学等十三个二级学科博士点。中文系几乎所有学科和方向都可以招收博士生。

随后厦门大学台湾研究院和艺术学院的相关学科，也搭上我系一级学科博士点的便车，开始更紧密地与我们合作，加入我们的博士点建设，进行学科整合，成为我系的博士导师，共同招生，一定程度上扩大了招生方向和规模，也扩大了中文系的影响。

相关博士点建设开展后，次年各点即开始招生，中文系的博士生导师、博士生都迅速增多，学科建设也因此驶上了快车道。

此外，中文系尚有另外三个一级学科硕士学位授权点，即中国语言文学、戏剧与影视学、艺术学理论。包含文艺学、中国古代文学、中国古典文献学、中国现当代文学、比较文学与世界文学、中国少数民族语言文学、汉语言文字学、语言学及应用语言学、戏剧影视学、艺术学理论等多个二级学科硕士点。

两个一级学科博士点建立后，博士生和硕士生培养明显提高了质量，获得各级奖励的毕业论文数量明显增多。李无未教授指导、刘一梦同学撰写的《赵荫堂珍藏明清官话等韵文献十种通考》获得2015年福建省优秀博士论文，王宇教授指导、洪柳同学撰写的《“十七年文学”中的人与自然》获得2015年福建省优秀硕士论文。林丹娅教授指导、周文晓同学撰写的《国民党妇女政策下的文学云女性形象》获得2016年福建省优秀博士论文。李无未教授指导、王继超同学撰写的《明治时期日编上海话教材语音研究——以〈日本汉语教科书汇刊〉所录五本上海话教材为据》获得2017年福建省优秀硕士学位论文。赵春宁教授在指导、陈威俊同学撰写的《明清戏曲的海洋书写——以海洋政治为主线的考察》，杨玲副教授指导、江舒晨同学撰写的《彩虹般的声音：中国伪声亚文化初探》皆获得2019年福建省研究生优秀硕士学位论文。

一级学科博士点和硕士点的建立，使我系研究生培养方式、层次、水平都较此前有了很大提升，大大推动了研究生教育的发展。

二、本科拔尖人才培养

厦门大学人文学院本科生拔尖人才计划启动于2012年，我系积极响应并参与这一计划的具体实施。在人才选拔出来后，积极动员学术研究突出、教学经验丰富的教授做指导教师。从当时情况看来，学生认真积极，导师认真负责，一两年后，效果已经十分明显。

一些导师很乐于得身边英才而教之，付出了不少心血。如古代文学胡旭教授，2013年指导拔尖计划的学生李心畅和刘美惠，甫一接手，就为他们制定了切实的培养计划，开设阅读书目，如“中文系拔尖人才——第一阶段传统文化阅读书目”：

经部：

《经史说略》之《十三经说略》，李学勤等，北京燕山出版社2002年版。

《论语释注》，杨伯峻译注，中华书局1980年版。

《毛诗正义》，李学勤主编《十三经注疏》本，北京大学出版社1999年版。

史部：

《史籍举要》，柴德赓著，北京出版社2011年版。

《史记》，中华书局三家注本。

《汉书·艺文志》，中华书局本。

《隋书·经籍志》，中华书局本。

《四库全书总目》，永瑢等，中华书局1965年版。

《书目答问》，张之洞撰，中华书局2011年版。

子部：

《庄子集释》之《逍遥游》与《齐物论》，诸子集成本。

《韩非子集解》之《说难》《孤愤》《五蠹》《内储说》《外储说》，诸子集成本。

《世说新语》

《红楼梦》

《儒林外史》

集部：

《文选》，萧统撰，李善注，中华书局 1977 年影印。

《先秦汉魏晋南北朝诗》，逯钦立辑校，中华书局 1983 年版。

《全上古三代秦汉三国六朝文》，严可均辑，中华书局 1958 年版。

《曹植集校注》，赵幼文校注，人民文学出版社 1984 年版。

《陶渊明集笺注》，袁行霈笺注，中华书局 2011 年版。

《文心雕龙译注》，陆侃如、牟世金译注，齐鲁书社 1981 年版。

读书得法和指导及时，让这些学有余力的尖子生进一步脱颖而出。刘美惠同学在大三时就发表了颇有见解的学术论文《论〈古诗十九首〉中的异文与模件化套语》，其时她只有十六岁。本科毕业时，刘美惠总成绩全系第一，李心畅总成绩全系第二。刘美惠通过层层选拔，进入北京大学中文系攻读硕士学位。李心畅则暂时放弃了研究生推免，先到南非斯坦陵布什大学孔子学院支教一年后，再赴美国攻读东亚文化硕士学位研究生。刘美惠在北京大学完成硕士学业后，得到美国普林斯顿大学全额奖学金，赴美攻读博士学位。

这些早期拔尖人才的培养成功，大大鼓舞了我系本科生，大家争先恐后地申请进入拔尖计划。教师也在此基础上不断总结经验，探索本科生培养的有效方式和最佳途径。我系开设专门的拔尖班，配备班主任，开设专门课程，虽过犹不及，却能体现出态度与热情。学院还专门配备经费，为拔尖班邀请专家开设讲座，举办活动。宣讲会几乎年年都认真准备，如 2020 年 6 月 29 日中文系举办“中文拔尖论坛”，讨论主题为：何为“拔尖”？何以“拔尖”？“我”要拔尖！中文系主任代迅、原中文系主任李无未作为嘉宾，出席此次论坛。拔尖班主任刘子立、郭勇健、任鹏在线下，中文系拔尖班学生代表在线上，共同参与了此次带有学术色彩的活动。主持人苏琼阐明举办“中文拔尖论坛”主要目的在于探讨本科阶段如何公正、公平地遴选拔尖人才；“拔”完之后，怎样培养方能“尖”；如何保障“拔尖”不会变成“掐尖”，不会成为拔苗助长。拔尖班主任刘子立从个人经验出发，介绍学院拔尖制度的优势与取得的成绩，他认为随着各系拔尖计划展开，拔尖人才培养可以取得更大成效。跟 2018 级拔尖班同学亲密相处一年的班主任郭勇健认为，拔尖生培养应该强调针对性，走学术化之路，学生参加选拔之前不妨先写上一篇小论文。任鹏则注重师生交流机制之加强，并给出带领拔尖生日常学习的几种可行方式。

汉语言专业带头人李无未教授主张，在分数选拔基础上，重视学生特长之考察，帮助学生找到研究兴趣点，提供有效的学术支持，但是功成不必“为我”，乐于见到亲手指导的优秀拔尖生到其他高校继续深造。在培养拔尖学生时，应注重知识链条的完整性、学科写作能力，允许旁听研究生课程。

汉语言文学专业带头人代迅教授指出，选拔学生之时，应了解其以阅读量为基准的专业底子；思想是写出来的，不是想出来的，写作能力极其重要；本科生的兴趣常常发生迁移(拔尖班某张姓学生从古代文学追随者变为坚定的文艺学爱好者)，进入中文系之后，不宜马上选拔，亦不宜立即确定指导教师，应尽量通过教学引导学生的兴趣。身为中文系主任，他建议重视经典原著导读课程之开设，以拔尖计划为教学改革之契机，完善中文人才培养体系。

“中文拔尖论坛”总结了此次讨论的主要成果，即，确定中文拔尖计划将本科生中有读研读博意愿且具有学术潜力的优秀生作为首选对象，选拔时会综合考虑学习能力、写作能力与经典阅读量等专业素养。可以预期，在中文系最优秀教师的指导之下，“中文拔尖计划”会培养出更多“一流本科人才”。

三、厦门大学生态文学研究团队

厦门大学生态文学研究团队建立在长时间的学术探索和学术准备之基础上。早在1999年，王诺教授就在科学出版社出版《外国文学——人学蕴涵的发掘与寻思》一书，探讨外国文学与自然的关系，初步进行了生态批评。2000年至2001年，王诺教授赴哈佛大学进行学术交流，专门研究生态文学、生态哲学和生态批评。2002年，他在《文艺研究》上发表了国内学界第一篇全面评介西方生态批评的论文《生态批评：发展与渊源》。2003年，王诺教授又在北京大学出版社出版国内第一部生态文学研究专著《欧美生态文学》。

厦门大学生态文学研究团队形成于2004年，依托于厦门大学中文系和厦门大学比较文学与世界文学研究所，以王诺教授为学术带头人，由三十多位教授、学者、作家和研究生组成。这是国内高校和研究机构第一个，也是迄今为止唯一的生态文学研究团队。这是一个开放性的研究团队，聘请国内外著名生态批评家为学术顾问，聘请国内外知名生态批评家、生态文学家、生态思想家为兼职教授。

厦门大学生态文学研究团队成立以来来，取得丰硕的研究成果。共出版著作数十部、发表论文和译文百余篇、承担国家社科基金项目“生态批评的困惑与解惑”及“十一五”规划国家级教材《欧美生态文学》修订版的编写任务，编辑出版“欧美生态文学研究”丛书。厦门大学生态文学研究团队对生态批评的基本思想、主要术语和批评规范进行系统探讨。在国内首次界定“生态文学”这一术语，在国内首次对“唯发展主义”提出批判，首次批判“科技至上论”，首次论述“生态文明”的基本特征(《生态文明论纲》)。2008 年，我们在国内首次区分“生态”和“环境”这两个术语不同内涵和不同思想基础(《欧美生态批评》)，首次提出并论证生态审美的三个主要原则(《欧美生态批评》)。

厦门大学生态文学研究团队高度重视对国外生态文学家的个案研究，始终坚持把生态批评理论的探讨、生态文学史的梳理建构与生态文学文本研究相结合。在国内首次对卡森、艾比、利奥波德、斯奈德、迪拉德、贝里、杰弗斯、勒克莱奇奥、莫厄特等著名生态文学家进行研究，首次从生态角度对梭罗进行研究，首次从生态视角对《圣经》进行系统研究。

厦门大学生态文学研究团队相当重视对中国古代生态思想和中国当代生态文学的研究。我们研究了先秦儒家生态思想，将之与西方生态整体主义进行比较论述，我们还对以华海、阿红、红豆等为代表的中国当代生态文学家进行了研究。

厦门大学生态文学研究团队既是一个研究团队，也是一个教学团队。非常重视生态文学的教学，特别重视全面占有和把握第一手的原文资料。在英语生态文学和生态批评方面，团队拥有的原文资料在国内学界堪称最新最全。开设的课程包括“英语生态文学名著原文细读与翻译”“生态视角的欧美文学研究及其方法论”“生态批评的理论及实践”“生态文学名著原典分析”“美国生态文学研究”“俄罗斯生态文学研究”“英国生态文学研究”“法国生态文学研究”“德国生态文学研究”“印度生态文学研究”“西方生态哲学”“中国古代生态思想”“生态视角的中国古代文学研究”“中国当代生态文学研究”等。还利用互联网进行互动式教学。团队成立以来，培养了数十位硕士、博士，一些博士论文已经出版，向国内外大学和研究机构输送了一批优秀人才。

厦门大学生态文学研究团队的教学研究与国际该领域的教学研究同步发展，密切联系。团队的所有学者均有在国外著名大学留学或访学一年以上的经历，与国外同行建立了密切的合作关系，积极参与国际学术讨论。近几年来，先后有美国、德国、俄罗斯、澳大利亚等国的学者前来访问，团队的学者也前往国外生态文学研究重镇进行学术访问，本团队的研究生获得全额奖学金到国外或境外大学继续研究生态文学。哈佛大学教授杜维明访问本团队，与我团队的学者进行学术交流，具体指导本团队研究生的论文写作。国际著名生态批评家、“文学与环境研究会”创会会长、《文学与环境跨学科研究》主编、美国内华达大学教授斯洛维克数次专程来到厦门大学与团队进行面对面的学术对话。团队与美国内华达大学文学与环境研究团队的密切联系由此建立。

厦门大学生态文学研究团队积极参与自然保护活动，努力对生态文明建设发挥直接影响。对海湾淤积、污水治理、垃圾处理、室内污染、饮用水达标工程等生态保护项目进行了实地调查，对天竺山、梅花山、武夷山等自然保护区进行了实地考察，以发表文章、举办讲座、提交提案报告等方式，揭示生态危机真相，提出生态修复和保护建议，主持海峡西岸生态文明建设发展战略和长期规划研究，对生态文明建设产生了一定的影响。

厦门大学生态文学研究团队已经被这一领域的学者公认为生态文学研究的重镇。研究团队的代表性和标志性成果被国内研究者广泛引用，《欧美生态文学》是目前国内生态文学研究领域里引用率最高的学术专著，是国内许多重点大学博士生、硕士生进行此领域研究的首选参考文献之一。《读书》《光明日报》《文艺报》《中国比较文学》《中国青年报》等刊物发表书评或书讯，称《欧美生态文学》一书的意义“既在于为生态文学创作和生态文学批评确立准绳，也在于为整个文学研究提供新的视角、新的思路和新的方法”。美国学者斯洛维克教授在其学术专著和论文中称《欧美生态文学》是一部力作，引用并评论本团队学者对“生态文学”的界定。生态批评领域的国际权威学术刊物《文学与环境跨学科研究》(ISLE)聘请本团队学术带头人王诺教授为该刊通讯评委。淡江大学英文系(台湾生态批评重镇)主任黄逸民教授称本团队乃大陆生态批评的南方之强。

四、《厦大中文学报》创刊及发展

厦门大学中文系成立 90 年，各方面都取得长足的发展，但由于种种原因，始终没有办过正式对外发行的学术期刊，这对自身学术成果的推介与展出，对悠久历史文化传统的弘扬与宣传，对以我为主的学术阵地的打造，负面影响已十分明显。有鉴于此，创办面向学术界、发出自己声音的系刊，已成当务之急。

2013 年秋，时任系主任的李无未教授、中国语言文学研究所的林丹娅教授及副所长胡旭教授，率先谋划此事，在形成一定的共识和方案后，邀请系务会和部分资深教授共同讨论，最后决定正式创刊。刊名定为“厦大中文学报”，鉴于申请刊号困难，决定先采取以书代刊的形式，每年出一到二期（辑），等条件成熟时再办成期刊。

讨论决定，李无未教授、林丹娅教授联袂出任《厦大中文学报》主编，胡旭教授出任执行主编，刘荣平副教授出任编辑部主任。编委和编辑不固定，每期灵活变通邀请。大家群策群力，集思广益，努力把《厦大中文学报》办成高端、前沿、大气的纯学术刊物。诚如《刊首语》所云：

> 《厦大中文学报》(Journal of Chinese Studies，Xiamen University)系厦门大学中文系创办的中国语言文学学术研究丛刊。厦大建校伊始，中文即为重镇。学界名流鲁迅、林语堂、沈兼士、罗常培、周辨明、施蛰存、林庚等，教授其间，学术基础，乃得奠定。迄今百年，薪火相传，生生不息，斯风日炽。于兹创立本刊，秉持“追求真理，注重实学，崇尚创新，鼓励争鸣”之宗旨，立足东南，面向世界，刊发高质量、前沿性之学术文章，展示中文研究成果，增强学人了解互动，促进学界交流合作，为推动中国语言文学学科的繁荣和发展，贡献力量。

在这种总的精神框架下，编辑部制定了严格的“稿约”和“撰稿体例”，强调稿件匿名评审制度及严防学术不端的重要性，并就篇幅、格式等一系列问题做出了规定。2014 年 10 月，《厦大中文学报》第一辑正式出版。因名家众多，佳作迭出，甫一出版，即反响甚佳。但我们并不满足于眼前的成功，在第二次编务会议上，结合此前客观存在的不足及摸索得到的经验，再次做出了进一步规定：

1.严把质量关，如稿件不行，可以劝退。

2.简体横排，使用规范汉字。

3.检查摘要、关键词及英译是否齐全，如不全，请作者完成。

4.使用当页注，具体格式参《文学遗产》(可在期刊网下载该刊参考论文)。如作者坚持使用参考文献，可以从宽，但不使用尾注。

5.尽量覆核引文。此点可大量纠错。

6.看看是否有涉及敏感政治问题以及是有否攻击、影射他人的文字，如有，应适当修改。

7.严格校对论文，最大限度减少文字失误。

8.检查是否有作者简介、工作单位、通讯地址及邮编。

由于态度端正，工作认真，《厦大中文学报》迅速赢得学界的重视，许多专家、学者不吝赐稿之余，亦给予鼓励、揄扬。2015 年，经过编辑部的认真工作，《厦大中文学报》顺利加入中国知网，大大提升了学报的知名度和吸引力。

目前，《厦大中文学报》已出版 8 辑，已在学界获得良好的口碑。“路漫漫其修远兮”，我们将再接再厉，让《厦大中文学报》精益求精，走得更为高远。

五、建立厦门大学音像文献中心暨电影博物馆

二十世纪是影像的世纪，其所衍生的音像文献业已成为重要的学术研究对象。为拓展音像文献的搜集、整理与研究，厦门大学戏剧与影视学学科于 2014 年设立厦门大学音像文献中心，在馆藏基础上成立电影博物馆。中心与博物馆致力于复原近代以来影音技术与工业的发展历程、读取和保存珍贵的音像文献资料，构建电影工业发展历史完整的教育链，以厦门位居两岸要津为出发点，维护保存两岸音像文献，以视听语言书写中华历史。同时，由于厦门作为“一带一路—海上丝绸之路”重要战略支点城市，位居辐射港澳台与东南亚的十字路口，华人历史影音档案、华语电影文献资料亦是厦门大学音像文献中心暨电影博物馆致力搜集、整理、发掘和研究的对象，以此完成以视听语言书写大中华历史之使命。

厦门大学音像文献中心暨电影博物馆于 2014 年成立，得益于人文学院时任

院长周宁教授和台湾电影资料馆前任院长、台南艺术大学音像艺术学院时任院长井迎瑞教授的慧眼识珠和全力支持。建设过程中，获得国家教育部、福建省委宣传部、厦门市委宣传部和厦门大学校方及人文学院财力、物力等多方面的支持和帮助，使其能够在短短几年间抢救、发掘相当数量的珍贵音像文献档案资料。

截至目前，音像文献中心电影博物馆馆藏的珍贵音像文献资料计有：

一，接受福建省电影发行放映公司委托馆藏历年胶片电影拷贝 1 000 余部影片，3 789 部影片电影档案(内含电影台本、剧照、海报等)，3 338 部影片电影海报，电影书籍 2 053 种，文书档案清册 43 种，1 258 部影片电影宣传光盘。

二，香港美亚娱乐资讯有限公司捐赠该公司生产制作和拥有版权的 200 多部影片的胶片母盘与拷贝，以及一批电影胶片处理设备。

三，台南艺术大学音像艺术学院院长井迎瑞教授捐赠的 50 余箱、近 1 000 本电影胶片拷贝。

四，长沙电视台女性频道捐赠的 247 箱、1 000 多本录像带。

五，私人委托馆藏的四套 35mm 胶片电影放映设备和 500 余本胶片电影拷贝。

六，厦门同安电影博物馆委托馆藏近千张中国电影海报数字扫描版。

七，厦门大学宣传部交付馆藏的幻灯机、两套 35mm 胶片电影放映设备和 12 台摄影洗印放大机。

八，通过北京产权交易所，以低于其原始价值很多的价格竞拍购得中国电影集团北京电影洗印分公司电影胶片洗印生产线一条(含胶片洗印机、鉴定机、印片机、多台倒片机等)与两台 35mm 胶片电影放映机。

九，福建电影制片厂资深摄影师李明捐赠测光仪、取景器及其母亲李秀金女士福影厂工作日志手稿。

十，中国戏曲学院傅谨教授捐赠的戏曲光碟。

十一，厦门大学台湾研究院陈飞宝研究员捐赠的台湾电影录像带 100 余盘。

十二，电影《一轮明月》出品人周珊薇女士捐赠的影片胶片拷贝一套 6 本。

十三，厦门市电影发行放映公司捐赠电影胶片拷贝 150 余部及胶片电影放映机器材零件 6 箱。

十四，福州市电影发行放映公司委托馆藏电影胶片拷贝 500 余部。

除了常设的电影文献、设备器材的展览展示外，音像文献中心暨电影博物馆面向学术研究、社会公众不定期地对外推出展览、论坛、讲座和放映活动。

2015 年 11 月，音像文献中心举办为期两个月的《新富春山居图—两岸影像·媒介与历史记忆特展》，展览分设胶片电影放映区、电影器材展览区、戏服展览区、电影海报展览区和两岸抢救老电影工作坊等，展览期间每周放映一部胶片电影。从不同角度呈现两岸影像的媒介发展历程与历史记忆，使一些数字化浪潮下被淘汰的影片拷贝和设备重新焕发生命活力，展现历史价值与学术价值。

2018 年七八月，音像文献中心暨电影博物馆联合中国电影家协会电影收藏工作委员会在我校翔安校区举办“电影收藏论坛”，在厦门思明和湖里区举办“流金岁月——胶片电影露天放映大会”，为期一个月，精选电影史上十部经典影片如《摩登时代》《霸王别姬》等，进入社区，使用其原始的胶片版本放映，获得极大成功和一致好评。

2019 年 7 月 1 日至 7 月 3 日，音像文献中心暨电影博物馆联合厦门市思明区委宣传部、纽约大学狄许艺术学院在厦门大学召开“影展与电影修复”国际论坛，来自纽约大学、南加州大学、南洋理工大学、墨尔本大学、圣安德鲁斯大学、名古屋大学、南安普顿大学、伦敦大学亚非学院、菲律宾大学、香港理工大学、台南艺术大学、台湾艺术大学、厦门大学等海内外一流高校，来自新加坡电影节、中加国际电影节、加州大学洛杉矶分校影视资料馆、新加坡亚洲电影资料馆、泰国电影资料馆、中国文联电影艺术中心、中国电影资料馆等单位的知名专家学者出席论坛。本次论坛借金鸡百花电影节即将在厦门举办之际，邀请国内外电影修复领域的顶级专家，共同探讨影展与电影文化资产的修复、维护、开发、再利用之间的关联关系。

第四节　国内外交流

2011—2021 年，厦门大学前所未有地强调教师职业生涯中的海外经历，与此相应，我系教师的人员构成和职业规划都因此受到重要影响。

首先是人员构成方面的变化，继刘镇发和夏光武等境外教师加盟我系后，进一步加大人才引进力度，全职引进李伯翰老师和张惟捷老师，兼职引进井迎瑞等讲座教授。我系更多教师到海外、境外交流。如李无未教授在此十年中多次对日本、韩国等国家地区的大学进行访问、交流并作学术报告；李晓红教授、郑泽芝教授、王宇教授、苏琼教授、李菁副教授、肖湛副教授、王晓红副教授；洪迎华副教授等赴美国诸大学、科研机构访问交流；贺昌盛教授、郭勇健副教授等赴日本诸大学、科研机构交流；赵春宁教授、陈明娥副教授等赴韩国诸大学、科研机构交流；陈世雄教授、周湘鲁教授赴俄罗斯诸大学、科研机构交流；李晓林教授、钱建状教授等赴台湾诸大学、科研机构交流；刘荣平副教授等赴香港诸大学、科研机构交流，诸如此类的海外、境外交流，不胜枚举。

特别值得一提的是中文系郭惠芬的学术专著《中外文学交流史：中国—东南亚卷》的马来文版本 SEJARAH PERHUBUNGAN KESUSASTERAAN ANTARA CHINA DENGAN ASIA TENGGARA 在马来西亚正式出版。

《中外文学交流史：中国—东南亚卷》是一部从整体上研究和描述中国与东南亚文学相互交流的史类研究成果，2015 年 12 月由山东教育出版社出版，计 59.4 万字。该著先后荣获 2016 年"第六届中华优秀出版物奖图书奖"、2018 年"第四届中国出版政府奖图书奖"。

鉴于该著在中外文学关系史研究、东南亚文学研究和促进"一带一路"文化交流方面的重要意义，马来西亚具有广泛影响力的出版社亚洲智库（Perbedanan Kota Buku）于 2017 年 8 月在"中国 · 山东'一带一路'版权贸易会"期间，输入了该著在马来西亚翻译和出版马来文版本的版权。该著马来文版本的译者是马来西亚著名的综合性研究型大学马来西亚理工大学语言文学与翻译学院的三位学者。在他们的联合翻译下，该著的马来文版本于 2019 年在马来西亚正式出版，共计 559 页。这也是中国国内第一部在国际上被翻译成马来文版本的本学术领域专著，具有重要的开创意义。除此之外，越南出版社 CÔNG TY TNHH GIÁO DỤC THÉGIÖI THÔNG MINH 也于 2017 年输入该著在越南翻译、出版和发行越南文版本的版权。

我系还与国（境）内外相关大学的中文系及研究机构，开展了卓有成效的交流与合作。较有代表性者如下：

2012 年 3 月 31 日，来自台湾知名大学的中文系 9 名教师，在系主任杨祖汉教授带领下来到我系，商谈合作事宜。次年，我系数名教师在系主任李无未教授的带领下，回访该校中文系，就两系合作事宜进一步深入交流。这些交流、合作，直接促进了两地之间学生互换和师资引进。

2012年7月7日,在厦门大学主持与台中科技大学应用中文系11位教师访问团,商谈两系合作事宜。

2013年6月16日,浙江师范大学吴泽顺、张法(长江学者)等13名中文教授来访,系主任李无未教授主持接待仪式,进行了学术交流。

2014年10月7日,李无未教授在台湾大学文学院中文系学术演讲厅进行了学术讲座,并和该系系主任李隆献教授进行了交流,确立厦门大学中文系和台湾大学中文系的学术往来关系。

2017年5月28日,由厦门大学中文系与台北教育大学语文与创作系共同主办的学术交流会在厦门大学人文学院成功举办。本次会议对两岸青年学子学术交流、相互理解起到了促进作用。李无未教授希望更多的台湾学子报考厦门大学中文系。

2018年5月18日下午,中央民族大学文学院五位学者(包括娄育博士)来访中文系,李无未教授与中文系代讯、叶玉英、王晓红等老师在南光楼与之讨论了本科教学等问题。

特别值得一提的是,厦门大学马来西亚分校于2016年正式开办后,我系对口支援分校的中文系建设。为了马校中文系顺利走上正确的办学道路,我系首次即派出教学经验丰富、科研成果突出的胡旭教授到马校任教。胡旭教授将我系多年来办学的成功经验倾囊相授,帮助马校中文系遴选教师,在较短时间内即组建了一支精干的教学队伍,为马校中文系的进一步发展打下良好的基础。随后,我系继续轮流派出精干的师资,持续支援马校中文系。林丹娅教授、杨惠玲教授、李菁副教授、陈明娥副教授、夏光武副教授、师雅惠助理教授、刘子立助理教授、王传龙助理教授等在教学上很受好评的老师,渐次来到马校中文系,传经授宝。从马校中文系已经毕业的两届学生情况来看,办学取得巨大的成功,这与我系倾力相助是紧密相关的。

为了大力促进海内外学术交流,我系成功举办多场国际学术会议,姑列举如下数端,以志其事:

2011年10月29日,我系召开首届海峡两岸生态文学研讨会,王诺教授主持。

2011 年 11 月 19 日，我系召开全国文艺思潮会议，杨春时教授主持。

2011 年 12 月 21 日，我系召开中国女性文学研究会第十次全国学术会议，林丹娅教授主持。

2012 年 8 月 22 日，我系召开中国音韵学暨黄典诚学术思想国际学术研讨会、中国音韵学会第十七届年会暨第十二届国际学术研讨会，李无未教授主持。

2012 年 11 月 20 日，我系召开海洋文明与语言文字书写全国学术研讨会，李无未教授主持。

2013 年 6 月 22 日，我系召开《历代文苑传笺证》学术研讨会，胡旭教授主持。

2014 年 11 月 29 日，我系召开全国鲁迅纪念馆馆际交流会，李无未教授主持。

2014 年 11 月 30 日，我系召开"新媒体时代艺术研究新视野"研讨会，黄鸣奋教授主持。

2015 年 11 月 6 日，我系召开第七届世界汉语教育史国际学术大会，李无未教授主持。

2016 年 11 月 3 日，我系召开中国文选学第十二届年会暨先唐文学国际学术研讨会，胡旭教授主持。

2017 年 8 月 25 日，我系召开国际中青年学者宋代文学研讨会，钱建状教授主持。

2018 年 4 月 21 日，我系召开福建省语言学学会会员大会，李无未教授主持。

2018 年 12 月 7 日，我系召开当代美学、文艺学建设：历史经验和前沿全国学术研讨会，杨春时教授主持。

2019 年 10 月 11 日，我系召开首届汉语音韵学史学术研讨会，李无未教授主持。

2019 年 11 月 8 日，我系召开"古文字与上古音研究"青年学者论坛，叶玉英副教授主持。

在过去的十年中，我系的对外交往十分频繁而多元，无论是走出去，还是请进来，都是踏踏实实的，这使得我系在国内、国际的影响越来越大，知名度越来越高，对我们的发展也越来越有利。

第五节　教授录

1.代迅

代迅(1963—　)，著名学者，文艺理论家。1998年毕业于四川大学中文系中国文学批评史专业比较文论方向，获文学博士学位。曾执教于西南大学中文系，2000年破格晋升为教授、博士生导师，担任美学研究所所长。2007年入选"教育部新世纪优秀人才支持计划"。2015年被厦门大学引进，任闽江学者特聘教授。2018年任厦门大学中文系系主任。兼任教育部艺术学理论类本科教学指导委员会委员。主要研究领域为文艺理论和美学理论，研究专长为比较诗学和比较美学，特别是20世纪西方文论在中国的本土化和中国文论西化的双向互动研究。近期研究逐渐深入中西文论话语方式研究，延伸至东方文论在英语世界的流变。

他还涉足城市景观美学、广场舞等大众审美文化领域。著有《文学理论与批评实践》《西方文论在中国的命运》《中国美学西化问题研究》等。

2.郭惠芬

郭惠芬(1964—　)，福建漳州人。2002年新加坡国立大学中文系哲学博士(文学方向)，受聘于厦门大学，历任中文系副教授、教授。兼任厦门市华侨历史学会理事，东南亚华文文学研究会理事。主要从事海外华文文学与中国现代文学的教学与研究。著有《中外文学交流史·中国—东南亚卷》《战前马华新诗的承传与流变》《新马华文文学的现代与当代》《中国南来作者与新马华文文学》等。

3.郑泽芝

郑泽芝(1964—　)，女，山西人。厦门大学中文系教授，博士，博士生导师。芝加哥大学语言学系高级访问学者，北京大学信息科学技术院计算语言学研究所访问学者。主要从事计算语言学、教育教材语言、词典编纂学研究。拥有数学专业理学本科、计算机应用专业工学硕士、应用语言学专业文学博士的学习经历，以及较完备的交叉学科知识结构、知识体系，使其能够从理工科思维和视角，利用计算机技术进行语言学的深入研究，尤其在从语料库量化实证角度研究语言内在规律、探索语言理解和生成机制方面，取得显著成就。著有《Excel 在语言研究中的应用》《大规模真实文本汉语字母词语考查研究》等。

4.王宇

王宇（1965—　），女，福建宁德人。2004 年毕业于南京大学中文系，获文学博士学位，受聘于厦门大学中文系。历任副教授、教授、中国现当代文学博士生导师，现当代文学教研室主任。兼任福建省现代文学研究会副会长、中国当代文学研究会理事。主要从事中国现当代文学，性别与百年新文学之关联研究。主持国家社科基金重大项目“百年中国文学女性形象谱系与现代中华文化建构整体研究”，曾获全国妇联、中国妇女研究会首届“妇女与性别研究优秀博士论文”一等奖等。著有《国族、乡土与性别》《性别表述与现代认同》《中国新文学史》（合著）、《中国当代文学史新编》（参著）、《中国女性文学教程》（参著）等。

5.李城希

李城希（1965—　），湖北黄冈蕲春人。南京大学中文系博士，四川大学文学与新闻学院博士后，中国社会科学院文学研究所、香港中文大学中国语言及文学系访问学者。2003 年受聘于厦门大学中文系，历任讲师、副教授、教授。主要从事鲁迅研究、中国现当代小说研究、香港中国现代文学研究史研究。在《文学评论》等期刊发表《论“未完成的中国现代文学”》《香港中国现代文学研究三十年：1949—1979》等论文，提出中国现代文学发展“中断”说。著有《鲁迅与中国传统文化 接受 偏离 回归》《鲁迅小说美学》等。

6.李晓红

李晓红（1966—　），女，河南镇平人。厦门大学文学学士、文学硕士、史学博士，哈佛大学访问学者。人文学院副院长，中文系教授，博士生导师。厦门大学戏剧与影视学一级学科博士授权点影视方向学科带头人、厦门大学通识教育中心副主任、教育部高等学校戏剧与影视学类专业教学指导委员会委员、中国台港电影研究会理事、中国台港电影研究会台湾电影专业委员会副主任、中国电影评论学会影视动漫游戏专业委员会副主任、中国电影家协会电影收藏委员会理事、中国电影家协会民族电影委员会理事、福建省电影家协会副主席、厦门市电影家协会主席。获得的荣誉有福建省文化名家、福建省优秀教师、厦门市优秀教育工作者。主要研究中国电影史、影视文化、文学与大众传媒关系、现代文学与现代作家、通识教育等。著述有《面对传统的张爱玲》《女性的声音——民国时期上海知识女性与大众传媒》《华语电影新世代:地平线/症候群》等。

7.王烨

王烨(1967—　),安徽濉溪人。2002 年毕业于武汉大学,获中国现当代文学专业博士学位,受聘于厦门大学,历任副教授、教授、博士生导师、中文系副主任、中文系教工党支部书记。主要领域为中国现代文学史、中国现代文学史论、革命文学研究、鲁迅研究、中国现代作家作品研究。著述有《1920 年革命小说的叙事形式》《丁玲早期女性小说研究》《二十年代革命小说研究》《新文学与现代传媒》等。

8.杨惠玲

杨惠玲(1967—　),女,湖南桃源人。2004 年毕业于南京大学中文系戏剧戏曲学专业,获博士学位。受聘于厦门大学中文系,历任讲师、副教授、教授。研究方向中国戏曲、戏曲理论、性别研究,著述有《戏曲班社研究:明清家班研究》、《明清江南望族和昆曲艺术》、《明史·文苑传笺证》(合著)、《20 世纪中国戏剧理论批评史》(合著)等。

9.李晓林

李晓林(1968—　),女,山东金乡人。2001 年于山东大学中文系,获文艺学博士学位,同年到厦门大学人文学院中文系任教,现为厦大中文系教授。研究方向为西方美学和文艺理论。著述有《审美主义:从尼采到福柯》《审美形而上学研究》《个人完美与人类团结:罗蒂"诗性文化"的双重维度》等。

10.叶玉英

叶玉英(1968—　),福建龙岩人。2006 年毕业于厦门大学,获历史文献学博士学位并留校任教。历任讲师、副教授、教授、博士生导师。2008 年 7 月至 2011 年 9 月在首都师范大学从事博士后研究工作。2014 年 8 月至 2015 年 8 月在美国密歇根大学语言学系访学。社会兼职有中国语文学会中国音韵分会理事、福建省辞书学会常务理事兼监事会主席。2020 年入选厦门市领军人才。主攻方向为古文字、上古音、汉语史和出土文献,研究特色是将古文字研究和上古音研究相结合。著述有《古文字构形与上古音研究》《林义光〈文源〉研究》《朱熹口语文献修辞研究》等。

11.贺昌盛

贺昌盛(1968—),湖北省十堰市人。著 2002 年于武汉大学中文系获得文学博士学位,2002——2004 年于南京大学文学院从事博士后研究工作,出站后历任厦门大学中文系副教授、教授、文艺学专业博士生导师。主要从事中国现代文论及文艺学学术史研究,主持国家社科项目《晚清民初"文学"学科的学术谱系》及重点社科项目《中国现代文学基础理论文献的整理与研究》。著述有《象征:符号与隐喻》《想象的"互塑"》《晚清民初"文学"学科的学术谱系》《现代性与国学思潮》《性想像的空间》等,译著《华语圈文学史》(藤井省三著)、《中国现代文学基础理论与批评著译辑要》《文与现实》及"国学思潮丛书(四卷)"等。2019 年调离厦大。

12.胡旭

胡旭(1969—),江苏泗阳人。2003 年毕业于复旦大学中文系,获中国古代文学博士学位,受聘于厦门大学。历任讲师、副教授、教授、博士生导师。兼任厦门大学中国语言文学研究所所长,中国文选学研究会理事,中国唐代文学学会理事。入选教育部新世纪优秀人才,福建省哲学社会科学领军人才。主要从事中国古代文学、中国古典文献学的教学与研究工作。著述有《汉魏文学嬗变研究》《悼亡诗史》《先唐别集叙录》《先唐文苑传笺证》《先唐文学研究》等。

13.周湘鲁

周湘鲁(1970—),女,新疆人。南京大学外文学院俄罗斯文学硕士,厦门大学戏剧戏曲学博士,俄罗斯国立圣彼得堡大学语文系访问学者(1999—2000),

俄罗斯国立特维尔大学语文系访问学者。历任讲师、副教授、教授。研究方向为俄罗斯文学，俄罗斯戏剧，出版专著《与时代对话：布尔加科夫戏剧研究》《俄罗斯生态文学》；译著《逃亡：布尔加科夫戏剧集》《布尔加科夫戏剧三种》；在《戏剧》《戏剧艺术》《俄罗斯文艺》《读书》《外国文学》等刊物发表学术论文数十篇。

14.钱建状

钱建状（1971— ），安徽无为人。2003 年毕业于浙江大学中文系，获中国古代文学博士学位，受聘于厦门大学，历任讲师、副教授、教授、博士导师。兼任中国词学研究会理事、中国宋代文学研究会理事、中国李清照、辛弃疾研究会理事、福建省文学学会副秘书长等。著述有《南宋初期的文化重组与文学新变》《宋代文学的历史文化考察》《宋史文苑传笺证》《中国科举通史・宋代卷》等。

15.赵春宁

赵春宁（1972— ），女，辽宁大连人。2001 年华东师范大学中文系毕业，获文学博士学位，受聘于厦门大学中文系，历任讲师、副教授、教授。主要研究方向为中国文学批评史、中国戏曲史和戏曲小说理论。著述有《西厢记传播研究》《明史文苑传笺证》《现代戏曲观念：构建与蜕变》等。

16.汪晓云

汪晓云（1972—），安徽潜山人。2005 年毕业于厦门大学中文系，获戏剧戏曲学博士学位。2005 年 9 月至 2007 年 7 月在中山大学哲学系从事博士后研究。2009 年至 2019 年在厦门大学人类学系任助理教授、副教授、教授。2016 年 7 月至 2017 年 7 月在美国伊利诺伊大学香槟分校东亚研究中心访学。2019 年调到厦门大学中文系，为戏剧影视学教授、博士生导师。主要研究领域为中外戏剧、中外艺术、中外文化，主要研究方向为比较戏剧学、戏剧人类学、比较神话学、艺术人类学、古典学、话语学。著有《从仪式到艺术：中西戏剧发生学》《神・鬼・人：戏曲形象探源》《闽台民间戏曲与族群认同》《一字之差："道"何以"道"》《一名惊人："昆仑"之"道"》《一器之下："翠玉白菜"何以为"镇国宝"》《一本正经：隐秘的汉语"圣经"〈海山经〉》《一本万殊：〈海山经〉文化寻踪》等。

17.苏琼

苏琼(1973—),女,福建龙岩人。2001年毕业于南京大学中文系,获博士学位,受聘于厦门大学中文系,历任讲师、副教授、教授。主要从事戏剧戏曲与影视学、中国现当代文学、女性文学等方向的教学与研究工作。著述有《跨语境中的女性戏剧》《图说中国戏剧艺术》《“打出幽灵塔”——五四女性文学研究》等。

18.郭勇健

郭勇健(1973—),福建福清人。2003年毕业于东南大学艺术学系(现为艺术学院艺术理论系),获文学博士学位,受聘于厦门大学中文系。历任讲师、副教授、教授。曾为东京艺术大学艺术学科美学研究室客座研究员。主要研究方向为美学和艺术学理论。已出版专著十余部,主要有《舞蹈美学引论》《艺术原理新论》《当代中国美学论衡》《现象学美学史》《庄子哲学新解》等。

19.李焱

李焱(1974—),山东潍坊人,2003年毕业于厦门大学中文系,获汉语文字学博士学位,受聘于厦门大学中文系,历任讲师、副教授、教授。主要的研究方向是汉语法史和世界汉语传播史,以贯穿古今,打通东西为学术目标。注重对语言发展规律和东西学术交流脉络的整理。著有《汉语平比句的语法化研究》《〈朱子语类〉语法研究》《20世纪80—90年代基础教育语文教材语言研究》等。

20.王晓平

王晓平(1975—),福建福清人。1998年毕业于北京大学中文系,获文学学士学位。2000年毕业于香港科技大学,获哲学硕士学位。2010年毕业于美国德克萨斯大学亚洲研究系,获博士学位。2011年9月到厦门大学中文系工作。历任副教授、教授、孔子新汉学计划博士生导师。2013年,入选教育部新世纪优秀人才。主要从事中国现当代文学领域的研究,在国际国内学术出版社出版各类中英文著作著作十余种,发表百余篇中英文学术论文。主持多项国家社科基金项目,一项国务院新闻办“中国图书对外推广计划”翻译资助项目。先后获福建省第十一届、十二届社科优秀成果奖。2016年1月调离本系。

21.徐勇

徐勇(1977—　),江西景德镇人。2012 年毕业于北京文学中文系,获博士学位。2016 年复旦大学中文系博士后出站。历任讲师、副教授、教授和博士生导师。2020 年调入厦门大学中文系,同年获得“厦门大学南强青年拔尖人才”A 类。兼任中国当代文学研究会理事和中国现代文学馆特邀研究员。主要从事中国现当代文学、文学选本研究。出版《选本编纂与八十年代文学生产》等专著 4 部。在《文学评论》《文艺研究》等 CSSCI 来源期刊发表论文 80 余篇。获浙江省哲学社会科学优秀成果奖二等奖和三等奖等奖项多项。

22.乐耀

乐耀(1982—　),湖北武汉人。2011 年毕业于北京大学中文系,获博士学位。2011—2013 年在中国社会科学院语言研究所从事博士后研究工作。2013—2017 年在中国社会科学院语言研究所句法语义研究室工作,先后担任助理研究员、副研究员。2017—2018 年在厦门大学人文学院中文系现代汉语教研室工作,担任副教授。2018 年 6 月底至今为厦门大学人文学院中文系教授。研究兴趣为话语功能语法、不同句法语义范畴之间的互动研究、汉语儿童词类习得研究等。

附录一 厦门大学中文系及所属机构简介

1.厦门大学中文系

厦门大学中国语言文学系创办于1921年,鲁迅、林语堂、沈兼士、周辨明、孙伏园、罗常培、洪深、施蛰存、林庚、虞愚、郑朝宗、黄典诚、周祖譔、应锦襄等著名作家学者曾在此执教;陈衍、杨树达、李笠、毛常、余謇、周辨明、刘大杰、郑朝宗等著名学者先后出任中文系主任。

现任系主任代迅教授,副系主任苏琼教授、李焱副教授。

厦门大学中文系现有在职教师56人,教授23人(其中博士生导师9人)、副教授21人、助理教授12人。现任系主任代迅教授,副系主任苏琼教授、李焱副教授。中文系下设9个教研室:文艺理论、古代文学、现当代文学、比较文学与世界文学、现代汉语、古代汉语、语言学及应用语言学、戏剧与影视学、艺术学等。中文系实行系、所、中心合一的管理体制,拥有中国语言文学研究所、古籍整理研究所、戏剧影视与艺术学研究中心、东南亚华文文学研究中心、汉语言文字应用和推广研究中心、新媒体动漫研究中心、国家语言资源监测与研究教育教材中心等。厦门大学鲁迅纪念馆,由中文系管理,是国内五大鲁迅纪念馆(博物馆)之一。

中文系现有2个一级学科博士学位授权点(中国语言文学、戏剧戏曲影视学),涵盖9个二级学科:文艺学、中国古代文学、中国古典文献学、中国现当代文学、比较文学与世界文学、中国少数民族语言文学、汉语言文字学、语言学及应用语言学、戏剧影视学。另有3个一级学科硕士学位授权点(中国语言文学、戏剧戏曲影视学、艺术学理论)。

中文系现有三个本科专业,即:汉语言文学、语言学、戏剧影视文学。

【汉语言文学】

本专业培养具备文艺理论素养和系统的汉语言文学知识的高素质人才。既造就从事文化艺术、新闻出版、社会科学研究和高等院校教学科研的高级专门人才，又培养能在党政机关、社会团体、中外企事业单位从事文化、宣传、文秘、公关、形象策划和管理等实际工作的高级人员和智囊型人才。

本专业除学习政治理论、英语、计算机基础与运用、高等数学、体育等公共课外，主要专业基础课和主干课有“语言学概论”“古代汉语”“现代汉语”“文学概论”“马克思主义文论”“中国古代文学史”“中国现当代文学史”“外国文学史”“比较文学”“民间文学”“大学写作”“古代作品与文献”“现代作品选讲”“汉语史”“语言学史”等。还开设“美学”“文艺评论”“文艺创作”“中外古今文学各种专题”“方言”“词汇”“音韵”和“中国文化”“中西文化文学”比较的数十门专门性选修课。从拓宽专业口径、培养学生素质出发，还开设一批前沿学科、交叉学科及应用型的课程，主要有“传播心理学”“电脑文艺学”“网络文化”“影视与戏剧”“公共关系学”“秘书学”“新闻采访”“企业策划”“文化与管理”。

本专业立足于传统的汉语言文学学科的特色，发扬基础学科素质教育的优良传统，把握本学科的前沿成就和发展前景，吸收富于时代精神的新学科新成果，为弘扬中华文化，培养德、智、体、美全面发展的高素质人才而不懈努力。

【汉语言(应用语言学方向)】

本专业的目标是培养中外文并重、文理科兼通的复合式应用型人才。具有较好语言文学修养，基础知识扎实，懂计算机，能从事信息加工处理(计算机二级水平)，具有较强的汉语和英语表达能力(英语达到6级水平)，能在新闻出版、大专院校、党政机关、中外企业、事业单位从事编辑、教学、文秘、宣传、策划、管理工作，能从事汉语母语与对外汉语教学，并能从事与中文信息处理相关专业工作。同时，为进一步的语言学专门人才的培养输送优质生源。

开设的基本课程有“社会语言学”“应用语言学”“中文信息处理”“现代汉语”“古代汉语”“语言学概论”“古代文学作品选读”“汉语史”“语言学史”“对外汉语教学概论”“文学概论”“大学写作”“汉语词汇学”“汉语语法学”“中国文学史”“中国现代文学”“现代文学作品等。选修课有“美学概论”“公共关系学”“公务员应用写作”“传播心理学”“汉语与中国文化”“辞书学概论”“现代语音学”“现代语法研究”“音韵学”“方言学”“文字学”“心理语言学”“海外华文教育研究”“人工智能原理”“计算语言学”“计量词汇学”“网络二语言教学理论”“辞书学史”“中国语言学名著选读”“西方语言学名著选读”“公关语言学”“言语交际与训练”“商务礼仪”等。

【戏剧影视文学】

本专业的目标是培养兼具理论素养和创作能力的高素质人才，要求学生熟悉我国的文艺、宣传的政策、方针，了解戏剧、戏曲、影视理论和创作的发展动态；系统掌握戏剧、戏曲、影视文学的基本理论；具有较强的观察、理解、概括生活的能力；具有较强的戏剧、戏曲、影视创作的基本能力和较强的文艺编辑能力；掌握文献检索、资料查询的基本方法，具有一定的理论研究和理论批评能力。

除了中文系的基本课程，本专业开设的主要课程有“戏剧影视写作（含戏剧、戏曲剧本写作和电影、电视剧本写作）”“戏剧理论与鉴赏”“戏曲作品鉴赏与批评剧场艺术”“影视作品鉴赏与批评”“中国话剧史”“外国戏剧史”“中国戏曲史”“中外文学史”“电影史”“表演导演艺术基础”“视听语言”“艺术学与美学概论”“艺术欣赏”等。另外，还开设舞台实践、电影实践、戏曲实践和纪录片创作等实践性课程。此外，还充分利用校外资源，平均每学期安排三周左右的社会实践和艺术实践，包括观摩演出和播映，撰写剧评、影评和剧本习作，给著名剧作家、评论家当助手等。鼓励学生在学期间主动积极地参与本市、本省的戏剧影视创作、评论实践，从实践中学习。

2.厦门大学中国语言文学研究所

厦门大学中国语言文学研究所于1977年由教育部批准设立。现有在职研究人员28人，皆由厦门大学中文系教授、副教授兼任。

所长胡旭教授。下设语言学与文学两个研究室。

【语言研究室】

语言学研究室为中文系汉语文字学博士点及各硕士点的合作培养单位，现有研究人员李如龙、李国正、叶宝奎、林寒生、苏新春、李无未、郑泽芝、钱奠香、金美、李焱、叶玉英、陈明娥、乐耀、黄瓒辉、赵怿怡、蔡淑美等。

语言学研究室根据所处地理区位和人文环境条件，大力开展闽南方言、闽东方言、闽北方言、海南方言和客家方言等的调查研究，积累了丰富的汉语东南方言资料，出版了多种方言词典和研究论著，其中，闽语研究在国内外有着十分突出的影响。同时，研究室在应用语言学、汉语词汇学，尤其是词汇计量研究、汉语音韵学、汉语语源学、汉语生态学训诂学、敦煌学等方面的研究上，具有明显优势与鲜明特色，其成果令国内外学术界瞩目。研究室已同美国、日本、韩国、新加坡等国家，我国台湾、香港等地区的研究机构与学者，建立了广泛的合作关系。今后，语言学研究室将进一步拓展研究新视野，加强闽台文化的整体性考察，深化语言理论，力争在现代东南汉语方言语音词汇语法比较、汉语语音史、中外音韵学史、汉语词汇史研究等方面取得更大突破。

【文学研究室】

文学研究室是中文系文艺学、戏剧学与艺术学、中国古代文学、中国现当代文学、比较文学各博士点及硕士点的合作培养单位，现有研究人员陈世雄、俞兆平、吴在庆、杨春时、朱水涌、郑楚、黄鸣奋、郑尚宪、王玫、林丹娅、王诺、代迅、周宁、李晓红、满新颖、苏琼、谢泳、王宇、王烨、胡旭、钱建状、杨惠玲、赵春宁、李晓林、刘荣平、郭惠芬、夏光武等。

文学研究室在文艺理论、电子文艺学、艺术人类学、戏剧理论与历史、中国古典戏曲与地方戏曲、比较戏剧学、戏剧文化、汉魏六朝文学、唐宋文学、中国现当代文学、现代知识分子问题、女性文学及性别文化、台湾文学与港澳东南亚华文文学、生态批评与生态美学等方面，进行了广泛而深入的研究，在国内产生较大影响，处于国内先进水平，并形成自己的明显优势与鲜明特色。今后，文学研究室仍将继往开来，关注相关学科领域的研究发展，开拓进取，致力于建设有中国特色的文学理论与实践研究，进一步扩大影响，创造佳绩。

3.厦门大学国家语言文字推广基地

为深入贯彻落实习近平新时代中国特色社会主义思想，推进新时代语言文字事业发展，创新语言文字工作治理体系、提升治理能力，服务国家发展战略需求，国家教育部、语委决定建立一批政治可靠、特色鲜明、成果优异、管理规范、示范性强的国家语言文字推广基地，并于2019年组织开展了首批国家语言文字推广基地遴选。2020年1月6日，国家语委发布“国家语委关于公布2019年国家语言文字推广基地名单及开展基地建设工作的通知”（国语函[2020]1号）宣布厦门大学等60家单位入选国家语言文字推广基地。

根据厦大语言文字工作的特色，厦门大学国家语言文字推广基地主要由人文学院（中文系）、宣传部、语委、海外教育学院、汉语国际推广南方基地联合组建，由校领导出任基地主任，秘书处挂靠人文学院（中文系）。基地下设5个中心：语言文字研究中心，负责汉语言文字的基础性研究工作；国际汉语传播中心，以汉语文化传播研究及推广为取向，积极服务于全球汉语国际推广；国际汉语教育中心。基地负责各国来华留学生的汉语教育工作；汉语培训中心。基地负责面向校内外的普通话推广和语言调查；语言文字文化艺术推广交流中心，组织各种丰富多彩的语言文字类活动，生动活泼地宣传和推广国家语言政策。

基地今后将继续对建立在方言调查等语言研究基础之上的民族共同语的推广发挥积极作用；对两岸的语言政策、语言使用、语言教育现状进行调查，为国家的统一发挥政策性智库的功能；对外依托马来西亚分校，扩大华文教育的影响；同时借助闽籍华侨分布世界的优势，依靠设立在我校的汉语国际推广南方基地和海外教育学院等机构，扩大汉语言文化在世界的影响力，更好地服务国家战略。

4.厦门大学汉语语言学研究中心

汉语语言学研究中心是厦门大学 1999 年批准成立的学术研究机构，任务是组织校内从事汉语语言学研究的师生从事汉语语言学的理论和应用研究，开展有关的学术活动，加强与国内外语言学同行的交流。研究中心的主任是语言学学术带头人、博士生导师李如龙教授，先后参加过各项有关工作的教师有林寒生、邓晓华、钱奠香、李焱、刘镇发、李无未、郑通涛、许长安、苏新春、金美等人。

该中心成立之后开展了如下几方面的活动：

(1)创建有关机构：建议学校于 2002 年成立“厦门大学语言文字工作委员会”，李如龙出任首任副主任，近十年来为我校语文工作规范达标、通过验收作为全国示范学校开展了大量工作，获得省语委的好评。2004 年又成立“厦门大学普通话测试站”，培训国家级和省级普通话测试员十余人，每年为我校师生几千人作普通话达标辅导和测试，后来成为我省的优秀普通话测试站。

(2)承担研究课题：1999 年起，继续李如龙承担的国家教委“汉语方言特征词研究”课题的研究，扩大成果，编成专题论文集《汉语方言特征词研究》于 2001 年正式出版。2001—2009 年由李如龙主持教育部语用司下达的“台湾语文追踪研究”的连续性课题，出版定期简报，向有关部门提供对策建议并于 2004 年正式出版有关专著《台湾及东南亚华文华语研究》；2001 年，李如龙主持课题获国家社科基金立项“中古到现代汉语语音的演变”，结题报告于 2004 年正式出版；

2007 年,李如龙参加国家语委主办的"中国语言资源有声数据库建设"(汉语方言卷)的设计工作,所编的调查手册于 2010 年正式出版。同时,还承担我校国学院课题 "朱熹口语语言文献通考"。

(3)主办全国性研讨班和有关汉语语言学的全国性和国际性研讨会。举其主要的有:2001 年,经教育部批准主办第五届全国暑期现代语音学高级研讨班(学员 90 人)。词汇学方面有:2000 年 10 月,主办第 3 届全国现代汉语词汇学术研讨会(与会 80 人);2001 年 12 月,主办全国词汇规范问题学术会议(与会 60 人);2008 年 11 月,"汉语与汉字关系国际学术研讨会"(与北京师范大学合办,与会 70 人)。方言学方面有:2001 年 11 月,第 7 届闽方言国际研讨会(与会 70 人);2004 年 12 月,第 6 届客家方言国际研讨会(与会 60 人);2005 年 9 月,第 11 届中国东南部方言比较研讨会;2007 年 5 月,第 12 届中国东南部方言比较研讨会(与会 30 人)。应用语言学方面有:2002 年 8 月,"华人地区语言生活与语言规划国际研讨会"(武夷山,与会 30 人);2005 年 10 月,"华人地区汉语教育国际研讨会"(鼓浪屿,与福建师大合办,与会 50 人)。此外,2005 年 10 月还主办了大型国际会议"第 38 届国际汉藏语言学会议"(与会 100 多人)。

5.厦门大学语言技术中心(第二研究室)

厦门大学语言技术中心于 2003 年 2 月成立,是一个跨系科、跨专业,以语言信息处理的理论研究与应用开发并重的研究实体。语言技术中心第二研究室设在中文系,位于人文学院南光一号楼 201 室,研究室主任是苏新春教授(博导)。

该研究室现有研究人员 5 名,其中教授 1 名,副教授 3 名,具有博士学位的 4 名。五年来共承担国家社科基金 3 项、省社科项目 4 项,完成国家语言资源监测与研究中心项目 9 项。科研经费共 100 余万元。发表核心期刊论文 50 余篇,出版论著 10 余部。

在理论与应用研究方面,近年来,该研究室在词汇计量研究、面向机用的语义词典建设以及教材语言资源建设与研究、大规模真实文本字母词语研究等领域进行了大量和深入的研究。

一是词汇计量研究。把数据库技术应用于词汇理论与词汇发展规律研究,对现代汉语词汇系统的层级构成、演变、词汇实际应用等方面作了深入的研究。发表论文《计量方法在词汇研究中的作用及频级统计法》,出版专著《词汇计量及实现》。在国内首次建有以最具权威的规范词典《现代汉语词典》为主要内容的通用词语语料库，在此基础上对诸多词汇理论、词汇应用与规范问题及词典的编纂原理、方法等进行了深入的专题研究。对规范词典、义类词典的编纂原理、方法、规律及经验和存在的问题都进行了深入研究。

二是《现代汉语分类词典》研究。该词典历时五年，兼顾人用与机用，可以为计算机词义自动标注提供重要支撑。《论机用词典义项的形式特征及对义项构成的反思》等系列论文引起学术界广泛关注。国家社科基金项目《基于"国家语委通用语料库"之上的义频词库的开发》于2010年通过全国哲学社会科学规划办公室鉴定，鉴定等级为优秀。该项研究最终形成的资源库和研究平台可以直接服务于语言教学、词书编纂及自然语言理解等，也为相关领域提供了新的研究思路。

三是合作参与《现代汉语常用词表》研制。与《现代汉语规范词典》编委会共同研制的《现代汉语常用词表》(草案)被纳入《中国语言生活绿皮书》A系列，由教育部、国家语委发布，商务印书馆2008年出版。该词表收录了现当代社会生活中比较稳定的、使用频率较高的汉语普通话常用词语56008条，按词频排序，另附有《〈现代汉语常用词表(草案)〉音序索引》，便于读者查询检索。该词表是国内目前官方刊印的级别最高、词表容量最大、并按词频排出的词表。

四是大规模真实文本汉语字母词语研究。采用语料库技术与内省相结合、定量和定性相结合的研究方法，跟踪考察了近两亿真实文本语料。在共时截面上对字母词语在主流报纸媒体的使用状况进行了全面客观的描述和分析；从历时发展的角度对字母词语演化状况进行了跟踪研究；从语言信息处理的角度对字母词语的统计特征和字母词语的自动识别进行了研究；对字母词语与汉语文字系统的关系进行了研究。在《语言文字应用》《中文信息学报》等刊物发表相关文章20余篇，出版专著《大规模真实文本汉语字母词语考察研究》。本项研究在国内学术界受到了广泛关注和具有一定影响。

五是教材语言资源建设与研究。对教育教材语言进行实时监测、分析和研究，最快、最广泛地反映教育教材语言现象的动态变迁，为国家的语言政策、语言规划和语言教育等提供参考依据。建设了汉语第二语言、母语基础教育语料库。先后进行了对外汉语教材和中小学语文、历史、地理、数学、物理、化学等基础教育教材语言状况的调查研究。调查报告分别载入《中国语言生活状况报告

2006》《中国语言生活状况报告 2007》《中国语言生活状况报告 2008》《中国语言生活状况报告 2009》。研制的“常用汉语 1500 高频词”被国家汉办主编的《国际汉语教学通用课程大纲》收入。并从教育教材语言的性质、特点与意义上对这一新领域作出了宏观的理论建构。

在学术交流与人才培养方面，先后邀请王宁、江蓝生、黄居仁、谭景春、孙玉文、肖贤彬、赵世举、王铁琨、申小龙、齐沪扬、胡范铸、高一虹、王惠等专家来我中心讲学。接受相关协作单位的人员来访，为兄弟院校的研究生、教师的研究提供了帮助。我研究室发起主持召开了三次教育教材语言研讨会（2006、2008、2010），多次承办了国家语言资源监测与研究中心的相关工作研讨会、审稿会。编辑刊出六期中心研究动态。不定期举办各种讲座；每周语言学沙龙，已举办 220 多期。培养博士生 10 多名，硕士生数十名。

在科研项目方面，近 5 年来本研究室的研究人员承担国家社科项目 3 项，省社科项目 4 项，完成国家语言资源监测与研究中心项目 9 项。科研经费共数百万元。

6.普通话培训测试中心

厦门大学普通话培训测试中心成立于 2004 年，隶属于厦门大学语言文字工作委员会，挂靠于中文系。作为一所位于中国南部的教育部直属重点高校，中国学生大约有 50％来自福建本省，同时招收大量来自东南亚的海外留学生，培养出一批普通话水平合格的毕业生是素质教育的一个重要组成部分，并且随着国家相关政策的出台，教师资格的认定、公务员的考核也跟普通话水平等级有越来越紧密的关系。厦门大学普通话培训测试中心，对全面提高我校师生的综合素质，促进我校规范化、标准化发展，繁荣社会主义精神文明建设，具有长远意义。

7.厦门大学东南亚华文文学研究中心

厦门大学东南亚华文文学研究中心（以下简称“中心”），1995 年 1 月初成立。二十多年来，在学校各级领导关心和支持下，做了大量工作，取得显著的科研成果，在海内外产生较大影响，因而，厦门大学被新华社、人民日报等海内外媒体誉为“国内外东南亚华文文学研究基地”。

早在 1987 年 3 月，由我校中文系、海外教育学院教师发起，在厦门大学举行了首届东南亚华文文学研讨会。三十多年来，中心与厦门市东南亚华文文学研究会、海外教育学院等单位先后在厦门、泉州、绍兴、曼谷等地联合举办了十二届东南亚华文文学研讨会，产生了深远的影响。

中心积极开展研究工作，先后在《人民日报》《光明日报》《文艺报》《文学报》《文学评论》《文艺理论与批评》等国内外报刊发表大量有关东南亚华文文学研究论文。中心还与厦门市东南亚华文文学研究会联合编辑出版《东南亚华文文学丛书》，已出版的作品集 8 部与论著 12 部。这些研究成果不仅引起海内外学者广泛注意，受到国内外报刊的好评。庄钟庆主编的《东南亚华文新文学史》(2007)、周宁主编的《东南亚华语戏剧史》(2007)，以及庄钟庆、郑楚主编的《东南亚反法西斯华文文学书卷》(三卷本，2015)，得到了学界的瞩目，深受好评。

中心成立后与中文系合作招收中国现当代文学与东南亚华文文学关系的硕士生，开设东南亚华文文学课程，并在本科生中开设选修课。中心还与厦门大学中文系联合招收东南亚华文文学“文学语言研究方向”的博士研究生。不仅培养了大批该方向的硕士研究生，而且已有多位海内外博士生从事该领域研究，大大增强了研究力量。

中心是东南亚华文文学研究机构，多年来都在持续推进三项工作：一是继续与厦门市东南亚华文文学研究会联合筹办东南亚华文文学研讨会，推动东南亚华文文学研究；二是与有关人员合作撰写《东南亚华文文学与中华文化》及《东南亚华文新文学学科建设》等书；三是编辑出版《东南亚华文文学丛书》《东南亚华文文学大系》。该中心自成立以来，由陈育伦教授任主任，周宁教授、郑楚教授、苏永延副教授任副主任。

8.厦门大学戏剧影视与艺术学研究中心

厦门大学戏剧影视与艺术学研究中心成立于 2001 年 12 月，当时负责人为著名学者陈世雄、易中天教授。核心成员为厦门大学戏剧戏曲学、艺术学专业教师，包括陈世雄、易中天、周宁、黄鸣奋、郑尚宪、李晓红、易存国、苏琼、赵春宁、杨惠玲、郭勇健、张世宏、王晓红等。受聘为中心兼职教授的有著名戏曲史家、中国文联书记处书记廖奔先生，著名文化史家叶明生先生，著名闽南文化专家陈耕先生，以及台湾著名学者曾永义先生等。现负责人为主任黄鸣奋教授、副主任王晓红博士。

本中心的主要研究方向有戏剧戏曲理论、比较戏剧学、中国戏曲、新媒体艺术、动漫产业、艺术原理、艺术美学等。相关研究的意义主要在于：加强艺术学一级学科所属的戏剧戏曲学、艺术学等二级学科建设，在发挥传统优势的同时，推动艺术学和中国语言文学、新闻传播学、信息科学与技术等相关学科的渗透；发挥我校的区域优势，推动台湾海峡两岸在戏剧戏曲、新媒体艺术等领域的文化交流；为地方建设服务，促进非物质文化遗产保护、动漫产业等的发展。

本中心成立以来在以下几个方面开展工作，并取得优秀的成果：

(1)创建国内第一家戏剧研究学术网站——戏剧研究。该网站设“学人论戏”“理论前沿”“专题研究”“经典文存”“概念梳理”“文献索引”等学术栏目。所收入的论文及学术专集的作者包括国内几乎所有著名戏剧学专家。内容涉及戏剧学的重大理论问题和学术热点。网站还提供大量的学术研究资料与供戏剧学专业学生使用的研究文献。该网站在国内戏剧研究界影响广泛，平均日点击率为5742次。

(2)规划与出版系列学术丛书。包括：“厦门大学戏剧影视”丛书、“媒体与文艺”丛书等，“厦门大学戏剧影视”丛书由厦门大学出版社出版(包括：陈世雄《三角对话》《导演者——从梅宁根到巴尔巴》《逃亡：布尔加科夫戏剧三种》(译)，周宁《想象与权力》《东南亚华语戏剧史》，廖奔《戏曲文物发覆》，黄鸣奋《数码戏剧学》，詹石窗《道教与戏剧》，杨慧玲《戏曲班社研究》等)，选题独特、观点新颖、装帧典雅，得到了国内外专家的好评和学术界的关注。“媒体与文艺”丛书包括黄鸣奋《互联网艺术产业》、王桂亭《电视艺术学论纲》、王烨《新文学与现代传媒》、叶虎《大众文化与媒介传播》、李晓红《女性的声音——民国时期上海知识女性与大众传媒关系研究》、郭勇健《艺术原理新论——大众传媒时代的艺术原理》、邓文华《海峡两岸艺术产业比较研究》、荣耀军《多维话语系统的竞争与共生——当代中国电视文化研究》等。

(3)中心承担四个国家社会科学基金艺术类项目、三个教育部博士点基金项目。获得国家社会科学基金项目优秀成果奖、教育部人文社会科学优秀成果奖、福建省社会科学优秀成果奖、曹禺戏剧奖、田汉戏剧奖、全国高校外国文学研究优秀成果奖等多种奖项。

(4)在艺术创作方面，包括四幕话剧《青春摇滚》(2002年参加福建省第22届戏剧汇演，获剧目奖和编剧二等奖。2006年获厦门市政府第三届厦门文学艺术奖二等奖。)短剧《陈嘉庚在抗战中》(2005 年参加福建省纪念抗战胜利 60 周年晚会。)大型话剧《诚毅人生:陈嘉庚》(2006 年厦门大学 85 周年校庆献礼节目。)实验戏剧《戈多,等等》(2008 年参加“喜迎十七大”福建省大学生优秀剧目评比,包揽优秀演出奖、编剧奖、优秀导演奖、优秀表演奖等全部奖项)

(5)举办了系列重要学术活动,包括首届戏剧戏曲学学科建设研讨会(2004 年 4 月 23—25 日)首届海峡两岸抗战戏剧研讨会(2007 年 7 月 6—7 日)等。

本中心近期的规划与工作包括:继续推进戏剧戏曲理论、比较戏剧学、中国戏曲、新媒体艺术、艺术原理、艺术美学等方面的理论研究;开展有关非物质文化遗产保护的研究,包括敦煌石窟艺术与文化、中国古琴艺术与文化研究、闽台非物质文化遗产保护研究等;开展动漫产业与提升文化软实力研究;完成所承担的各级各类课题等。

9.古籍整理研究所

厦门大学古籍整理研究所是校级科研单位,成立于 1980 年。郑学檬教授、吴在庆教授等老一辈古文献学家都曾出任过古籍所领导。该所目前主要挂靠中文系,现任所长李无未教授,副所长胡旭教授。

古籍整理研究所立足于以古典文献为重心的传世文献的整理与研究,经过近四十年的发展,取得一系列文献整理、文学研究与语言研究方面的学术成果。其中代表性的成果如周祖譔教授主编、古代文学教研室集体参加的厦大国学院重大项目《历代文苑传笺证》(6 册 362 万字),取得古籍整理方面的优秀成绩。该书主要内容包括三个方面:一是追溯史源。对史书的材料来源,格外关注,尽量找到其原始出处,核实、补充相关内容。二是鉴别史料。对相关材料尽量罗列,互为参证,纠谬正误,间出己意。三是裨补阙漏。针对相关文士事迹记载过于简略,作者尽量发掘相关典籍,予以补正。本书采用的研究方法是传统的实证研究,从材料出发,据文献说话,审慎地发表评价与结论,有史学纠谬和文学研究的双重意义,出版后在学界产生广泛影响。

吴在庆教授的《唐五代文学编年史 · 晚唐卷》《唐代文士与唐诗考论》《唐代文士的生活心态与文学》《增补唐五代文史丛考》《杜牧集系年校注》《听涛斋中古文史论稿》等十多部著作;合著《唐才子传校笺》《中国文学家大辞典 · 唐五代卷》等;点校《南汉书》《九国志》等六部史籍,也是古典文献研究的重要成果,影响广泛。

李无未教授致力于汉语语音史与中外汉语音韵学史、近代日韩中国语教科书语言、中国先秦礼仪制度、明清东亚文明“生成互动”史研究。在《中国语文》《古汉语研究》《民族语文》《当代语言学》《中国语言学报》《方言》《汉语学习》《语言学论丛》《中国语学(开篇)》等国内外期刊上发表130余篇论文。出版《音韵文献与音韵学史》《汉语音韵学通论》《音韵学论著指要与总目》《宋元吉安方音研究》《周代朝聘制度研究》《对外汉语教学论著总目》《中国历代宾礼》《日本汉语音韵学史》《日本明治北京官话课本语音研究》《日本近现代汉语语法史纲》《日本汉语教科书汇刊(1912年前)》等著述。获得省部级二三等奖励5次。

刘荣平教授主要从事中国古代词学、福建地域文学研究。他的《全闽词》汇编了唐代至中华人民共和国建立之前的闽籍词人的全部词作。以词人为单元排列,词人先后顺序以生年为准,无任何线索确定时代者,编于书末。书中的词人小传,主要写明生卒年、字号、科第、主要仕履、封赠、著述。凡正史有传者则简略介绍,无传者则勾稽史料扼要叙述。并介绍所据词集版本、辑录篇数、取校资料等情况。《全闽词》是福建地方文献整理的重大成就。

厦门大学古籍整理研究所根据自身的发展情况,把文学文献、出土文献、域外文献的整理与研究有机地结合起来,形成几个特色不同而又紧密联系的研究方向,在古籍整理和汉语音韵学方面,在学术界产生较为重大的影响。

10.厦门大学鲁迅纪念馆

厦门大学鲁迅纪念馆历经时代风雨的变迁,逐渐发展成现在的规模。

1952年,厦大中文系老师陈梦韶创办“鲁迅纪念室”。陈梦韶曾是鲁迅的学生,鲁迅还为其创作的《绛洞花主》写过小引,陈梦韶毕业后留校任教。鲁迅纪念室设在映雪楼三楼的一间教室里,收藏了一些与鲁迅有关的物品、研究资料等。“文革”前,陈梦韶负责向前来参观的人士讲解有关鲁迅的情况。

1972年,时值“文革”,学习鲁迅成为时代的热潮。鉴于鲁迅纪念室已不能满足广大鲁迅学习爱好者的需求,为了扩建鲁迅纪念室,中文系老师苏景昭、何建华赴北京、上海、南京、绍兴、广州等地,历时两个多月,收集、拍摄了一批相片,以鲁迅生平活动为线索撰写说明布展,请中文系老师、书法家余纲和陈佳春誊写有关说明文字,陈列室设在集美楼西侧第一间,隔壁就是鲁迅故居。因当时经费有限,展出图片尺寸较小,所以那时鲁迅纪念室只有两间的规模,负责讲解的是中文系老师孙腾芳。

1976年，鲁迅纪念室有了巨大的变化。1976年为鲁迅诞辰九十五周年、逝世四十周年，全国各地以不同形式开展纪念鲁迅的活动。1976年4月，上海电影制片厂《鲁迅的战斗一生》纪录片摄制组到厦门拍摄，中文系老师林宗熙其时负责鲁迅馆的工作，他全程配合摄制组在厦门的拍摄工作。随后，在系、校领导的支持下，林宗熙随摄制组到全国各地鲁迅足迹所至之处去参观学习，在此过程中，他在各地鲁迅纪念馆的支持下，收集了大量有关鲁迅的图片及资料，他萌生设立鲁迅纪念馆的想法，很快这一建议得到批准，厦大中文系腾出原来的教学办公场所——集美楼二楼，作为鲁迅纪念馆的场地。集美楼东边第一间为前言、绍兴时期、日本时期、北京时期，其次是广州、上海时期，特辟一室为厦大时期，还有一间展示鲁迅的影响，加上一间故居，共有五间房。集美楼西边第一间则为会议室。说明文字由林宗熙撰写，余纲、陈佳春、王豪杰、薛学了、庄表峰、王守桢等人，负责展馆的书写、装裱、文物复制等工作。鲁迅研究专家唐弢、李何林、王瑶等人莅临现场，提出不少宝贵的意见和建议。1976年10月鲁迅纪念馆正式开馆，还被列为厦门市外事接待单位，至1983年年底已接待观众50万人次。

1981年，厦大鲁迅纪念馆再次进行版面、展品内容修改整顿，还增加了一些实物、图片。如鲁迅在厦大任课的课程表、厦门文化界悼念鲁迅的挽联等重要物品。这次整顿，只增加部分内容，版面格局未变。

1988年，厦大鲁迅纪念馆的一些说明文字在柯文溥、蔡师圣、庄明萱等老师的共同讨论研究下，作了小规模的改动，主要是去掉一些极左时期的提法，并撤下少部分带有浓重“文革”色彩的展品，力求以更客观真实的面目展示鲁迅的形象。

2005年年底至2006年年初，厦大鲁迅纪念馆在上海鲁迅纪念馆的帮助下，布展风格做了重大改变并一直延续至今。

厦大鲁迅馆隶属于厦大中文系，不设编制，历任管理者皆为教师兼职。现任管理者为中文系教师史言助理教授。

附录二 中文系各时期系、所、党政领导名录

中文系历任系主任			副主任	
陈 衍	1923—1926			
沈兼士	1926—1926			
*张星烺	1926—1926			
毛 常	1933—1934			
余 謇	1935—1941			
刘天宇	1941—1942			
李 笠	1941—1942			
余 謇	1946—1951			
郑朝宗	1951—1957			
林 莺	1957—1966			
□□□	1966—1972	（“文革”间未设立）		
梁敬生	1973—1978		周祖譔	1977—1978
蔡铁民	1978—1979		周祖譔	1978—1979
郑朝宗	1979—1984		周祖譔	1979—1984
			黄拔荆	1979—1984
何耿丰	1984—1987		张春吉	1984—1987
			许栋梁	1984—1987
郑文贞	1987—1990		张春吉	1987—1990
			陈育伦	1987—1990
			黄鸣奋	1987—1990
郭启宗	1990—1994		林铁民	1990—1991

* 系代理。

	陈世雄　1990—1994
	陈育伦　1990—1994
赖干坚　1994—1998	陈世雄　1994—1998
	朱水涌　1994—1998
黄鸣奋　1998—2004	陈世雄　1998—2002
	朱水涌　1998—2004
周　宁　2004—2008	高　波　2004—2008
	金　美　2004—2006
	王　诺　2006—2008
李无未　2008—2018	李晓红　2008—2011
	王　烨　2008—2018
	李　菁　2011—2013
	王晓红　2013—2018
代　迅　2018—	王晓红　2018—2019
	李　焱　2018—
	苏　琼　2019—

中国语言文学研究所历任所长	**副所长**
郑朝宗　1977—1984	
何耿丰　1984—1994	黄鸣奋　1990—1994
黄鸣奋　1994—2006	李国正　1994—2007
林丹娅　2007—2018	李无未　2007—2012
	胡　旭　2012—2018
胡　旭　2018—	

中文系党总支(支部)领导

1956年,中文系成立党支部

中文系党支部书记

黄祖良　1956—1957

田　心　1957—1959

*黄祖良 1959—1960

*庄明萱 1960—1961

1961 年中文系成立党总支。

中文系党总支书记		**副书记**	
万平近	1961—1969		
王金海	1969—1972		
蔡铁民	1972—1973		
许栋梁	1973—1978		
鄢行晏	1977—1979		
许栋梁	1979—1984	吴秋滨	1983—1984
吴秋滨	1984—1987	林建德	1984—1991
林事恒	1987—1994	杨聪凤	1991—1994
陈育伦	1994—1998	郑　楚	1994—1999
郑　楚	1998—1999		

1999 年人文学院党委成立,中文系党总支并入。

中文系党支部书记

周　宁 1999—2004

叶宝奎 2004—2008

王　烨 2008—

中文系工会负责人

应锦襄 1977—1991

李　萍 1991—1995

林丹娅 1995—2006

李晓红 2006—2008

胡　旭 2008—2012

---

* 系代理。

李　焱　2012—2018
苏永延　2018—

中文系系办公室负责人

朱　虹　　　—1967
邱觉世　1979—1987
苏进胜　1987—1991
王自强　1991—1999
李敏卿　1999—2012
陈磊明　2012—

附录三 中文系在职副教授、助理教授简介

肖 湛,男,1975 年生,湖南绥宁人。2003 年毕业于北京大学哲学系,获博士学位。现为厦门大学人文学院中文系副教授。

仲 霞,女,1980 年生,江苏泰州人。2013 年毕业于厦门大学中文系文艺学专业,获哲学博士学位。2015 年南京大学博士后出站。现为厦门大学人文学院中文系副教授。

王承丹,男,1965 年生,山东省苍山人。1997 年毕业于陕西师范大学中文系,获博士学位。2006 年武汉大学文学院博士后出站。现为厦门大学人文学院中文系副教授。

刘荣平,男,1965 年生,湖北咸宁人。2000 年毕业于华东师范大学中文系,获得博士学位。2006 年福建师范大学文学院博士后出站。现为厦门大学中文系副教授。

李 菁,女,1973 年生,江西抚州人。2002 年毕业于厦门大学历史系,获博士学位。现为厦门大学中文系副教授。

洪迎华,女,1976 年生,湖北长阳人,土家族。2005 年毕业于武汉大学中文系,获博士学位。现为厦门大学中文系副教授。

师雅惠,女,1983 年生,山西交城人。2009 年毕业于中国社会科学院文学研究所,获博士学位。现为厦门大学中文系副教授。

刘子立,男,1983 年生,福建厦门人。2011 年毕业于北京师范大学文学院,获博士学位。现为厦门大学中文系助理教授。

王传龙,男,1980 年生,山东诸城人。2014 年毕业于北京大学,获博士学位。2016 年厦门大学中文系博士后出站。现为厦门大学中文系助理教授。

苏永延,男,1970 年生,福建安溪人。2005 年毕业于复旦大学中文系,获博士学位。现为厦门大学中文系副教授。

史言,男,山东济南人。2012 年毕业于香港大学中文学院,获哲学博士学

位。现为厦门大学中文系助理教授。

景欣悦，女，1987年生，河北秦皇岛人。2018毕业于南开大学文学院，获文学博士学位。现为厦门大学中文系助理教授。

夏光武，男，1962年生，江苏盐城人，生于台北。2006年毕业于华东师范大学中文系，获文学博士学位。现为厦门大学中文系副教授。

王悦，女，1984年生，重庆云阳人。2011年毕业于四川大学文学与新闻传播学院，获博士学位。现为厦门大学中文系助理教授。

李婷文，女，1988年生，云南人。2018毕业于厦门大学中文系，获博士学位。现为厦门大学中文系助理教授。

金　美，女，1963年生，贵州人。毕业于中国人民大学中文系，获硕士学位。现为厦门大学中文系副教授。

赵怡怿，女，1982年生，天津人。2011年毕业于中国传媒大学，获博士学位。现为厦门大学中文系副教授。

钱奠香，男，1970年生，海南屯昌人，1999年毕业于暨南大学中文系，获博士学位。现为厦门大学中文系副教授。

蔡淑美，女，1980年生，湖南人。2012年毕业于新加坡国立大学语言学专业，获博士学位。现为厦门大学中文系副教授。

李　湘，男，1982年生，湖南长沙人。2011年毕业于北京大学中文系，获博士学位。现任厦门大学中文系副教授。

许彬彬，女，1983年生，福建漳州人。2012年毕业于厦门大学中文系，获博士学位。现任厦门大学中文系助理教授。

陈明娥，女，1974年生，山东潍坊人。2003年毕业于山东大学中文系，获博士学位。现为厦门大学中文系副教授。

张惟捷，男，1978年生，台湾人。2011年毕业于台湾天主教辅仁大学中文研究所，获博士学位。现为厦门大学中文系副教授。

彭达池，男，1966年生，湖南常德人。2007年毕业于陕西师范大学文学院，获博士学位。现为厦门大学中文系助理教授。

郑国庆，男，1973年生，福建泉州人。2006年华东师范大学文学院博士后出站，现为厦门大学中文系副教授。

张世宏，男，1972年生，湖北巴东人。2001年毕业于中山大学中文系，获博士学位。现为厦门大学中文系副教授。

许昳婷,女,1987年生,北京人。2015毕业于厦门大学中文系,获博士学位。2018年上海大学文学院博士后出站。现为厦门大学中文系助理教授。

王晓红,女,1975年出生,福建福鼎人。2006毕业于厦门大学中文系,获博士学位,现为厦门大学中文系副教授。

杨　玲,女,1972年生。2009年毕业于首都师范大学文学院,获博士学位。2011年北京师范大学文学院博士后出站。现为厦门大学中文系副教授。

张艾弓,男,1974年生,河南人。2011年毕业于巴黎第八大学电影系,获博士学位。现为厦门大学中文系副教授。

任　鹏,男,1981年生,安徽人。2008年毕业于北京大学哲学系,获哲学博士学位。2011年清华大学哲学系博士后出站。现为厦门大学中文系助理教授。

李　天,女,1984年生,湖北人。2014年毕业于中国社会科学院文学研究所,获博士学位。2016年厦门大学中文系博士后出站。现为厦门大学中文系助理教授。

窦瑞敏,女,1986年生,陕西咸阳人。2017年毕业于复旦大学中文系,获文学博士学位。2020年上海大学中文系博士后出站。现为厦门大学中文系助理教授。

陈磊明,女,1977年生,福建安溪人。2000年毕业于福建省集美大学工商管理学院,管理学学士。现为中文系办公室行政负责人。

林慧玲,女,1980年生,福建龙海人。2003年毕业于厦门大学中文系秘书自考大专班。现为厦门大学中文系研究生教学秘书。

吴志友,男,1993年生,泉州安溪人。2019年毕业于厦门大学公共卫生学院,获医学硕士学位。现为厦门大学中文系本科生教学秘书。

附录四　中文系离退休教职工简介

杨茂勋，男，四川阆中人，1922年生，1958年8月到我系工作，退休前为系语言教研室教师，副教授。

陈敏兰，女，福建福州人，1931年生，1978年9月到系工作，离休前为我系大学语文教研室主任，副教授。

邱觉民，女，福建永春人，1931年生，1960年9月到系工作，退休前为我系办公室主任。

李熙泰，男，福建厦门人，1926年生，1980年到系工作，退休前为语言研究室研究人员，助理研究员。

骆炳南，男，福建惠安人，1923年生，1952年到校工农预科工作，后转我系，离休前为系函授教研室教师，讲师。

李戎珍，男，福建晋江人，1920年生，1954年到校工农预科工作，后转我系，退休前为系函授教研室教师，讲师。

甘章贞，女，江西南昌人，1933年生，1979年到系工作，退休前为东方文学教师，副教授。退休后，由厦门市老教授协会报中国老教授协会认定为教授。

陈尽忠，男，福建同安人，1927年生，1957年到我系工作，退休前为我系古典文学教研室教师，副教授。

张曼茵，女，福建同安人，1926年生，1954年到校工作，后转中文系，退休前为我系写作教研室教师，讲师。

李金复，女，吉林省吉林人，1933年生，1975年到系工作，退休前为我系现代文学教师，讲师。

陈秀鸾，女，福建南安人，1934年生，1979年到我系工作，退休前为写作教研室教师，讲师。

林　瑛，女，福建福州人，1936年生，1960年到校工作，后转我系，退休前在我室资料室工作、馆员。

林丽珠，女，福建同安人，1938年生，1975年到校工作，退休前为我系大学语文教师，讲师。

阙丰龄，男，福建永定人，1932年生，1960年9月到系工作，退休前为我系写作教研室主任，副教授。

石文年，男，福建厦门人，1931年生，1975年到系工作，退休前为我系文艺理论教研室主任、副教授。退休后，由厦门市老教授协会报中国老教授协会，认定为教授。

黄祖良，男，福建永春人，1932年生，1953年8月到系工作，退休前为我系古典文学教研室教师、副教授。退休后，由厦门市老教授协会报中国老教授协会认定为教授。

黄景湖，男，福建莆田人，1931年生，1960年到系工作，退休前为语言教研室主任、副教授。

颜剑飞，男，福建金门人，1933年生，1960年到系工作，退休前为系写作教研室主任、副教授。

郑文贞，男，福建永春人，1933年生，1960年1月到系工作，曾任我系系主任，退休前为校档案馆长、副教授。退休后，由厦门市老教授协会报中国老教授协会认定为教授。

郭启宗，男，福建省龙海人，1936年生，退休前为文艺理论教研室副教授、系主任。退休后，由厦门市老教授协会报中国老教授协会认定为教授。

张春吉，男，福建厦门人，1935年生于马来西亚，副教授，退休前为校党委统战部副部长。

杨聪凤，女，福建连城人，1939年生，退休前为我系党总支副书记、文艺理论教研室副教授。退休后，由厦门市老教授协会报中国老教授协会认定为教授。

陈茂同，男，福建惠安人，1934年生，退休前为我系古典文学教研室副教授。

陈进极，男，福建南安人，1936年生，退休前为我系古典文学教研室副教授、系工会主席。

苏景昭，男，福建安溪县人，1936年生，退休前为我系现当代文学教研室讲师。

柯文溥，男，福建莆田人，1934年生，退休前为我系现当代文学教研室副教授。

张次曼，男，福建福州人，1935 年生，退休前为我系语言教研室副教授。

许锡昌，男，福建厦门人，1936 年生，退休前为我系语言教研室讲师。

庄淑燕，女，福建惠安人，1939 年生，退休前为我系助理研究员。

林铁民，男，福建惠安人，1938 年生，退休前为我系古典文学教研室副教授，厦门大学教务处副处长。

林宝卿，女，福建厦门人，1936 年生，退休前为我系语言教研室副教授。退休后，由厦门市老教授协会报中国老教授协会认定为教授。

林事恒，男，福建晋江人，1936 年生，退休前为我系党总支部书记。

吴丽琴，女，福建同安人，1944 年生，退休前为我系资料室馆员。

薛锡振，男，福建福清人，1946 年生，退休前为我系文艺理论教研室副教授，大学语文教研室主任。

附录五 曾在中文系工作过的教职工名录

姓名	性别	出生年月	籍贯	到校时间
鲍周义	男	1937	福建福州	1960.09
蔡德崇	男	1937.09	福建晋江	1961.09
蔡厚示	男	1928.05	江西南昌	1949.08
蔡建国				
蔡师仁	男	1936.11	台湾新竹	1960.09
蔡铁民	男	1932.05	福建晋江	1951.03
曹 谦	男	1891	浙江兰溪	1930
陈 衍	男	1856	福建闽侯	1923
陈程生	男	1941.02	福建闽侯	1964.08
陈敦仁	男	1903	福建同安	1946.11
陈鹤龄	男	1921	江西靖江	1947.08
陈家春	男	1941.12	福建泉州	1963.08
陈培爱	男	1950.01	福建平潭	1976.08
陈荣真	男	1938		
陈月英	女	1940.06	福建连江	1965.08
陈亚川	男	1938.05	福建厦门	1961.09
陈嘻倩	女			1959.08
陈杨明	男	1940.12	湖南武岗	1965.09
陈福郎	男	1951.03	福建崇安	1976.09
陈荣岚	男	1949.09	福建厦门	1982
戴焕文	男	1917	福建长汀	1945.08

续表

姓名	性别	出生年月	籍贯	到校时间
戴锡樟	男	1901.10	福建闽侯	1941.08
樊挺岳	男	1932.05	浙江缙云	1956.09
符立夫	男			1960.10
傅从德	男	1909	福建同安	1933.08
傅儒林	男	1938.08	四川成都	1961.08
傅孙阶	男			1960.10
龚乾义	男			1923
郭其旭	男	1935.10	福建南安	1959.08
洪友云	男			1959.02
郝立权	男	1895	江苏盐城	1924
何建华	男	1932.11	福建泉州	1959.08
何少川	男	1938	福建泉州	1959.02
洪笃仁	男	1923.05	福建厦门	1951.08
胡祖科	女	1929.09	上　　海	1949.08
华忱之	男	1921	北　　京	1950.09
黄拔荆	男	1932.06	福建闽清	1974.09
黄典诚	男	1914.10	福建龙溪	1938.02
黄秀琴	女	1911	福建厦门	1937.08
黄重添	男	1941.08	福建永春	1975.05
霍自庭	男	1897	河南安阳	1954.09
贾晋华	女	1953.11	福建漳州	1982
赖汉传	男	1929	广东蕉岭	1960.09
赖祖金	男		福建永安	1961.09
黎宗科	男	1934.09	广东梅县	1960.09
李　笠	男	1894	浙江瑞安	1928
李　坤	女	1945.06	山东高青	1970.08

续表

姓名	性别	出生年月	籍贯	到校时间
李拓之	男	1914.12	福建福州	1953.10
李　萍	女	1953.08	福建邵武	1982
林　庚	男	1910.02	福建闽侯	1937.08
林　莺	男	1917.03	福建龙海	1946.10
林语堂	男	1895.10	福建龙溪	1926.04
林火生	男	1939.09	福建诏安	1964.08
林宗熙	男	1948.09	福建厦门	1975.09
刘以绅	男	1925.05	北　　京	1953.3
路家琳	女	1933.08	山西太原	1961.09
卢善庆	男	1939.09	江苏扬州	1960.09
郦秉镇	男			
郦承铨	男	1900	江苏江宁	1935.07
马宝鸿	男			
毛　常	男	1881	浙江江山	1923、 1933 两度
缪　篆	男	1877	江苏泰州	
欧阳桢	男		福建厦门	1957.09
潘礼美	男		福建泉州	1957.09
彭柏山	男	1910.03	湖南荣陵	1961.12
邱立塔	男	1905	福建晋江	1935.08
任伟光	女	1951.11	山东牟平	1973.07
佘坤珊	男	1904.10	江苏南京	1952.01
沈兼士	男	1887.07	浙江吴兴	1926.10
施蛰存	男	1905.12	浙江杭州	1941
石之俊	男			1960
孙伏园	男	1894	浙江绍兴	1926

续表

姓名	性别	出生年月	籍贯	到校时间
孙腾芳	男	1932.10	福建惠安	1956.09
苏淑端	女	1932.12	福建厦门	1982.05
万平近	男	1926.10	江西南昌	1951.09
王尔康	男	1936.05	福建永春	1957.09
王升魁	男	1933	福建闽侯	1963.08
王亚璞	男	1917	福建平原	1951.09
王英生	男			
王振先	男	1882	福建闽县	1923
吴镜明	男			1961.09
吴秋滨	男	1935.08	福建晋江	1977.04
魏红荔	女	1952.04	河北元代	1976.09
谢少五	男			1958
辛际周	男	1885	江西万载	1930
许怀中	男	1929.12	福建仙游	1952.09
许佳景				
许清茂	男	1949.06	福建惠安	1975.09
许宗国	男	1936.07	福建厦门	1959.02
姚慈心	女	1920.07	福建邵武	1954.09
杨金安	男	1960.09		
杨树达	男	1885.06	湖南长沙	
叶　易	男	1931	浙江余姚	1959.08
虞　愚	男	1909	浙江江阴	1943.02
余　謇	男	1885	江西南昌	1927.09
余　纲	男	1930.06	福建古田	1953.08
余日章	男	1882	湖北蒲圻	1921
张福成	男	1939	福建东山	1964

续表

姓名	性别	出生年月	籍贯	到校时间
张　荃	女	1945.01	广东揭阳	
张祥元	男	1959.08		
张元锦	男	1936.11	福建诏安	1959.09
张修仁	男	1941	福建福州	1964
郑汉琛	男	1936	福建漳浦	1960.09
郑松锟	男	1948.06	福建龙溪	1976.09
郑通涛	男	1952.06	福建龙溪	1985.06
郑智新	男	1937		1960.09
郑朝宗	男	1910	福建福州	1938
庄明萱	男	1932.08	福建惠安	1957.09
周　旻	男	1958.10	福建平和	1982.07
周岸登	男	1872	四川威远	1927
周秋冬	男		福建泉州	1959.08
周树人	男	1881	浙江绍兴	1926.08
朱桂曜	男	1899	福建福州	1923
朱谦之	男	1899	福建闽县	1923
朱以书	男	1902	江苏省县	1947.06
朱葆龄	男			
朱月昌	男	1946.09	上　海	1983.01
邹锡琼	男	1933	新加坡	1960.09
高　波	男	1960.05	云南武定	1994
唐　琰	女	1973.09	福建厦门	2000

干部职员名录

姓名	性别	出生年月	籍贯	到校时间
白鸿志	男	1935.02	福建厦门	1955.02
曹廷恃	男			
陈　营	男	1928.05	福建同安	1951.06
陈德芬	男			1955.02
陈国杵	男	1937.08	福建莆田	1959.08
何惠贞	女	1944.01	福建福州	1985.09
黄紫明	男	1964.11	福建南安	1986.07
江作梁	男			1976.09
凯　怡	女	1931.11	湖南湘乡	1955.01
雷　刚	男			
李清云	男	1911.02		
李再华	男	1933.08	福建厦门	1965.09
李　峰	男	1973.05	福建华安	1993
林赐安	男			1956.09
林建德	男	1954.09	福建龙海	1979.07
林之愉	女	1950.01	福建龙海	1979.07
梁敬生	男	1930.12	福建福州	1973
罗文盛	男	1936	广东大埔	1964.08
刘昌新	男	1928.11	福建古田	1956.01
倪宝琦	男			1959.09
潘家洵	男		江苏吴县	
邱素华	女	1937.08	福建惠安	1972.04
沈　静	女			1960.11
石翠金	女	1937	福建漳州	1956.09

续表

姓名	性别	出生年月	籍贯	到校时间
苏素尽	女	1964	福建安溪	1993
田　心	男	1925.08	江苏江阴	1957.10
王　火	男	1931.09	广东大埔	1960.09
王礼门	男	1936.10	浙　　江	1958.09
王启鼎	男		江苏吴县	
王玮芳	女	1963.12	福建永定	1985.07
王金海	男	1930.01	河南南波	1969
王自强	男	1943.10	福建福州	1961
吴仲平	男	1936.06	福建厦门	1958.09
许栋梁	男	1934.07	福建晋江	1960.09
徐　斌	女	1952.05	安徽合肥	1976.12
许月扬	女			
扬福山	男	1965.04	福建龙海	1987.07
鄢行晏	男	1935.06	福建永泰	1959.02
袁桂芬	女	1932.09	江苏苏州	1953.09
曾祖裕	男			1957.09
章廷谦	男	1901	浙江绍兴	1926
张　健	男	1956.03	山东栖霞	1982.01
张伯安	男	1937	浙江肖山	1964.05
郑晓玲	女	1959.12	福　　建	1981.05
钟保哩	男	1921	福建长汀	1969
朱　红	女	1928.11	浙江杭州	1953.01
徐姗娜	女	1968.03	福建安溪	1990.07
柯俊敏	女	1947.03	福建福州	1979.07
刘家军	男	1973.01	山　　东	1996.07

附录六　中文系历年本科生名录

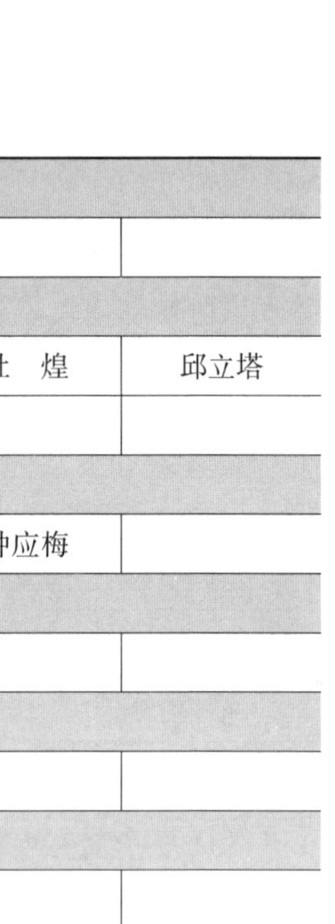

1923 级					
龚达清					
1925 级					
吴大阶	吴经文	陈　恭	何　适	杜　煌	邱立塔
谢　骏					
1926 级					
王如渊	王晋祥	王咏祥	林蕃元	钟应梅	
1927 级					
张秀民					
1928 级					
羊兆爵	盛　配				
1929 级					
王家梁					
1930 级					
叶廷秋	罗博伦	郑景贤	洪万然	黎睦祥	
1931 级					
王世湘	叶汝裳	吴炳光	陈钟莹	李克强	苏鸿瑀
林治光	高啸云	黄泽浦	潘齐平	黄墨谷	
1932 级					
任世奇	陈云官	陈　淇	李国治	郭莽西	梁崇礼
黄茂龙	龚书辉	曾璧中			
1933 级					
刘国新	黄典诚				

续表

1934 级					
方丽清	叶练才	刘　维	李战生	钟泽高	黎藕芳
1935 级					
王添泉	黄文敏				
1936 级					
林菊秋	赵淑如	曾瑞雯	曾冀程	魏兆铣	
1937 级					
许志修	林　莺				
1938 级					
卢　谦	林泽芬	高恬惠	钱震夏		
1939 级					
何一寰	欧阳怀岳	贺　逸	戴光华		
1940 级					
马祖熙	丘述尧	刘淑如	姚慈心	胡国纶	
1941 级					
江举谦	李华堂	张正方	范筱兰		
1942 级					
陈铁凡	陈藻山	李文英	李　勉	章泽霖	裘裕昆
1943 级					
朱一雄	刘显培	陈嘉祉	陈鹤龄	张有梁	周　晖
1944 级					
王贻元	林孔辉	高　型	黄腾火		
1945 级					
孔宪忠	陈宗良	柯栋梁	曾维琼	蔡厚示	张　灏
1946 级					
石文英	白汉宗	刘以珅	吴世光	吴唯杭	陈志仁
杨文瑞	杨仲谟	郑挺光	林清源	林祖慰	周炳荣
姚纬真	姜永芳	俞文龙	骆炳南	郭　杰	郭淑姿

续表

唐文钦	寇绍蓁	程锡第	倪　寅	曾宪文	廖永洲
张　溥	黎盛榕				
1947 级					
万平近	王崇明	刘锦元	任　敏	余仲奇	吴同兴
陈旺兴	陈劲之	陈仲黎	苏登记	杨炳淮	张瑞卿
林　戬	林光异	周立方	徐　因	陈志仁	黄振寰
黄咸池	蔡民佑	陈照寰	叶宝顺	陈爱卿	
1948 级					
王禧民	许怀中	陈忠源	陈荣财	杨达明	林　强
郑祖杨	黄占鳌	黄有土	曾春辉	蔡师圣	姚公骞
1949 级未招生					
1950 级					
王炳山	王锦泉	余　纲	张静山	张惠仁	郑健民
郑玉豪	林美锦	林尚忻	林韵琴	林俊勋	俞秀琼
陈清电	陈加元	袁桂芳	黄延泽	黄清江	黄祖良
曹培基	李祖金	李冠生	曾广德	廖渊泉	廖鉴衡
樊石牟	潘嘉静	魏育荣	倪圣道	吕蕴秋	陈振源
张天芳	杨曾铭	陈文彬	黄鉴漳	陈卿禀	黄仲雄
王锦泉	刘腾辉				
1951 级					
叶采媛	孙腾芳	庄钟庆	郑文贞	郑玉辉	张弘昌
张玉英	李金陵	苏泰山	苏淑端	吴守团	陈龙章
邱淮茂	林民牧	林维德	林融生	施鸳鸯	黄育苏
詹永贵	蔡荣明	陈垂民	朱元池	陈章太	周文庆
林火来	郑光熹	郑光汉	林榕梅	郑本嘉	柯玉村
赵宗江	姚又新	翁世禄	黄炳辉	黄国衍	黄宝树
魏彩眉					
1952 级					
尤纪载	朱绍钢	刘歪郁	羊　超	吴宝通	吴家谟

续表

沈明通	巫维杰	陈桂祖	陈仰荣	陈中西	陈德生
李毓炽	张开梗	杨清毓	林荣华	林三秀	林明德
赵学会	钟顺泉	俞元洪	洪根达	洪仲谋	凌远徵
郭赞珧	郭心理	郭铁链	翁振豪	章国锐	黄碧沛
黄德和	黄培亮	黄定固	黄土诚	黄福馨	彭新民
曾文渊	曾平晖	蔡天福	樊挺岳		
1953 级					
王尔康	庄明萱	朱长森	吴茂伟	吕晴飞	张渭彬
张玉春	陈文祥	陈　文	陈钊淦	陈秀銮	陈信堂
陈尽忠	李如龙	邱进龙	欧振智	郁达明	林永康
林启明	林宗平	林丽卿	周乔岳	周养性	徐友元
黄义豪	黄炳贞	潘礼美	曹德元	张乃平	洪顺轨
1954 级					
王礼门	连淑香	连成谦	许宏业	刘宝树	陈由齐
陈祖帮	陈秀英	吴仲平	林树成	郑立义	洪顺轨
施金毅	郭佑文	高凌飞	黄灯辉	彭坤元	曾奕禅
蔡铁民					
1955 级					
王瑞兴	王凤贵	方贻岩	方柏	卢润祥	卢文灿
乐云生	包景琰	华念煊	刘礼芳	刘耀宗	刘腾辉
许宗国	朱树民	朱扬顺	庄福河	阮修荣	吴文镛
吴华渊	何乃川	何建华	张乃平	张茂绪	张次曼
张元锦	沈鑫添	陈松都	陈国杵	陈惠玲	陈进极
陈　炳	陈茂同	陈元度	陈建瑜	陈美珍	陈天霖
陈华荣	周秋冬	卓清钦	罗清慎	林金钧	林孔熙
林爱玉	林清朝	郑克真	洪友云	洪艺坚	高全忠
徐　乘	郭明通	陶礼善	黄其珠	崔可辉	董金榜
游文良	游作民	赖干箴	蔡海滨	蔡汀州	蔡景康
倪宝琦	瞿福兹	李慧春	陈惠生	黄明审	

续表

1956 级					
尤天赐	方立木	王　农	王世金	王　火	王良华
王望治	卢善庆	卢建岩	卢绪元	卢碧辉	吕淑英
全　球	刘浩然	刘宗翰	江景琅	江介民	江向昭
许德政	邱觉民	吴清河	吴立功	吴庆余	宋激流
宋若男	何少川	杨武钰	杨太森	余华明	余清华
肖景星	劳永健	邹崇林	邹锡琼	张圣福	张济川
陈亚耀	陈学尧	陈鸣	陈丰	陈国泰	陈育伦
陈嘉福	陈惠生	陈振基	陈松基	陈云飘	李乾发
李汉杰	李恩庆	周松龄	庞帮达	林铁民	林　惠
林祝三	郑清水	郑智新	郑汉琛	郑培根	郑添土
赵日和	饶福生	洪建都	洪祖贤	洪慧清	翁爱众
袁乃及	秦文琴	徐培元	顾祥华	郭锦桴	郭启宗
汤兴中	盛志强	符立夫	梁显华	龚书潮	黄振勋
黄景湖	黄求标	黄汛吉	黄镜廉	黄希琛	黄绍诗
程自信	谢旭三	韩宗浦	阙丰龄	鲍周义	赖汉传
蔡尚平	蔡鉴钗	蔡金升	蔡启明	蔡鉴仪	蔡蓬莱
蔡师仁	鄢行晏	潘骐淙	颜瑛瑛	颜近伦	颜剑飞
黎宗科	萧景星	赖景星	赖汉偌	廖亚轮	孙可中
戴田英					
1957 级					
马慧英	叶树权	王顺镇	刘宝钏	刘世金	刘振华
吕金良	吕启森	朱敬发	吕俊元	庄瑜萍	许长安
孙礼元	许锡昌	陈雪山	陈金福	陈礼飞	陈国泰
李碧云	陈亚川	吴镜明	李剑萍	张剑华	苏仰齐
候金看	卓东春	赵宁先	姚　俊	洪胜生	柳能春
倪森淼	翁国柱	黄秀义	黄绍诗	黄连祥	黄元白
傅孙堦	曾继芬	赖祖金	廖亚伦	蔡启明	蔡其适
蔡德崇	陈　丰	张　鹏	陈松都	朱杨顺	刘耀宗
游富安	杨武钰	黄兆荣			

续表

1958 级					
王勇士	王嘉桢	邱培元	叶培雁	叶子兴	刘裕醒
严宗院	陈廷巧	陈　鸣	陈允兰	陈培斜	李崇仪
吴兆俊	吴序欠	杨武钰	肖欣杨	沈怡辉	何克仰
张为良	张章达	郑瑞龙	郑星亮	郑奕强	郑吉祥
郑协顺	范光华	林期平	林燕琼	欧琼灼	赵从明
钟庆芳	陶福兴	徐元亮	郭镇煌	程　英	程代福
黄品官	温瑞川	蒋享顺	谢　彪	廖振源	蔡缘吟
蔡文树	潘湘官	刘宗翰	李思庆	吴步秉	张苏生
1959 级					
方珍清	方瑞金	倪宗武	尤锦铭	王美明	王金山
王明生	王孟松	王升魁	王荣卿	王天德	王水生
王增能	王云光	甘景山	邓咏絮	叶青年	叶德康
叶沐耕	许安敏	许培元	许金界	许文贤	庄金章
庄战成	庄大伟	庄淑燕	刘再复	刘宜善	朱国坤
连水法	陆允国	邵德坤	张肃良	张金森	张瑞初
张寿禄	张苏生	张小金	张振兴	张　涛	张利明
张瑞来	张松柏	张文秀	张振郎	张泮水	苏成辉
吴群保	吴训渠	吴世余	何　刚	何积才	肖佛求
陈成春	陈家春	陈庆武	陈乃良	陈兴高	陈月珠
陈章锦	陈　平	陈景龙	陈吉治	陈世伟	陈贤美
陈亚文	陈增清	李百福	李贤权	郑罡荣	郑世铿
郑秀清	郑波光	郑庆水	郑水秩	郑玉圆	俞金龙
周长楫	周松柏	周甘棠	施美琼	施祖新	洪巧玲
洪鼎祥	胡树松	胡金西	柯建章	郭朝才	郭同生
徐颜生	林　涛	林国铨	林惠如	林开欣	林木森
林培基	林寿椿	林廷芳	林万瑞	林卫国	林锡畤
林心华	林兴宅	林逸德	林益新	林振良	林正国
林胜麟	商文图	黄昌贵	黄达彬	黄建国	黄瑞旭

续表

黄树科	黄顺通	黄义迟	黄永盛	黄玉銮	黄种生
傅金沐	曾坤生	游富安	蔡妙兰	蔡建国	谭美善
廖　频	廖建濠	廖正强	颜民安	潘发波	潘贤河
薛由钿	江　浩	严宗院	严艳玉	赵连溪	
1960 级					
邓长生	邓咏絮	王家寅	王奕霖	王人志	包恒新
连永健	吕玉莲	许佳景	庄惠儿	任建才(方)	朱焕添
陈程生	陈淑英	陈培南	陈协志	陈　皓	陈礼恭
陈劭宽	陈昌洛	陈克辉	陈启德	陈雪琼	陈　娜
陈月英	陈吉治	邹一三	吴步秉	吴文荣	吴祖图
吴英秀	吴启辉	李连丁	李光启	李达鹏	严宗院
邱志广	邱思耀	邱建华	苏作星	杨清洪	杨聪凤
张木良	张修仁	张思鉴	张初考	余昌腾	何文昌
郑小芸	郑懿德	郑鼎祥	郑钟立	郑世财	周甘棠
林　芳	林培成	林贻荣	林火生	林云森	林长玉
林德冠	林思娘	施性栋	赵敏蓉	赵延滨	翁穗贤
唐雪梅	黄幼莲	黄元白	黄永寿	黄加秀	黄奇石
黄玉池	黄兆芬	黄金降	温　泉	赖丹桂	赖永汉
赖占煌	蔡建国	戴建生	熊文富	旋天平	洪仁贤
1961 级					
于茗蕙	王人志	王月珠	王思德	王书声	韦顺素
纪美烘	汪皖东	汪湘庆	张维淮	张　芸	张昭华
张丹绮	张初考	陈太山	陈学新	陈炎树	陈可强
余霞英	李海谛	李逸瑜	沈学发	沈慧敏	吴文尧
肖衍锋	郑爱珍	罗　珠	周瑞平	周贤游	林功荣
林德冠	林绍平	林剑冰	林孝吉	林思娘	林玉山
林杏奇	庞思仁	洪仁贤	涂锡卿	施天平	钟保华
唐大敏	黄宗实	黄金降	温带强	董航生	赖占煌
熊文富	谭燕山	谌招源	潘毅梅	戴建生	

续表

1962 级					
王福典	王云集	刘景文	池理平	朱金兴	汤若德
杜振醉	陈鼎栋	陈伦训	陈孙辉	陈梓堂	陈慧瑛
陈白升	陈文祥	吴际逵	李田玉	李秀治	李贵来
李锡乐	杨　斌	杨光评	杨丽春	杨鸿沭	周炳文
明　敏	罗锦兰	张添福	林金龙	林启增	林文炳
洪国恩	姚贻凯	郭懋楼	郭尧寿	涂　碧	黄继祖
曾时新	颜立水	潘文森	朱已未	薛美金	郑福金
伍锦堂	陈伯胜				
1963 级					
邓莲花	王国华	方家麟	叶乃安	田经略	朱开平
汤木生	伍锦堂	刘仙鹏	刘仕达	陈伯胜	陈超平
陈大敬	陈龙成	陈汝界	陈元胜	陈祖昆	杜丕诗
邹永翔	张炳钦	张克团	张起丁	李洪元	李锐聪
李月英	连荣贤	吴　震	吴志超	严光瑞	严玉荣
何启森	何世全	邱大川	沈世豪	苏木泉	林　平
林南平	林剑南	林锡如	林金保	林国霖	林茂金
林建章	林荣洲	林金铭	林丕诗	郑金福	赵蔓华
周焜民	周安达源	洪荣灿	洪根水	封树荣	施能坚
郭上标	郭锡欣	徐晋兴	黄炯煜	黄迪章	黄衍情
黄介榕	黄海陵	黄石木	曾炳芳	曾鼎尧	游清根
温伟庆	谢爱珍	蔡兆棋	魏子旺	薛美金	陈惠琼
曾浩博					
1964 级					
王宪华	王复兴	叶云平	叶荣勤	卢秋水	孙水春
许淑芳	许雨川	许翊长	刘才几	陈澄龙	陈宝灵
陈鸿禧	陈桂媚	陈继川	陈吉庆	陈老钦	陈建凯
陈添生	陈若昌	陈小玉	张耀坤	杜高山	何龙章

续表

杨吉兴	杨添进	李家茂	李清和	李勇敏	吴纪芳
吴鸿荣	吴英武	吴马围	余汉群	邱彦芳	郑煌瑜
郑传芳	郑玉雪	郑秀敏	郑振斌	郑哲仁	林珠敬
金秀美	钟树文	施能泉	胡传章	袁晓松	黄红娣
黄笑玲	黄开银	黄和东	黄炎生	谢镜智	谢保达
傅玉燕	曾国彬	董金锋	雷传华	詹向荣	赖兰英
熊文贵	魏善增	潘伙庆	翁其孝	陈玉珍	何金墙
1965 级					
王珍珠	王金贤	王继碳	卢水保	冯祖元	叶学敏
朱东胜	庄清水	刘隆虔	刘爱玲	陈惠琼	陈宝柱
陈鲤健	陈俊元	陈能石	陈美珠	陈修雄	陈晓光
陈奕良	陈学同	陈友良	陈永丽	张本	张翠云
张东平	张天兰	张飞舟	宋陈庇	吴荣宗	吴惠彬
杨一星	肖惠兰	李　坤	李一山	何修梅	林智良
林　瑛	林桂如	林兆森	罗训强	欧阳天流	俞伯衡
姚立中	顾兴秀	郭金魁	郭荣德	黄小文	黄灿炼
黄大兴	黄道喜	黄桂米	黄丽水	黄连水	黄万富
曹婉贞	崔涛峰	韩文香	蒋伯英	彭轩美	曾振潮
魏洪沼	蔡炳金	蔡源荣	黄仰东	黄胜宇	
1970 级（工农试点班）					
王时才	王唐才	王素华	叶金龙	叶海水	兰亚江
何明全	吴邦才	连德仁	沈颂伯	陈美梅	陈文富
张善容	张秀琴	林月婵	林景亮	林泽显	蔡子汉
姜孟兰	施才福	郭启宗	龚新耀	崔　霖	蔡乐墩
蔡聪文	谢小军				
1971 级（教育系政治语文专业）					
马盛柏	王倍泉	王健樟	王观石	王之波	王伸荣
王开明	王少霞	王世清	王安慰	尹乐珠	方　定
叶解钟	车国强	叶亚涛	叶大闹	蓝小玲	蓝友盛

续表

刘贻孙	刘必水	任伟光	刘大林	徐天水	许展久
许子川	徐文贤	庄法治	孙祥贵	江兆明	连仲渊
陈庆家	陈利榕	陈玉雪	陈仕信	陈金玉	陈　久
陈双传	陈福荣	陈和祥	陈添林	陈玉麟	陈永堆
1972 级					
王永锡	王金华	王　军	蓝茂昌	方平甫	许清茂
孙培英	庄金銮	李友武	李其木	李玉光	余安华
沈玉治	沈山煌	张祥荣	张振邦	张凯民	张天赞
徐金娣	陈树周	陈修茂	陈凤隆	陈连璋	陈长华
陈尧钦	吴捷炳	陈志明	林水钊	林炳祥	林坤华
林阿珠	林秀珍	林秀平	林君桓	林宗熙	林万金
林硕铭	林颂今	林志炳	周建平	周丽冰	罗文前
罗用祥	赵卫东	贺秀明	柯年妹	钟建芳	黄秀珠
黄耀光	黄建成	黄金芳	黄旺德	康素珍	温宝广
程荣成	傅孙久	董燎红	谢亚甚	赖丁保	蔡金柏
蔡朝秋					
1973 级					
于吉阳	叶宝奎	王浦海	叶小敦	史振中	白建英
刘尧宽	刘细英	许耀铭	孙立川	何海勤	何昌书
李桂华	李俊亨	陈狱生	陈裔春	陈进昌	陈爱煊
陈　勋	陈培爱	陈金添	陈小培	陈榕之	陈维新
陈月芸	陈建华	陈侨楚	张阳球	张鲁闽	张鸿祥
沈华奎	陆文虎	杨娇英	杨建智	宋晓玲	邵丽珠
严　峻	周克裕	周玉芝	周长赋	林礼兴	林善榕
林兆亮	林琼英	林贻能	林小峰	范碧云	郑松锟
郑新坤	郑一书	郑河水	赵文泽	孟浩明	柯家强
洪泼水	洪法玉	钟建福	姚　桦	郝晋琪	高路路
高秋金	高伯贤	郭玉聪	唐秀珍	唐建华	莫开桂
禹建明	黄秋荣	黄德元	黄哲才	黄翠芬	曾利明

续表

谢晋财	赖维平	雷晓飞	蔡遵庭	戴木金	何　军
董福康	魏红荔				
1974 级					
王全成	王慧瑛	王坚冰	王素敏	王焕然	叶建国
史秀治	冉以佰	卢美中	任恢英	徐玉贞	江武烈
江作梁	肖高萱	何碧凤	吴谋德	吴泽色	吴慈诚
吴福兴	张璋娣	张玉生	余　茂	连捷禧	杨素华
杨文富	林伟民	苏善丰	林国卿	陈力娜	陈子荣
陈志坚	陈竹丛	陈国鸿	陈金波	陈福郎	陈章煜
陈秀贞	陈祖培	陈敬樟	陈慧丽	陆斯厚	洪基煌
钟应洪	郑光临	高风英	黄希璘	黄取胜	黄爱琼
黄素蝶	郭土水	郭介德	曹兰芝	谢水顺	程德源
游美玉	彭孔璋	蔡宗杰	蔡桂章	滕毓忠	潘畅贵
1975 级					
王炳琴	王瑞溪	王梅兹	方加荫	尤秀美	叶和春
兰德福	卢水枝	卢石梗	许济民	刘永太	何奋勇
何生武	邱菊花	张赐道	张建成	张鸣裕	张三顺
张义民	张兆声	陈良发	陈中华	陈水舜	陈福龙
陈兆聪	吴海成	林金标	林小卿	林健全	林卧黄
林建德	林永灶	林思槐	林花枝	林淑元	林连春
郑炳西	郑仲生	郑新甦	周荣华	罗玉珍	胡国防
胡材根	胡素娟	钟春林	骆解清	载港泉	黄镇金
黄雪英	梁茂源	傅火长	曾占福	赖忠喜	蔡福东
蔡年和	蔡燕娜	廖梦源	廖鼎诚		
1976 级					
王文汉	牛　平	卢鸿筠	叶维金	史松美	刘德标
刘凯风	刘　敏	刘霄荣	刘小莉	刘长圣	成晓平
许河山	孙丽红	许兴国	许　燕	齐培松	庄如顺
李建寅	李建平	李　芬	李　黎	张景智	张金桑

续表

沈榕玲	苏金旺	陈　丽	陈秀柯	陈晓亮	陈汉章
陈贻庭	陈嫦英	陈锦平	俞兆国	吴良源	余素菁
杨健民	何卷新	林丽瑜	林桂华	林　楠	林水法
林祖厚	郑　楚	施敏华	岳允明	胡国仁	赵淑芬
倪英达	郭帼英	盛军学	黄美缘	董先云	董建国
游婉玲	蒋金川	贾晋华	洪永平		
1977 级					
方　晓	王煌煌	王永志	王元生	王　岚	王　玫
王予集	王评章	王　鸣	蓝来俊	田力维	甘于恩
卢学艺	叶秋英	叶之桦	叶子平	许闽峰	许瑞表
许　加	许清火	伍林伟	朱守道	朱建平	朱水涌
刘生福	刘正明	刘　群	庄文彬	陈国华	陈志铭
陈能康	陈宙章	陈松钦	陈荣岚	陈国全	陈再田
陈　辉	陈　红	张　森	张增龄	张　健	张明亮
张耀祥	张权彬	张美芳	张　帆	吴立平	吴铿锵
吴世明	李　泉	李　萍	李红专	李　盈	杨奕水
杨建新	何松森	何　炜	宋树民	余　航	芮　菁
林智敏	林美福	林明华	郑英厦	郑　星	郑　健
姚国祥	骆伟鹰	涂孝宏	欧阳国泰	钟悦英	郭天赐
施　群	钱政敏	柴海涛	翁新辉	徐　学	梁文灿
倪如林	黄鸣奋	黄哲真	黄卷庄	黄启章	鲁建华
曾亚玲	温再兴	谢如意	谢小川	蒋江河	蒋照耀
詹心丽	蔡东红	蔡　伟	熊庆来	魏观谋	魏　然
1978 级					
方师恒	韦体文	王宝峰	王佳斌	王明贤	王乃钦
王幸东	从亚平	蓝小翎	冯发鹏	连宇平	朱卫国
许又声	成　丽	孙　原	齐建华	刘朝阳	刘智中
刘奇彬	刘平山	李建敏	李以建	李小燕	江　州
张　敏	张　陵	张国庆	张海鸿	张小平	张志群

续表

张奕虎	何建邦	何歌劲	沈瑞其	陈　朱	陈鼎玲
陈金聪	陈清芳	陈维平	陈伟华	陈文杰	陈永辉
陈重艺	陈勇鹏	吴泰星	吴仁伟	杨永明	杨亚平
苏金智	苏振才	苏仲鹏	金兆生	郑成钟	郑默人
郑德茂	郑尚宪	林　山	林　芗	林建德	林双川
林苇莉	林　亚	林耘埜	周坚文	夏凤兰	周　旻
周俊祥	周建闽	钟丽琼	赵元伟	俞　鸣	郭英英
顾鼎武	倪　伟	黄　闽	梁尚民	黄利和	黄春牧
董玉洪	董克敏	蒋福章	谢　斌	曾文瑛	韩文利
傅卓洋	赖海隆	赖雄麟	潘文海	蔡林娜	许又声
1979 级					
丁文清	王　中	王大荣	王启敏	王文苓	王聪文
王龙雏	王伟明	王显中	叶小红	吕子玄	曲北林
纪华强	连建龄	连锦添	连　志	刘　宁	刘　建
刘如珍	刘　菲	朱　二	朱碧生	朱耀斌	朱　南
朱国安	张甘荔	张炳升	肖伦添	李冰霜	李　清
吴毓建	吴玉韶	吴毓青	陈国兴	陈金武	陈　冰
陈彧端	陈乔桂	邵　东	宋　铮	狄　松	汪　舟
杨刚毅	杨流昌	罗财福	范丽青	郑　俭	郑启航
林　坚	林　华	林　征	林　键	林江玲	林丹娅
林志民	林淑琪	施朝忠	欧如蓉	钟河林	钟显东
袁卫国	贾　夕	郭光明	郭　琳	高　琴	高永强
徐文跃	倪乐雄	黄秀芳	黄仕炽	黄少辉	黄星民
黄熙丹	赖亚生	曾建平	缪明理	管　宁	廖小鸿
廖　鸿	翟建农	蔡阿聪	戴永生	薛碧珠	
1980 级					
马必钢	毛　阳	王建民	王旭东	王　华	王明琦
石志藩	冯连胜	丘熊熊	叶　宁	刘聪玲	刘家伟
刘宋玉	刘旺婵	祁德兴	孙　搌	阳运四	朱学群

续表

沈艺奇	陈清玉	陈　亮	陈永章	陈晓松	陈秋雄
陈少云	陈秀英	陈国强	李轶维	李成荣	李妙勋
苏菁玲	巫汉祥	吴珊红	吴端凌	吴友苗	吴志高
肖志秋	肖文波	杨子菁	邹水平	郑惊鸿	郑晴红
林挺建	林鹭锋	林翼民	林宜善	林启文	林　彬
林艺聪	林　坚	念孝明	周汉城	周德聪	周　菁
周　虹	周　可	欧阳晶	施纯志	张　燕	张维瑄
张亚良	张煌辉	高武才	顾兆农	徐　晓	黄娜恩
黄晓红	黄良天	曾少聪	程天赐	储仁生	傅星平
傅红梅	辜芳昭	温金海	谢森树	赖燕平	赖维斌
蔡文高	缪旭明	戴永生	魏宏潮		
1981 级					
王玮芳	王洪超	刘建华	刘明中	刘　萍	刘咏平
刘伏宝	戎　蓓	朱红霞	朱其武	朱睿斌	许剑颖
陈　红	陈红云	陈　辉	陈孔慧	陈柳云	陈宁峰
陈宁娜	陈雪晖	陈燕喜	陈允锋	陈莺强	张海昌
张黎华	张庆漳	张小青	张银曙	张进辉	邵　萍
吴　穹	吴艾祥	吴子东	吴毅飙	宋伟良	宋　军
宋曼君	李秀伟	李意民	余　晖	林　芬	林海军
林敬武	林立新	林　琳	林平锋	林蔚芬	郑义为
郑进德	周正平	周　薇	高　敏	金　衡	尚　昱
茅林立	郭惠芬	费琼琼	胡创伟	钟　魏	徐德金
徐佳芳	徐　雷	徐兴根	姚小敏	姚　远	黄树清
黄　健	黄文忠	黄文涛	黄振华	黄燕莺	康　洪
梁　丹	谢作伍	谢子泓	詹宏超	董志干	蔡阿聪
蔡永国	戴　岩	黎　兰	王银乔		
1982 级					
万红强	王　群	王凡凡	王荣宗	王银乔	王晋强
王柏霜	邓净阳	方寿中	卢如一	冯　卫	刘华鹏

续表

刘小斌	刘金国	刘雪娥	刘　洪	刘　治	孙桂艳
许水文	许振福	许锐钗	许　新	朱长龙	朱春花
李华英	李又云	李强胜	李　萍	李振合	李　红
何建伟	肖延平	巫一东	沈燕雄	沈祥洪	吴伟超
吴莲玉	劳　敏	宋　斌	陈燕棠	陈慰萱	余传福
易冰源	林卫理	林永兴	林　杰	邹德章	周福东
周书文	张　勇	张晓东	张进辉	张福良	张　萍
罗　政	杨文贵	杨汉武	庞　通	金利群	金　岩
郑光才	柯有强	贺铁光	项孟亮	宣锡华	梅运柱
徐荔敏	康元泰	黄永贵	黄圣团	黄其荣	黄紫明
崔　宁	郭福佑	郭　韬	谢东霞	谢裕忠	董　方
傅旭东	程　君	傅国栋	颜宗祥		
1983 级					
万里杨	王毓江	王海涛	王朝华	王瑞兰	邓丙午
白菲莱	甘　霖	叶志海	叶华鹏	刘琪芳	刘一红
许建闽	孙金祥	刘冬富	刘明君	伍敏能	阮　旭
朱　平	陈秀梅	陈天滨	陈永革	陈迎春	陈玉辉
陈金菊	陈碧川	陈建华	陈　斌	陈玉英	陈红兵
陈锦山	陈志军	张惠珠	张　雄	吴国胜	吴在平
邱东明	邱成娟	邱学军	杨钦辉	杨福山	杨继红
严周文	李光武	李　彤	李　赞	李松玲	李晓红
邹振东	邹细广	汪卫兵	林　征	林燕莉	林文博
林玉国	林进川	郑绪阔	郑洪波	郑成恩	欧阳惠
闻　清	洪建华	唐晓燕	唐　皑	奚红叶	高建平
高凤鸣	倪顺才	郭达凡	汤维宁	黄俊豪	曾洪军
蒋永斌	阙衍来	韵小丽	谭文国	熊　颖	潘　焱
穆建军	魏　军				
1984 级					
方　伟	方　文	王胜芳	王德华	王　刚	王芙蓉

续表

王彦邦	尤　斌	甘中国	白永宁	田永泉	刘鲁英
刘丹艳	刘国昌	许海溪	许晨聪	许云宏	朱　静
朱必圣	何继权	李善邦	李忠铭	李高松	辛　桓
余丽英	余伟平	杜仁彬	吴肩宇	吴中祥	吴建平
陈建良	陈启民	陈　铭	陈许峰	陈进鎏	陈娟娟
陈桂林	陈文懋	陈雅萍	张栋荣	张　辉	张幸平
张　洁	杨晓红	杨志敏	杨昌群	连　曜	邱靖宇
汪卫兵	林耀平	林世雄	范　丽	范正洪	孟　健
骆如冰	郑珊云	郑志泉	罗明光	罗道浚	罗碧玉
周良虹	候克增	钟　铃	姜　宏	赵秉新	胡辉玲
徐　建	殷　峻	高伟光	黄秋萍	黄一帆	黄洁星
戚建芳	龚少峰	曾清山	阎三海	游卫东	喻茂兰
谢　慧	蒋旭斌	蒋民行	黎洪波	樊述礼	薛希惠
1985 级					
韦玉华	邓　飙	王青	王大海	王诚华	王　斌
王镜秋	包伟文	冯炳元	兰国标	许建斌	刘莉生
刘小文	刘　捷	刘宏兰	刘　晖	刘　斌	纪在钟
江长贵	庄　黎	阮　琼	吕　艳	张开冰	张俊高
张朝晖	张育冰	张　捷	张奕新	张东晋	张智勇
张　强	余东晖	陈华端	陈滨峰	陈鸿斌	陈　实
陈力兰	陈任贤	陈　飙	陈蓓蕾	陈　雯	邱晓玲
邱加海	李　华	李立宏	李爱玲	吴金安	吴淑芬
何　峰	汪　威	苏少波	杨　橘	杨海滨	郑　岚
林　红	林　红	周　峰	柯　军	胡兰芝	胡钟寰
耿渭华	贾建科	崔　潮	梁　红	曹绍杰	谢俊林
谢卫东	黄　坚	黄征南	曾学远	曾武华	程　效
程文宏	程自立	赖潮汕	简肇基	谭学军	蔡志凯
蔡宗明	戴　冰	戴红骏			

续表

1986 级					
马忠乾	王颂扬	王　敏	王　斌	兰　军	兰　红
叶鸿桂	朱友强	刘满华	许金钟	杜晓笑	李为民
李　岭	李　鹏	李祥伟	汪惠涛	严嘉惠	陈　枫
陈国平	陈晓斌	陈　峰	杨长洪	张宝良	张景锋
欧军明	吴国英	何　鸣	金振宇	单士勇	庞远云
林叶萍	林　骏	郑　辉	郑金珠	郑文胜	欧定敬
段　辉	娄伟平	兰国标	侯木易	钱小满	容　彤
高　翊	高　虹	黄荣民	黄雪梅	黄茅洲	曹征宇
屠智忠	彭鸿华	蒋燕菁	曾碧海	赖　军	詹永忠
詹洪超	詹志红	焦　玲	黎　明	谭兆诚	潘　莉
魏　宁	戴　斌	吴志斌			
1987 级					
卞立雄	王　佐	王尧进	白志伟	冯永忠	任智勤
朱　虹	朱建雄	朱利晖	刘　焱	江　雯	汪德明
李灿宇	李承春	陈　东	陈连旅	陈　忠	吴访益
吴　伟	吴立群	邹晶莹	邱秀红	余丹祥	严　越
林开文	林闽华	林　娟	林小镇	林智英	林　茁
林风云	林忠建	张文玲	周宽奋	房林虹	封　霞
赵劲松	胡晓霞	柳剑飞	郭　耕	郭　玮	郭润葵
唐爱军	黄少华	黄　忠	黄清余	赵越刚	黄晓蕾
康新宇	曹子标	曹宗全	曾大楼	温惠缨	曾军蓉
蒋慧君	蒋成栋	廖凯锋	赖　斌	黎　春	黎树旺
1988 级					
王　晓	王霜玲	王缀青	王　炜	叶　靖	兰山英
卢榕初	吕贵群	孙世辉	刘德进	刘益清	刘史忠
毕　晶	毕永光	何海滨	沈　建	李恩莺	苑香兰
陈克豪	陈万锋	陈　英	陈　华	沙向明	严　诚

续表

武　齐	张曙丽	张　忠	张　铭	张　波	杨少勇
杨卫红	周　轶	周迎春	林志军	林菁菁	林利城
林斐鸣	林苍伟	郑克嵘	范志平	赵　莹	赵伟吟
徐雪梅	徐芳菲	黄　翔	黄孟缓	高晓桑	蒋艳娟
蒋东亮	梁伦润	蔡　玲	赖国基	傅盛阳	傅春芳
潘新达	缪立建	杨敬亭			
1989 级					
叶俊毅	刘建奇	刘爱群	汪宇宏	宋心磊	陈心华
陈扬帆	陈斌华	陈煜晃	陈　萍	陈　茹	杨　薇
张　军	张聪文	李北仲	关玉婷	寿武军	郑　亮
郑　龙	林　霄	罗国权	周长军	钱宝文	郭　渊
徐李桂	黄苇洲	黄毓斌	蔡　群	蔡志成	谢艳荔
龚　佶	楼卫东	詹非平	蒲怡俊	潘臻颖	樊　娟
楚书煜	张　伟	雷　霆	陈　昊		
1990 级					
王永明	王永盛	王德胜	方一凡	吕万芝	丛育敏
刘贯华	刘玉纯	陈剑鸣	陈绍和	陈王欣	陈　凯
肖　莉	何建平	张　航	何　方	张　健	李伟民
李晓彤	李　菁	欧阳荣	周章龙	杨　萍	邹静涛
林燕钦	林新挺	林立兵	林金章	郑　勇	卓晋萍
胡　瑢	钟　敏	曾　秩	贾　宁	秦　燕	谢何平
谢鹏程	葛路佳	廖慧娟	薛　侃	戴志雄	牛跃天
雷　霆	田　松	刘　峰	简爱月	郑慧兰	黄文玲
1991 级					
张　悦	霍　光	田　松	姜晓晖	齐建华	王立峰
屠玉峰	左　江	张美武	袁素玲	祝维剑	陈　骋
陈　斐	陈　曦	杨碧琼	郑国扬	涂秀珍	尤传鑫
康儒才	王　锋	庄筱玲	陈丽影	林立峰	朱云峰
杨家慧	罗重峰	陈友胜	袁文洪	陈　继	张珍荣

续表

张梅芳	陈善秋	黄学梅	袁亚盟	丁　莉	张守君
蒋佐春	尹小玲	王飞颖	关妙钿	周元元	陈里雪
林险峰	李　朴	曾佳玲			
1992 级					
王　颖	王山林	王子豪	邓晓波	卢　俏	甘宇慧
任叶宗	任　明	李　亮	林　萍	林子健	林京华
张　魏	张佳兴	许梅华	谷　莉	邬建军	闵清华
吴海晟	李　丽	李晓君	李吉深	朱丽萍	刘家军
梁春燕	曾　萍	谢桂芳	董丽英	廖汀沪	高　飞
饶友华	康赐晓	梅　梅	徐志军	郭素华	范晓霞
练顺斌	俞　声	闻珩子	张　捷	张　云	郑海云
周立波	赵江涛	温　冲	魏　虹	王　芳	
1993 级					
方　怡	武　楠	祝升慧	冯秀艳	刘丽普	张宏伟
卫　燕	盛国琴	周　胄	支艳萍	王冰峰	王中勤
马亨敏	王　玮	许安娜	林　红	林　瑜	江信银
翁　玲	陈仲庶	傅宇凡	许晓红	张大湖	卓传伟
洪梅峰	阮顺利	曾金灿	吴　越	吴国明	高芝夏
钟　辉	温　冲	黄绍亮	郑辟瑞	侯和稳	谢士乐
王幼华	李　华	肖　湛	肖　峰	朱彦青	梁　喜
罗宏珍	董　慧	梁晓岚	高　驰	乔　平	王　红
朱　坚	徐　惠	广　济			
1994 级					
刘　刚	李新颖	陈云奎	王居青	胡博理	周　颖
马雨超	徐焕如	邓　琦	严　萌	支德林	张　乐
陈瑞赞	梅子满	陈　新	林　葳	林俊禹	俞飞跃
邱丽琼	涂振江	刘峻雅	林景芳	刘婉姝	陈子能
张　鹏	王晓红	吴宾林	黄兆富	黄素华	桂　蔚
崔国营	陈丙波	安　浩	白利琴	陈开斌	方新平

续表

邓善华	刘　瑶	陈　瑛	李　媚	黄满宝	农峰昌
黄庆华	吴淑芳	韩　冰	陈晓君	黄海强	何　林
高庆远	曹　磊				
1995 级					
方德芳	王风奎	王英瑞	王思嘉	毛传助	卢晓军
吕红伟	朱庆华	池卫东	刘亚卓	刘雪梅	沈佩琛
吴文霖	吴飞虎	李　彬	李海平	李晓冬	李　波
李相贤	李正洪	陈海宁	陈小梅	陈丽贞	金　玲
林雪珍	林叶静	张　琴	张美芳	张文捷	张复习
张明云	姜海峰	顾　宇	高　翔	黄伟伟	黄桂美
黄小流	蒋　成	阎　琨	程辰雨	裴保虎	董晓龙
翟文宝	熊敏强	魏　宁	王君汝	陈治治	吴志群
王自知	樊　辉				
1996 级					
刘元星	张一舟	薛利伟	李玉涛	王光权	端　正
黄晓红	李学辉	洪　旗	林　靖	李　坚	江　轩
张浩清	宋　晖	庄露霞	吕　红	吴　旭	徐丽瑛
詹海程	陈　瑛	吴小璐	陈宏志	蔡惠群	吴慧颖
刘红英	赵　燕	卢洪亚	孙均桥	付学超	余文锋
林燕娜	程志勇	赖晓科	孙雪飞	屈人文	徐文芳
钟　飞	金桂林	陈　敏	何　颖	郑　悦	陈学晶
许美霞	胡春霞	申屠青松	叶诗茹	万智炯	彭　勇
赵翠阳	石　薇	吉　慧	王宇坤		
1997 级					
陈云华	王宇征	卓锦榕	庞健安	谭斯曼	鲍木英
陈传熙	陈　洁	陈　珊	陈卫星	陈　悦	成丽丽
葛凌滢	贡月锋	顾　骧	韩　静	郝琛乐	何艺晖
胡　冰	黄佳佳	黎凤坚	李娅菲	林朝霞	林奇龙
林有楠	林志强	刘丽霞	马琴丽	潘宏荣	邱剑颖

续表

饶燕枝	石景茹	石玉光	王菲菲	王贤平	王玉玲
吴庆才	谢　馨	徐　剑	许来芸	叶斯挺	余华龙
张继祖	张　琼	张铁婷	赵　爽	郑春萌	周　娟
朱力南	庄华毅	邹晓兰	黄　妍	张冬菜	李效伟
1998级					
陈　升	唐建新	余登伟	王　军	卢竞雄	文新征
游中敏	滕　勇	刘舒凌	何　鹏	梁　猛	吴俊锋
李　达	涂洪长	项裕兴	赵　勇	郑高莹	彭　芬
徐睿渊	江　然	黄　云	刘东艳	李　会	吴　茗
余　娜	侯小英	刘　心	谢　萍	何　忆	傅爱红
何　颖	黄妍婷	陈　姝	张晓梅	洪婷瑜	洪春生
邝淑贤	陆　清	许雪毅	高延萍	陈　丽	蔡健晖
林瑞艳	黄　彬	韩　璐	刘　颖	周晋国	赖晶晶
1999级					
兰雯雯	修荣腾	田　英	唐　巍	周夏莹	徐勋华
蓝辉龙	傅晓翎	李东波	陈　瑜	陈丽勤	陈奕珣
陈　晨	陈金国	陈　黎	陈新琼	林志鸿	黄祖祥
张志欣	张志耐	张海霞	张　琼	张　雪	张一妮
张族浩	林天送	常晓敏	杨　莹	石　薇	曹　璐
丁师轶	方金花	韩　敏	黄　沛	林　琳	卢　颖
吕雁贤	屈　琴	沈　岚	宋婧婧	苏碧荔	陶　莉
王军朋	王俪霏	王　姗	王晓静	徐　亮	叶　萌
尤国亮	曾　臻	章　雯	朱丽雅	施养庆	沈晓萍
2000级					
蔡　晓	陈　初	陈焕焕	陈美霞	陈文卿	傅清音
郭　菁	何　莉	贺　鹏	贺晓莉	胡佳文	黄　淮
黄建军	黄杰星	黄熙雯	黄莺莺	李　静	李　军
廖哲平	林　玮	林进展	陆玉箫	濮　昕	齐玉波
任　艳	孙佳妮	孙艳辉	唐建新	田　佳	王　伟

续表

魏　洁	魏美清	吴　雪	吴繁敏	吴珊珊	吴秀娜
吴渊平	席海昕	谢　婷	谢龙梅	徐　丹	许　琰
许侨欣	薛德芳	闫佰青	杨姝英	姚　波	余　琳
余　涛	余　维	张　婷	张　薇	赵岚岚	赵莎莎
郑　林	郑丹凤	郑庆祥	朱丽卿	邹剑萍	邹清秀
2001 级					
陈　亮	陈燕华	陈颖慧	陈婉玲	陈学舟	陈茂青
杜越成	段正初	高　歌	高　帅	郭　爽	洪冰玲
洪彦龙	黄慧敏	黄耀文	黄种成	康　心	赖　薇
黎　明	李廷辉	林超凌	林耿斯	刘传芳	陆伯洪
陆翠燕	吕炳车	乔晓微	沈　艳	沈毅玲	史杰杰
苏　茜	索慧君	汤　怡	唐屏蒂	田园园	王锦芬
王莹莹	王玉玺	王增荣	温添赋	吴燕萍	肖荣荣
徐　叶	徐园媛	徐占升	许国樑	许羡玲	姚佳根
尹　俊	袁金环	曾聪虹	曾蒙爱	曾　倩	张应昂
张志云	赵　晖	郑安萍	郑渺渺	郑　政	周斐娴
朱莹莹	庄乌沉	林小明	黄　颖	林绿波	刘增荣
刘　磊	林惠灵	李　静	杨翔燕	陈　妍	宋　佳
蔡丽华	唐丽芳	黄香兰	韩　涵	蔡鹏程	黄　颖
吴宛稚	郭淑贞	王　晖	苏丽璇	高丽红	杜春英
张　帆	吴海燕	吴千颖	巫中华	傅文华	陈秋娟
陈智雅	夏志刚	欧阳桂莲	张　彤	黄　凌	雷　慧
林集东	黄　怡	苏远勤	洪美莹	黄　语	杨高星
何佳怡	詹彩芸	肖成堂	陈钱敏	徐丽平	徐静娴
李隽彬	李小青	颜　云	魏雨花	金利雅	谢益清
谢媛媛	兰林强	汪静莉	沈秀敏	杨丹凌	程　远
高一梅	顾婧凌	胡美惠	阚牧野	克　佳	梁　婧
林　楠	林瑞凰	林雅媛	林艳艳	林　盈	林育祯
郑　玲	林文娟	吴一帆	林　颖	段昔浪	

续表

2002级					
曹燕玲	陈济灼	陈　晶	陈　敏	邓风云	洪桂治
胡晓宁	黄　颖	贾少萌	李大泽	孟　菲	田清涛
吴士明	吴小滨	叶　虹	曾妍妍	张梅榕	郑　煜
周　希	庄黄腾	鲍　珏	蔡巧珠	蔡伟艺	曹丹丹
陈　佳	陈裕强	褚宗强	丁芳芳	董静怡	董祝梅
韩师斯	何小鲁	侯功挺	胡一晟	黄冠猛	黄佳莹
黄晓亮	蒋琳琳	解金钊	金　婷	金　针	靳　禹
兰小丽	林聪辉	林　峰	林红英	林　容	林舒红
林　蓥	刘晓洁	陆立科	罗　谦	蒙志欢	潘　璐
钱媛媛	阮俊杰	孙玉玉	唐莉洪	王　慧	王欣莹
王永城	吴桂韩	吴　锐	吴馨骅	吴　垠	夏　洵
肖细云	许丽秋	颜彩蓉	杨　磊	杨　荣	余淦昌
余养林	岳园园	曾　上	张　敏	赵鹏云	郑信托
钟秀梅	钟晓华	郎　佳	梁艺斌	许晓真	曾衍杨
李　蜜	郑爱丽	陈小钦	兰丽春	杨欢欣	许　丹
范文婷	孙幼春	傅玥雯	林　琳	陈贞瑜	郭国仓
王雪晶	曹佳奕	吴晓娴	胡军彬	郭燕红	洪华晖
陈伯伟	陈建平	罗小祯	王明辉	阙定华	庄子凌
朱　炜	陈荣奇	陈彬彬	徐秋萍	梅云惠	方丽萍
张　潜	谢嘉佳	胡婧婧	江赛红	林筠昕	林淡丹
吴　岚	郑绍楠	林　茵	林莉莉	罗巧玲	刘毅波
许晓霞	王桂珍	赖晶晶			
2003级					
敖　婷	曹　洁	陈　鹤	陈　亮	陈布芬	陈成祝
陈玖州	陈泉峰	陈双珊	陈小勤	杜夕如	范　莹
付　晨	高予希	郭向纯	郭知明	胡黎忠	霍丽丽
解佳丽	黎锦荣	李　洁	李　静	李小芬	李幸娟
梁　瑶	林　巧	林　忠	林春祥	林洁如	林丽娟

续表

林丽明	林万亮	林燕华	刘　从	刘肇阳	卢巧容
吕燕民	马凌风	马莎莎	梅　真	孟庆媛	莫　亚
倪振文	欧君芳	秦　萧	任金玲	沈椿北	刘丽慧
陈育城	丁雪峰	宋　元	苏炳豪	苏婷婷	苏　雯
孙春甲	邰晓安	王　琳	王　帅	王伯清	王芳琦
王庆平	王珊珊	王伟佳	王文雅	王晓璞	王鑫磊
王珣霓	魏　晖	翁佳焰	吴　沁	吴媛媛	席大伟
谢　璞	熊生龙	徐　铭	许　琴	许舒音	许云芬
颜婧婧	杨　馨	叶玲艳	叶淑惠	游铭杰	于　琦
余小容	袁　帅	曾彩华	张　铭	张　玉	赵　越
赵紫高	郑见见	郑小洪	郑小森	钟　杉	周　磐
唐珊珊	白　玮	陈加生	陈妍岚	邓永林	董津津
方　忞	龚长城	顾芸侠	郭碧珠	郭敦宝	洪蓉蓉
胡开煊	胡　琳	黄丹琦	黄嘉佳	黄丽群	黄筱璐
黄艺娟	黄云琴	李静怡	李明明	李树坤	练秀明
林　芳	林鹤韵	林　瑾	林　霖	林鹭兵	林明希
林天津	林子文	刘晓丽	任筱煜	苏碧铨	涂文甲
谢晓菁	俞鸣炜	曾润铭	曾　莹	张　婧	张娴婷
章家慧	赵铮艳	钟　韵	朱宣凤	庄晨曦	
2004级					
王鑫磊	周　磐	李明明	陈达捷	陈　静	陈　静
陈　倩	陈衍敏	陈意云	程一爽	丁　敏	范　军
范莉萍	方　琛	郭白云	郭　佳	何　林	贺颖菲
侯哲文	胡乐庭	胡　倩	胡彦秋	华亦粲	黄　云
蒋荣超	蒋双杰	柯欢欢	赖文俊	李　聪	李叶萍
李　卓	廖金灿	林　君	林　骁	刘　洋	刘玉琼
陆莉莉	罗　珍	马　娴	欧阳文婷	彭玉晶	秦　峰
邱雅峰	任西西	舒剑玲	宋梦洋	孙小雷	孙　鑫
孙英乐	汤芳艳	陶　兰	陈　皓	段婧怡	樊　钰

续表

范霁雯	方慧敏	何　丽	黄明月	黄晓燕	贾　琴
江银珍	李　洋	林　婷	吕彦妮	梅　竹	邱少华
宋　莹	隋彦瑞	田凤艳	王　薇	吴建忠	熊先锋
徐有青	薛成文	杨菁菁	曾燕评	张　烨	郑艳艳
朱　双	庄亦红	解　谨	李　萌	李　雪	廖　芳
王　琴	王明甲	王邵飞	王玉娜	王月梅	魏婷婷
翁雯静	邬艳萍	吴　苗	吴初煌	齐环玉	吴淑斐
吴文婷	吴晓婷	肖承睿	肖燕燕	熊玲娟	徐　平
徐晓煜	颜秋娥	杨昌飞	袁晓敏	张　晨	张　瑾
张　俊	张　蕾	张　蕾	张小琴	赵一博	郑　雪
郑陈颖	郑玲玲	蔡郁婉	陈芳芳	陈　凌	陈月彬
陈泽平	董　卉	杜　晨	傅家婧	高彬彬	辜蔚君
洪欣晖	黄　佳	李文养	廖曼宁	林　菁	林　娟
林君秀	林立坤	林晓铭	林奕菡	刘　薇	吕志伟
邱碧芳	邱　爽	阙晶晶	施　岚	田　颖	王菲菲
王少彬	王月平	魏　爽	吴春梅	吴　燕	徐　诺
杨妙萍	张　琳	郑玉捷	郑玉荣	周　惠	周　杰
李　萌					
2005 级					
阿　旺	蔡　磊	蔡永法	曹熠婕	陈　辰	陈　丹
陈俊参	陈莉莉	陈妙煌	陈素云	陈纬纬	陈　曦
陈晓雅	陈艳伟	陈　芸	董洋锐	杜　娟	杜会婵
范菁瑜	范胜余	方　芳	费嘉菲	封惠子	冯　昆
付　琦	高　薇	郭　蕊	韩　蕾	何俊燕	洪婉真
洪　颖	侯冬琛	侯芙瑶	侯琳琳	胡　婕	胡晓骝
胡艺厘	胡元斌	黄超群	黄丹丽	黄海兰	黄和璐
黄金辉	黄培兰	黄少兰	黄晓夏	黄沚青	江丽陈
蒋逸菁	蒋元昕	金　鑫	来小伟	雷　洁	雷培蓓
李　辉	李慧媛	李建梅	李　杰	李　倩	李文庆

续表

李　霞	李雅琴	李　艳	连江皓	连　琴	林公福
林佳睿	林　琳	林美玲	林　鹏	林　韧	林　玺
林　晔	林　莹	刘　洁	刘　平	刘　伟	刘小阳
刘　尧	马　定	马田甜	马潇潇	门琦伟	孟宛音
宁岚婧	潘　红	彭婧婧	彭　恋	邵舒悦	沈彦舒
斯郎达吉	苏畅依娜	苏美倩	隋秀娟	孙晓凡	孙　炫
童　锐	万　成	汪　洁	汪　雪	王海利	王海燕
王丽莉	王陆正	王梦迪	王诗璐	王蕴臻	文　文
吴　迪	吴纪铭	吴瑞文	吴秀丽	夏　艳	肖　晨
肖　庆	谢典均	谢思逸	胥华美	陈晓燕	胥　娜
徐世建	徐　雯	许茂文	许淑娜	薛　缘	杨　琛
杨　莉	杨新宇	尧　俊	叶建森	游　苑	余海源
余杰平	曾建坤	詹祥妹	张春晓	张惠珊	朱　杅
张静雯	张可越	张　琦	张文婷	张　沂	张　宇
张远哲	张云娇	赵　倩	赵政颖	赵卓悦	郑高燕
郑惠丹	郑佳佳	郑　捷	郑雅娟	周坤璋	周梦烨
朱　峰	庄晓云	黄燕娟	李　鑫		
2006级					
阿思汗	包小晗	卜　源	蔡娇容	曹佳培	曹军清
曹　婷	陈　辰	陈　虹	陈坤城	陈丽君	陈丽香
陈明花	陈培新	陈斯嘉	陈燕娟	陈　莹	陈志坚
崔　未	崔云竹	戴蒙萌	冯　创	冯展东	付甲伟
傅亦明	傅奕森	格桑拉姆	郭　婧	韩书佳	韩羽萱
贺文慧	胡　雯	华慧鸿	黄　婧	黄　琪	黄　倩
黄俏芳	黄　硕	赖灿烽	兰兵盛	蓝天彬	李成波
李春香	李　璐	李　楠	李　瑞	李思凡	李　源
李招弟	李　真	连圳伟	林冰劼	林芙菁	林惠燕
林　菁	林俐颖	林蔓莉	林琦慧	林若兰	林永鑫
刘翠云	刘光都	刘　名	刘郁芊	刘　真	卢楚静

续表

陆 原	栾玉皎	马君君	闵梦婕	宁 岩	潘璀璇
彭 慧	秦 弦	沙艺权	沈凤玉	石丽娟	苏伯皓
孙国峰	汤晓琳	王娜娜	王晓江	王心君	王岩芳
王 垚	王伊琳	王 渊	王子威	吴 杰	吴 亮
吴燕萍	席 燕	向若萌	肖羽婧	谢秀桂	谢 媛
徐志艇	徐 孜	许昳婷	许 燕	许子辰	严吉村
颜晨璐	杨大文	杨婧妍	杨萍珠	杨 浠	杨晓婷
杨宇笛	杨 舟	姚巧玲	尹虎臣	尹绍洁	余龙浩
俞 雷	曾棻钰	张弘强	张露月	张其真	张晓云
赵 方	赵 强	郑惠勤	郑丽云	郑美霞	郑小扬
郑意凡	钟志鸣	周 伟	周玉桃	朱晨升	朱家麟
朱 睿	祖培园				
2007 级					
陆文青	魏 琳	胡济驿	柯雯靖	陈岚明	池鹭翔
蔡雅真	陈翠枝	周萌	涂馨予	赵 旭	李 静
程菁菁	黄雯怡	LAW POOI HWA	刘青	陈淑妹	祖 彬
李怡萱	梁太阳	吴旦绯	马静宜	张 妮	HAN JEONGEUN
田 原	许亦君	翟 猛	刘 瑞	郑 璇	CHAE JONG SEOK
洛桑次仁	达娃曲珍	JUN HYO—EUN	SUGAWARA MASERAY N	WOO HYUN—JUNG	刘颖慧
HanHyeYoung	林翠霞	MIN EUN MI	李 鹏	许玉玲	苏 英
许晋阳	古丽拜尔·买买提	宁梓君	JOO NAM HYUN	张 舒	HAN AH YOUNG
陈培楚	林成文	袁 锋	沈 琳	沈志琰	徐 良
李 蕾	王雅斐	李 娜	叶燕萍	林刘巍	张 萍
胡 蓉	林慧君	彭文君	郑慧雅	李 歌	桂 丹

续表

邱惠真	张　荷	刘　普	朱云辉	唐　慧	陈　艳
柯彩梅	林喜红	孙　隆	阮韵晨	王牧青	顾一航
陈　恳	扎依旦·吾甫尔	赵辰晨	田　原	刘一入	邹　婧
薛超伟	牛成志	陆　蝶	刘　钰	王银珂	刘　璐
刘玲玲	付晓婷	陈明英	唐　韵	翁梦清	范　媛
高玉霜	张晗梅	麦　良	樊　嵘	杨晓鸿	兰　葳
李　俐	陈　新	张吉军	王海楠	许灵珊	陆小红
卢妙丹	陈　琳	武昱莹	唐弋清	程顺溪	林冬妮
许嘉颖	陈　龙	施秦湘	王　凡	张　莹	何　彪
兰健强	黄诗云	黄涵婧	Tan KimHoon	钮玲冶	陆　萍
刘宇钟	黄英杰	叶晶晶	冯世杰	郑新超	侯荟洁
李　润	卢丹丹	郭　龙	朱俊财	蓝雅慧	汤　晶
林海霞	顾　翔	苏艳阳	顾香馥	林文星	金露露
裴　佳	窦梦月	IN EUN SEON	PARK HYO－EUN	李丽娜	JIN EUN JUNG
于邵琦	SHIM SU HYUN	JO JEONG AH	罗　婧	吴婉冶	SEO MIN JUNG
YANG JINYOUNG	UMSOJUNG	KIMJIHOI	黄　丽	KIMKYEONG RAK	KIM JI HYE
赵晓芳	LIM PECK TENG	LIEW CHUEN WEI	KimSu Jin	金釉琳	PARK CHAN YANG
项晓耘	LEE SEUNG JU				
2008 级					
韩林珂	郑明敏	石晓霞	陈璐新	李艺真	李银真
周禧琇	项晓耘	肖　勇	胡　芮	刘　禾	张枭翔
李昊静	赵晓芳	黄语涵	贾锡鑫	宋恩荣	陈志坚
潘　雪	李云飞	吴守英	黄梅梅	石　骏	李长荣

续表

鲍晓娴	赵一筱	潘登	杨祥卿	魏莎莎	谢楠翔
曹亚可	高云雷	黄艺烘	李　波	金荣雅	赵　伟
金　林	张　静	吴　梦	金英恩	周立立	陈临风
蔡弘毅	丁　袁	索　颖	胡　萍	林涵涵	韩洪刚
杨　丽	魏琛琳	苏焕来	孟　爽	韩旭童	董　辰
孙　戈	陈建琼	谭晓虹	宫立媛	杨宝珠	汪淑芳
彭娇娇	黄晓珊	王丹娜	时　敏	李梅霞	刘　波
刘烨琳	刘乃源	崔梦娜	许怡敏	李晨蕾	韩相恩
黄锦石	ALAIN THONG	王　森	安孝卿	王　嵘	李芙蕊
黄思杨	河美淑	肖　群	李英雨	宋秒琴	李雅萍
洪　柳	杨鹏慧	李　灿	李俊硕	王艺姣	崔嘉烘
朴珍夏	AUGUSTA BOSSOU MARIANNE	Jeanne Marie ArianeSalvanes	玉智媛	刘晓静	林怡婷
惠丽娟	有延裕美	张雅文	本浩章	CHRISTELLE SIVILAY	曾　琳
金智慧	林　巧	朴志恩	朴妤抄	米克力阿衣·艾麦尔	李惠知
方嘉雯	张云霞	王培青	菅海婷	张云蕊	朴浩准
关　晖	曹　威	蓝　婷	张馨月	张隽洁	陈凯丽
贺湘情	吴凌云	邵俊杰	李　飞	江萌钰	刘超锋
玉　婵	何青青	张　玚	章　璐	高振中	郑　丽
郗　鑫	霍　林	郭　聪	洪清岛	林文琪	乔游子
郑明敏	MINGOEN NATTHAPHON	杨萍玉	李雅燕	吴　萍	刘梦佳
郑　蕾	汪龙斌	陈　静	郑小亮	邓　媛	林彤馨
谢艳秋	蒙　萌	谷文倩	赖盛兰	吴晶晶	洪立娴
周若彦	石鹤松	朱思越	邱晓婷	游昌花	陈　曦

续表

闫玉荣	丁　超	吴　尧	韩泽治	于玮琳	赵一轩
张译文	权正浩	陈　洁	李小梅	宋惠卿	艾思辰
周尚坤	陈杨诗琪	王铃篠	刘阳子	王雅婷	杨婧薇
2009 级					
古丽沙·阿尔米亚	史敏慧	邓俊彦	邱逸云	王绿华	曼孜然·穆合塔尔
娄渊蛟	马　烨	刘　畅	胡雪薇	陈萍萍	丁媛媛
朱海燕	白寒冰	叶素伶	蔡　菁	胡珈萌	周慧敏
齐　芩	陈灵星	焦　黎	丁渊妮	李若玢	张　捷
李芸华	蘇蕾潔	李　根	林羽轩	牛　慧	杨　茵
岳贵人	梁靖毅	陈洁妮	王依璐	朱道宁	陈　思
汪信语	谭冰清	唐　珂	刘　琦	王　朗	吕瑞佼
马海平	曾兆虹	蓝秀琼	俞漪心	邓亚君	孙博文
罗曼璇	金远晴	林诗婷	张芷芸	黄圣楠	蔡婉霞
陆振宁	付小郡	雷玉霞	熊俊杰	肖　笛	卢瑞娜
张逸尘	郭晓琳	谢冰莹	季　静	王昌凌	赵　韡
LEE DEBORA	廖梓言	储艺彤	约呷拉和	华　怡	陈淑琼
羊翼骏	汤景清	罗坤荣	龚昕怡	戴维未	王敏欣
赵文琪	王昊磊	张宏萍	谢静静	杨丽娜	李琼瑜
散德尔加普·图娅	刘　锐	陈耀强	谢　静	李　凯	吴　倩
张　敏	VOO PEI TENG	王少敏	贺亭亭	李　沫	陈晶晶
耿青青	孙泽琼	钱一华	杜亦榕	马璐瑶	王　歌
严祺文	夏春燕	李晓雅	杨羽婷	张蜀彤	陈　涛
林丽玲	赵　航	赵晓梅	刘　青	张　文	刘金平
张淑珍	梁　熠	周　蓉	潘瑶菁	康小燕	蒋　辰
徐晓晶	KHOO LAY HIAN	LEE JONGMOON	NG HUI MIN	SONG JI HOON	KIM HUI MIN

续表

KIM JISUN	YOON JI HEE	PARK HYOSAM	JANG DONG HO	LEE DA HEE	TSUKINDA TATSURU
LEE SOOHEE	LEE BONA	HWANG HYEYEONG	KIM YOOJEONG	KIM KYEONGTAE	SEOW WAIKIN
KIM HEUNGGIL	KIN SANG YOUNG	SEO SET BYEOL	张晶艺	陈倩倩	苏　畅
何雷雷	梁嘉嘉	王　恬	花东友	杨　飚	王君宝
刘恬恬	张潇漫	王良平	史　林	李　嫱	鲍　辉
陈　浩	刘　盼	冯　箫	谢倩倩	姜丹琪	陈俊如
许鸿樑	卓晓宁	戴亚莲	李　晴	袁　明	朱慧盈
刘小嫚	付丽丹	彭怡郡	江佳艳	程静茹	赖丽云
傅鹤婷	郑秀兰	庞　晖	陈佳莉	李晓昀	陈艳虹
施中琦	刘金歌	黄松涛			
2010 级					
蔡琼瑜	曹　可	曹　聪	陈　鹤	陈　晶	陈娃进
陈艳珊	程雨姣	都馨悦	范润阳	付定会	哈丽娅·哈德勒
何盈斐	黄俊凯	黄于珊	蒋　丽	蒋肖肖	蒋云琳
金林舒	黎悦帆	李　晗	李俊慧	李凯菁	李莹菲
李卓伦	梁　岳	林丹丹	林心怡	刘　畅	隆佩伶
宋双双	孙斯雅	唐国智	王高曌	王星骄	王永良
林　婧	支叶琳	陈建霖	陈　瑾	陈素丹	成　楠
胡异源	李慧影	李林蒙	李秋怡	李　赟	刘　璐
刘志姣	毛文君	齐凯莉	邱苑婷	任李肖垚	汪晓艺
王嘉敏	谢婷婷	易贞贞	喻冰洁	曾　莹	张　豫
周　敏	陈　孝	胡丹丹	黄炳坡	黄廷皓	李　博
李　玲	李薇薇	李艳飞	杨欣凌	张百合	张宏业
张敬源	赵寄言	郑依瑜	刘荣恺	黄绍鹏	Manongtong Lucio

续表

2011级					
艾则麦提·居尔艾提	蔡莉莉	曹　磊	曹　越	陈浩然	陈　盈
陈子豪	邓静柔	丁红瑞	樊诗朦	范鑫晖	方泓焘
高　燕	龚　爵	关晓愉	韩静宜	韩小清	侯万恒
胡惠玉	胡　霖	胡晓蒙	黄静然	黄　欣	姜奕辰
蒋田顺子	雷倩楠	冷冰清	李　辰	李　静	李丽芳
李祺垣	李晓芬	李　洵	李宜润	李逸阳	李羽柠
林慧云	林　楠	林淑惠	林　晓	林益萍	刘冠芳
刘抒晴	刘晓希	陆俊文	陆怡彤	吕慈航	罗名洁
马婧婧	满　艺	曼努拉·达吾力	宁封娟	祁　涵	卿　爽
邱钊蓉	曲昌宇	阮倩文	时丽思	汤舒雨	涂俊逸
熊晓春	许　莹	严五代	杨　明	杨　念	杨颖达
杨紫玥	叶嘉玮	殷　怡	余晓青	俞琼华	恽羽芩
张碧梅	张丽雅	张　拿	张元媛	赵明艳	赵文婷
赵怡甄	郑静秋	周　靓	周学磊	朱　蕊	朱逸凡
庄子乔	TAN XIN EE	马科君	王婧妍	彭　旭	张新男
程一鸣	钟明智	阮映婷	王　浩	吴兆敏	张昊然
陈　果	肖若澜	蔡彦婷	常瑶珍	陈　驰	陈志恩
林紫薇	骆　璇	任学甍	万文婷	张　源	钟萍萍
朱文颖	MIYAZAWA KYOHEI	胥　纾	毕　雪	常　恒	程　淼
戴聪捷	顾嘉伟	韩　苗	李　君	李　娜	李晟杰
谭宵寒	王梦莹	翁灵梅	吴超雅	吴静静	吴英奇
肖金来	徐甡敏	于金婉	周启帆	高　琪	刘　刚
2012级					
杜晓强	蒋志容	林　枫	魏国文	杨　卓	阿依姆古丽·托合提

续表

蔡滨琪	陈　茜	陈秋晓	陈瑞萍	陈若凡	陈雅琪
陈艺璇	陈雨馨	丁　辰	范欢欢	高　慧	高　捷
弓　雪	郭子璇	郝文玲	何兰兰	何　雯	洪张有容
黄婕妤	纪　璇	江舒晨	李　辰	李　蔷	李心畅
李庄琦	栗　佳	梁入文	廖玉琦	廖智敏	林成群
林健强	林乐烨	林路遥	林巧玲	林思思	林星云
刘　灏	刘佳辰	刘美惠	陆　洋	陆正旸	吕小小
骆书艺	宁诗文	宁雅丽	潘司颖	卿康林	任文熠
尚哲雨	申一钧	沈　颖	苏　萌	谭兆厚	唐　颖
王丹丹	王潇媛	王晓培	王雨萌	谢楚婧	谢东玲
谢树道	许宵洁	杨蕙泽	杨若灵	姚冠州	于天祺
俞欣延	曾　秀	张雅倩	张　钊	郑嘉璐	郑筱凡
钟　昕	众　越	周宇蓉	朱　凯	卓小芝	涂晓婧
吴陶琳	洪丽君	张璐瑶	冯木楠	王春晓	李若思
赵菁菁	张玉翠	雷舒涵	肖荣荣	邓晓艳	杜晗瑜
黄诗怡	黄夏澍	赖一鸣	李南依	李施阳	连沁怡
苗　琳	施小凡	童　欣	王皓玥	王雨铖	韦文杰
吴　涛	杨冰洁	杨　莹	于　芮	张　鸣	张宴翠
张　宇	陈　雨	胡傢元	霍　旭	康英杰	雷　狄
李嘉蓉	李玉婷	陆彦汐	罗　毅	王红帆	杨聃宁
岳岸然	张晨曦	张　涵	张晓芹	陈仕臻	陈　曦
简朝进	许天宇	张　晴	刘　婷		
2013 级					
曹成君	陈俊逸	陈　牧	陈少筠	陈晓玲	程锦波
仇宇清	邓　莉	董　颖	高　莹	郭津燕	郭　娃
洪　鑫	侯若宁	黄翠林	季玟希	金　梦	李　婵
李昌俊	李靖怡	李明珠	李　琪	李雪婷	林晨风
林哲静	刘光宇	娄恺阳	吕可青	罗苏铭	马　可
马小花	潘萍萍	潘垚磊	施晓琪	时秋君	宋军如

续表

宋天宁	苏　娟	苏　妹	唐艳丽	田　进	田　俊
王嘉颖	王江紫	王君心	王　敏	王许儿	王雅倩
王宇昆	王　煜	王志鹏	韦骅峰	吴　聪	吴　凡
吴芳萍	吴　蓉	吴小燕	许婧雯	许巧玲	杨楚珩
杨国麟	杨　洁	杨舒涵	叶玲杰	叶　子	张继文
张奇加	张容瑄	张　雯	张小歌	张璇俐	张钰川
赵　海	朱雨婷	左　琳	古丽拉莱·太力艾提	连鑫	米尔布拉·杰力力
牛文静	王源烨	徐　旭	张　蓓	郑潇潇	朱力得子·吾尼热哈孜
张路尧	吴　玥	孙　伟	何国强	郝　燕	江佩峰
胡鹏飞	陈元琦	陈　越	胡龄介	黄　越	梁　雪
覃　怡	王丽彬	徐羽灿	岳永睿	朱　婧	牛洁雨
黄伟宏	李玖龙	林致一	曹金旭	李金霖	代　秀
黄莉林	胡芯笛	李　密	李　彤	连心怡	马　鑫
王笑聪	王雅琳	王悦阳	尹子萌	余光明	张　蕾
陈业雄	张诗雅	杨　堃	张承瑶	宋　琛	张婉君
高　尚	陈俊夫	黄少鹏	李嘉林	韦怡舟	蔡欣韵
2014 级					
曹嘉辉	曹逸云	陈　岑	陈　蜜	陈歆玥	陈玉婷
代邵颖	邓吉平	董乐颖	董伟杰	杜雪莹	范妙玲
方　源	高　涵	葛宇新	郭奕熙	何　月	洪越颖
胡子赫	黄益婷	贾晚星	金俐延	赖韵竹	李　丹
李嘉茵	李　莉	李荣琦	李思贤	梁春燕	梁乃心
廖苑辰	林婧敏	林美琪	刘思博	马春雨	马世伟
念珂羽	蒲亚萍	钱佳欣	乔含引	秦　怡	上官燕枝
石润民	宋云帆	孙培婷	孙　沁	孙　芮	陶　凯
王亚旭	王子镱	魏舒悦	温雨瑶	吴佳彦	夏　甜
夏亚南	相天琦	肖　薇	谢师杰	徐晓彤	杨　洁

续表

杨艺璇	姚　旺	易婷婷	余孟轩	臧祥运	张伊娜
张盈盈	张志慧	赵　蔓	郑志娟	周　玲	朱浩然
高娜娜	古欣蕊	徐青慧	于　玲	赵钦华	巴燕·努尔居马
丁江涛	陈　豫	李昕昕	刘宗一	杨　特	王德尚
Lee YI—SHAN	钱天昊	贾梦菡	邵凡辉	李雅莹	王星宇
禹秋实	吕聆箫	金泽君	吴立芬	张黎红	陈　颉
谢煌娇	费　婷	何普普	黄婷娇	黄晓燕	李　余
林　越	陆筠怡	马嗣胜	莫　黎	田艳飞	王琳霞
吴丹青	徐　敬	杨　怡	郑丽萱	朱冬纯	王　杰
王延帅	吴育锋	何其佳	戴宜欣	段立文	付天翔
郝穆明	胡毓恒	李培霖	刘冠宇	刘心彦	牟馨格
沈伊宁	谢金辉	杨雅茗	郑　萍	范冉冉	Wilbert Chen Lim
郑　钲					
2015级					
阿卜杜海比尔·托合提麦麦提	安一多	白梦蝶	蔡佳佳	蔡雅婷	陈静逸
陈丽君	陈秋蓉	陈润璇	陈世展	陈　瑶	丁晶晶
丁思文	范书宇	盖伟涛	盖欣悦	古淑婷	洪静怡
胡灵璐	胡　睿	亢　睿	蓝晓燕	李　磊	李歆蕤
李雨莼	梁艺琳	林佳颖	林沈阳	林逸伦	刘佳琪
罗　倩	罗叶青	马婉月	马昱文	彭梦思	邵怿梅
宋　菲	宋浩钰	唐李希	汪倩倩	王佳婧	王心梅
王　悦	王紫君	王紫阳	王祚媛	文　冲	吴桦真
吴聆汐	吴思思	吴晓羽	吴　怡	吴雨桐	徐　磊
颜婉玲	晏昭祎	杨　琪	杨宇佳	姚念露	叶华玲
叶思思	曾　青	张佳怡	张锦昊	张霄琛	张小妹

续表

章雅昭	赵心仪	甄禹萌	郑红艳	郑茜珺	周　洋
周玉梅	祖鲁独斯·克得木拉	王欣欣	刘　敏	唐庆超	姚祺妍
吴慧欣	梁雨琪	柳　颖	陈怡羲	黄宇涵	胡琬婷
林璟煌	徐洁文	刘北辰	郭泰昌	韩于兵	肖佳琪
曾惠娟	杨小惠	杨逸凡	刘启明	魏钰惠	荣艺杰
汪小芹	曹华承	贺丹丹	洪媛媛	焦民敬	刘泽宇
吕佳艺	倪伊芯	彭聪仪	王　宁	吴　昀	于可心
詹　洁	张小蕃	曾依欣	彭　博	廖羚似	丁培原
金　洋	雷雨萌	吕金彦	宋琳姝	詹晓君	赵　亮
赵欣睿	蒋诗洋	黄　婉	秦国梁	李蕙钊	包琛宇
2016 级					
鲍　斌	曹若愚	常　彤	陈安澜	陈聪悦	陈　暖
陈　群	陈姗姗	陈依茹	陈颖颖	陈　瑀	戴嘉琪
杜　娟	段文昕	范康瞧	冯美虹	冯　敏	傅冰洁
郭　涵	韩晓晖	何美琴	何　娴	胡方麒	黄莉蓉
黄琪玥	黄诗祺	黄　希	库尔班·艾比比拉	来英帆	蓝瑜萍
李广林	李雅婷	李张怡	李紫颖	林沁鋆	林书羽
林　欣	林泳汐	刘慧琪	刘铭东	刘霆钧	刘　颖
龙丽妃	吕霞霞	马弘瑞	苗文韬	任璇	阮佳琪
阮雪玉	孙　铭	覃　苏	谭佳毅	谭启婕	唐骏瑶
王佳宁	王键澜	王岚星	王璐瑾	王心源	王一凡
王永明	王咏晴	王梓璇	韦孟岑	卫剑阙	温济恺
吴胜男	伍钰娴	谢钰淋	邢佳音	邢雨薇	许天健
杨　婧	杨薇静	叶　杨	殷　豪	余梦鑫	张菲菲
张慧子	张佳滢	张　丽	张丽君	张诗妮	张雅淇
郑靖怡	郑舒婷	周　唯	周晓宇	朱冬婷	朱金琪
邹佳芸	李东育	钟大禄	程彪林	杨　秀	扎西拉姆

续表

邱思源	蔡文茜	林　琅	黄俊伟	李　楠	陈　景
吴晓燕	白宇新	陳嘉玉	蓝秀楠	刘　琦	刘婷怡
应金琦	余明星	郑心楠	庄邵俊	王学澜	蔡雪霏
陈杰慧	陈鑫霖	刘思越	孟天奕	史　淼	王兴珍
韦毅航	温　昕	林冬梅	李冠积	方伟鑫	
2017 级					
阿丽亚·阿布力海提	敖小杰	白玉寒	蔡颖	曹　译	岑了了
陈俊洁	陈圣涵	陈雨燕	陈张岚	陈梓滢	程浩炜
程一林	次旦坚赞	戴自真	旦增旺姆	丁萍萍	董　钰
杜雪玲	范诗云	冯海芳	冯巧梅	郭梦清	韩知霖
洪嘉俊	洪里仁	洪真真	胡　晨	胡蓝心	黄碧珠
黄千恂	黄婷浴	蒋逢倩	李彩霞	李　晨	李翠琪
李　铎	李昊翔	李吉翼	李佳莉	李康伟	李晴怡
李逸婷	李郑泽锋	林晓培	林雅岚	刘　淼	刘铭川
刘张贺薇	卢秉瑞	罗秋亭	马桢祺	马紫涵	美依尔·热合木江
缪　陈	彭美琳	綦文多	邱惠冰	邱雅菲	苏马泽彤
孙雨昕	万哲华	王传辉	王艺璇	王岳伟	隗胜楠
温泽霖	吴文婷	吴艺晨	徐雅蒸	薛朝云	杨梦雅
杨舒云	杨心怡	詹华清	张梦璇	张云霄	赵　琳
庄伊凡	庄雨丹	郝炜思	魏弋欣	谢映君	李子博
周梦圆	田　欢	焦　薇	高鹏星	赵　辉	李武政
梁家骅	邊曉芳	陈　辰	陈　婧	黄冰玉	黄艳颖
李　红	李立晖	李姝凝	林颂烣	马宏宇	宋　尧
魏雅勤	杨　璟	杨启明	张霄钰	张裕雨	Nattapon Augkaraphisitwong
Chong Rui Zhen	NISHIMURA MAKOTO	王　安	陈　扬	陈奕丹	何书远

续表

胡韬展	胡天麒	黄玉婷	赖　昕	李姝言	廖焌秀
林亦芃	史湘怡	王春龙	王红霞	王乐施	许　鹏
钟　敏	庄　妍	VIVIAN HII JIN KE	Wanda Zhuang	阚梓睿	杨源昊
李嘉瑞	王苇药				
2018 级					
昂星玥	白佳敏	卜云紫	常雪晴	陈淮林	陈婧烨
陈至涵	旦增白姆	方昕媛	葛杰荣	何雅婷	贺　姝
胡　蓉	黄嘉忻	黄晓芬	黄晓梅	贾馨源	李国婷
李婉婷	李闻佩	李一诺	李玥潼	李　振	廖琳琛
刘　璐	刘睿思	刘一菲	刘雨潇	刘珍溶	刘子帆
罗新烨	骆秋容	麦尔耶姆古丽·麦麦提依明	毛杨彤	米尔阿力木江·库热　什	闵之皓
任婉嘉	施钰滢	孙瑞璠	田宇婧	田卓麟	王海燕
王灵洁	王晓珺	王雨彤	魏明烜	吴诗雨	吴宜洁
吾拉尔·波兰拜	谢敏	辛焕泉	许传妍	薛诗瑶	鄢昕杰
杨　虹	杨若英	尹姝钰	苑雅谦	扎西措毛	张佳琪
张力方	张馨予	张雪妍	张毅贤	赵歆仪	郑林晨
周　豫	朱宣阳	武之惠	马　英	陈宏伟	韩　旭
潘晨玥	田嘉程	赵家杰	郑颖涵	覃雨珊	向子谦
李　蕾	保家玲	曹　爽	陈碧雪	何佳臻	黄一睿
黄倩雅	李小煊	李煜萌	庞星宇	田　宇	韦缨姿
吴佳峰	向　姮	余海莹	袁　昕	詹绪婷	张乐瑶
张泽坤	Shiromizu Ho	余佳玥	陈文晴	陳庄源	董小珣
郝益东	何星伯	洪晓楠	胡静怡	李椿迎	李嘉超
李　婧	林浇雯	刘　敏	孟雨婷	聂在田	丘方怡
田洋戈	王　灿	王凤琪	危皓雅	卫雨昕	吴子鑫
徐　迪	徐涵茜	尤泽盛	张万敏	张小琴	周朝晖
朱梦瑶	陈　力	沈贞圻			

续表

2019 级					
贺嘉俊	刘佩佩	努热曼古丽·艾合提	杨美玲	张语婧	步濡羽
蔡子娴	陈慧萍	陈屿璠	程培琳	邓国意	樊文歆
方映婷	甘　纳	高斯琦	谷芷言	胡　璟	黄　翎
赖叔青	兰雨珊	黎树成	李佳璇	李炜鑫	李怡婷
林佳曼	刘诗滢	刘怡宁	卢　颖	孟庆昊	钱虹伊
乔　玥	任玉涛	沈涵锋	石雪冰	史瑞先	孙炜棠
孙雅萱	王慧琴	王若晖	王　雅	魏闰生	肖璐嘉
谢思颖	许婉焱	鄢翔颖	杨茂珩	杨紫晗	姚　颖
余文欣	余小倩	袁婉彦	张德平	张佳文	张静怡
张美玲	赵璐铭	郑培宏	周　懿	周昱雯	周之祯
朱　俊	Ng Xuan Zin	李　洁	祁　慧	孙梦宇	张富英
张延存	黄羽彤	刘西米	徐千惠	方立明	王子怡
艾依诚	陈咏媛	冯晓慧	何晶晶	李景昭	罗钰鸣
宁一奇	潘　露	彭子昊	孙千涵	唐　淇	田凡冉
万慧琴	谢承瑾	杨文涛	杨艺溢	余智瑶	赵知雨
周林励	周　颖	陈　斌	陈美彤	付晓洁	贺川玲
侯羽能	康海宁	康振霞	李亚栩	李雨知	李元昊
林诗媛	刘文莉	龙欣雨	吕孟樊	齐孜睿	其乐蒙
岂艺文	任凌缃	阮兰雅	石宇涵	田　飞	田　雪
韦文骄	翁翔	吾赛尔·那孜别克	杨润宜	杨玉慧	张正慧
卓琦婧	PHANG YIIN XUAN				

* 2020 级学生为人文社科实验班，尚未分班，故无从统计。

附录七 中文系历年专科生名录

1993 级大专班					
檀秀锦	陈鸿光	林　震	林福桂	林祖龙	郑礼水
侯德梁	黄艳萍	谢孝善	陈林芳	王孙亭	卢祯楷
翁国文	黄身连	谢颂伟	陈　云	王小红	刘志红
鄢潮涌	黄身辉	陈仁森	方乃义	王绍堂	余能銮
何　兴	李　明	杨守忠	张文瑞	吴而雄	张恒政
吴浩东					

1994 级大专班					
腾剑锋	黄　莺	林月兰	毕朝红	吴志斌	冯小燕
周　围	翁宇翔	林睦扬	刘巧容	陈荆平	潘毅龙
张晓芬	翁晓婷	王周雨	陈　利	陈　锋	黄家添
胡劲峰	蔡雷霆	朱龙旭	林丽平	杨　进	朱紫雨
徐献忠	廖清如				

1996 级秘书专业大专班					
邓明勇	刘　薇	刘鹏星	朱慧博	江清梅	孙　萍
沈惠红	肖月中	吴巍澎	李炜鹏	李　琳	苏毓华
张柏杨	汤绍峰	林丽英	林翠华	林拼强	林　娟
林　岚	杨　勐	杨志强	杨进桂	徐　晖	黄锦鹏
黄　艳	傅俊伟	游慧生	熊　盛	廖华尉	王训华
田镇浩	肖素坚	冯志鹏	许　晏	罗雪薇	李　艳

续表

李鹭娜	陈　平	陈以财	陈继杰	陈锦屏	陈艺雄
邵旻劼	林娜娜	林　艳	官天云	徐志鹏	高水莲
黄耿红	黄　明	黄燕秋	黄海阳	黄伟明	商少斌
曾广伟	赖文斌	裘　建	王小玲	王娜芬	叶顺兴
冯晓荣	朱建钢	庄　萍	余巧玲	何时听	吴海燕
吴　云	吴雅华	李正棋	李　静	陈清兰	陈玉金
除曙暾	陈朝文	张东雄	肖秀春	林育明	林倩如
骆丽端	黄延夏	姚力志	崔　汝	郑清华	蓝咏珊
缪亚琼	苏迅强	伍　翔	许溪生	冯端凤	杜火南
张江瑞	张艺萍	张　帆	张巧玲	陈　钢	陈志林
李仕萍	李　莉	吴惠婷	吴一膊	林香苏	钟晓玲
洪　艳	徐莉莉	黄　莹	黄建斌	黄　凌	彭世英
詹海燕	秦治宇	肖　峰			

1997级秘书专业大专班					
王小平	卫星飞	刘惠萍	宋冬霞	宋晓红	吴　睛
吴晓燕	吴玫瑰	吴贞璇	陈丽芳	陈红燕	陈　鸣
肖丽明	余　光	李小露	林剑宝	郑祖钦	杨艳艳
柳岁月	黄宇斌	黄秀华	黄希红	焦　果	曾琼云
郭　蓉	康娉婷	谢艺园	尤小斌	王亦铮	朱开源
刘庆庆	许云峰	李　勇	何玉路	何燕玲	李鸿荣
张淑端	张政夫	陈晖明	林　铮	林秀芬	林政红
赵文添	郭亚红	高　超	黄艳华	黄海军	黄启威
韩伟珊	诸利萍	蔡　闽	熊作飞	颜森贤	潘海燕
王佩如	朱　绝	刘晶晶	许澄澈	吴蔚芳	吴　颖
陈丽风	陈海燕	陈梅伶	连爱凤	连建芳	林汝斌

续表

林毅虹	杜鹭芳	林宝贵	郑　文	赵翠红	施纯展
顾　蕾	曹寒春	曹爱清	傅　静	曾　颖	蔡丽霞
蔡以雄	蔡　艺	廖述波	潘锦丽	王丽萍	宋　莹
郑　浏	杜秋星	沈雅玲	陈丽萍	张博君	张桂兰
阮福强	金燕妮	洪林茵	周　燕	林　榕	林怡媛
吴　捷	温文辉	揭恭礼	詹文珍	黄　晨	谢红缨
朱伯虎	洪国贤	邓永君	李春养	吴宗演	包小川
毛小琴	江德勇	许昆明	吴阮明	吴　耀	张春晖
沈祥娥	李丽金	李明蓉	李琼霞	林翠云	罗吉林
陈　珊	陈　兴	陈庆东	陈海东	郑　苏	周妮娜
姜海燕	柳小鸿	康小清	倪亚琼	黄思慧	曾奕发
崔　瑾	谢海红	玉　琴	邓娟荣	刘成效	庄　静
庄雅阳	吴友梅	许茱莉	沈泳宁	张　燕	陈宗霖
陈丽宇	陈烟行	陈云志	陈惠军	陈霜洁	林水钦
周向琴	严其祥	郑宝枝	施滨滨	洪小兰	钟丽香
练小帆	赵　利	黄雪红	黄智亮	秦松巍	谢　辉
史佩雯	兰艺鹏	余晓东	何文伟	汪建英	刘晓鹏
张奕洪	张永江	张明霞	邱碧凡	吴茜	汤高明
林近茂	林云平	林丽苍	洪俊杰	陈株荣	杨君红
杨艺玲	杨华辉	黄子碧	曾　毅	雷烦春	傅小乐
彭天金	戴　刚	丁燕茹	王伟军	石　洁	庄　阳
王春敏	阮玉羡	孙凤芹	吴寿山	李　文	李少青
金　燕	赵玲玲	林进益	林美珠	高　蕾	陈捷捷
钟美娟	魏燕娜	甘莉玲	胡梅娥	朱贵如	

1998级秘书专业大专班					
王立辉	石新宇	卢铁道	朱克勤	余白萍	李艺勤
何焕庸	陈清泉	陈雪文	周力文	周海英	林文伟
林　摇	林　青	岳　珍	张化文	郑艳萍	姜牧非
郝　翔	柯兴荣	黄娜卡	高梅玉	徐　莉	章　黎
阙燕萍	廖颖丽	缪凌熹	戴福志	王晓蓉	石　芸
卢　勇	刘穗榕	吴文强	何紫莹	邹苏豫	张素珍
张燕军	陈　岚	陈子航	杨旭耀	林亚呆	林晓榕
林　琳	林　佳	钟潞妍	郑红霞	郝永豫	张丽晖
黄木柯	黄水峰	黄　非	黄和征	曹敏恒	殷凌虹
蒋晓燕	蔡水才	潘彬彬	王晓玲	王培雅	王先满
王招群	刘盛峰	仲云峰	李　平	李寒冰	吴　玥
许珊珊	张妙芬	林　苗	林宏峰	郑世梅	郑秋梅
陈秀玲	陈淑芳	姚永成	倪温珊	梁军荣	高淑琼
秦媛媛	黄晓昀	黄志波	黄金勇	蔡鸿雅	谢冬华
云　婣	江　海	宋伟玲	叶丹青	许腾胜	张素芳
吴德祥	吴子仙	陈孟茗	林　莹	章谢华	黄　琳
黄进良	郭伟宏	翁志超	康燕芬	蔡荣取	蔡　谦
蔡晓新	詹淑蓉	周　柳	陈佳玲	汪淑琛	

2000级秘书专业大专班(一)					
廖晓壁	方桂敏	蒋惠玲	洪雯菁	陈　芳	林加发
方文昭	官道华	黄碧玉	郑瑞英	郑志瑜	王铭亮
洪峥嵘	陈一贫	陈小玲	姜　华	郑爱蓉	余映艺
黄玲飞	陈　蓉	许光辉	孙丽娜	许静秋	汤清员
杜杉丹	林珊珊	林彩亭	林梅琴	林萍萍	林　嘉
林梅琴	黄玉娇	汪丽端	于　文	廖才森	曾艺约

续表

邓泽会	陈少斌	黄　敏	吴海珠	许钟玲	梁翠兰
林英女	陈国光	曹江华	许慈娟	吴远凌	葛云婷
黄冠育	张鹭燕	陈淑媛	苏珠智	黄志明	陈晓燕
赵　臻	苏志松	陈　津	占迎春	张庆超	苏珠烜
吴静海	苗　雅	柯维维	柯亚斌	林佳敏	邓瑜静
叶杰毅	许美景	李美赢	许吟秋	陈周焱	陈惠华
官巧霞	张伯瑜	蒋宜娟	柯明霞	林文彬	翁开镇
陈晓毅	林春苗	徐　奋	郑伟华	郑灵凤	江　艳
刘海燕	吴　宁	谢　祯	卜　妮	纪美荀	
2000级秘书专业大专班（二）					
谢素明	冯　婷	廖湘芸	翁　嘉	黄江湾	张晓莉
张国荣	任媛媛	林燕清	李　安	宋　玮	黄丽琴
余西林	林　东	张　祺	毛玉琴	滕　威	林瑜娟
郑荣彬	李榕文	姚美清	叶　琪	罗命清	陈丽萍
陈阿美	邱莉娜	林丽贞	林　凤	林　芳	张　雯
胡　炜	郭顺来	林倩岚	李雅珠	诸燕娜	崔　超
林　暾	林　娟	洪惠雅	曾启玉	王　锴	林银梅
黄伟斌	魏惠芬	薛梅亮	白旖旎	许鸳鸯	林佩芬
杨莉莉	周小玲	陈瑞茵	孙巧红	程大海	王淑玲
陈碧芬	张晓丹	陈雅燕	孙丽云	林伊珊	郭　渲
余　燕	蔡莹莹	徐　维	洪　枫	陈木耳	林　佳
黄清如	白　燕	周　静	蔡国付	林惠玲	吴燕珠
苏菱凌	赖欣欣	李武元	邹莎莎	连晓华	钱　芳
孙中新	汪　萍	唐　亮	洪波曲	潘蓉蓉	廖玲燕
刘文娟	张志强	叶凌翔	林尚贤	林　宏	傅甄瑜
陈斐娜	陈芝琳	吴怡敏			

续表

2000级秘书专业大专班（三）					
郑燕芳	苏娉婷	张艳红	颜艺坚	林宏名	程　琳
邱文体	刘　芳	林　霄	林　晓	孙文臻	王紫婉
陈　宁	林玉燕	赵英威	潘桂圆	杨玉滨	陈耀英
黄文锋	廖艳萍	吴斌斌	赖小静	林鸿江	王　玮
姚夏菱	胡慧惠	王益仁	詹珊珊	滕丹丹	黄健康
陈庆波	江美枚	李　菊	许剑武	邓娟红	孙　冰
周继杰	黄秀珍	郑露玲	郑佳嘉	巫美荣	薛亚恒
郭慧婷	吴志毅	伍红梅	陈　馨	赖菲薇	程永红
卢陈基	何小燕	吴美珍	朱　璇	白　燕	范冬梅
魏　衍	骆汝玲	甘　玲	林　真	卢艺红	叶　宁
罗瑜静	黄　烨	吴耀桑	李皇安	肖毅娟	林珊珊
涂丽琳	洪妮娜	陈　藕	贾春淋	黄姗娜	刘接玉
庄汝婷	庄晓玲	李东龙			

附录八 中文系历年硕士生名录

1979 级					
王硕荃	王　涵	井绪东	兰小玲	纪亚木	陈子谦
何开四	陆文虎	林继中	洪永平	涂　碧	陈世雄
吴在庆	俞兆平	贾晋华	林寒生		
1981 级					
陈松钦	黄鸣奋	徐　学	李国正	欧阳国泰	
1982 级					
李以建	盛子潮	郑通涛			
1983 级					
朱　二	李　清				
1984 级					
王依民	吴先宁				
1985 级					
黎　兰	任万诚	王建设	黄笑山	巫汉祥	竺秀威
李万乾					
1986 级					
李　红	沈念梓	李万乾	倪　彦	蔡梦麒	王　平
1987 级					
何本伟	邹振东	李晓红	高　波		
1988 级					
丁中文	蔡　淳	金　波	洪兆平	李时学	徐舒红
张　洁					
1989 级					
王诚华	张建明				

续表

1990 级					
郭宝林	宋西顺	包明祥	刘　陵	刘珍龙	叶之桦
袁东华	易　丰				
1991 级					
陈天助	严　越				
1992 级					
王卫国	熊晓燕	彭兴华	沙向华	王宝珍	张　桃
李　勇	周　可				
1993 级					
曹　云	王丹红	林跃锋	杨　菲	樊荣兵	陈巧云
林　拓	杨惠玲				
1994 级					
王江玉	张华玉	汪相燕	王蜜冬	邱春林	柳　珊
周　轶	李　菁	曹清华	江雅慧		
1995 级					
卢长宝	姜晓晖	杨家慧	汪晓云	童建忠	朱蓉玲
王　锋	帅雯霖	陈　洁	陈德宏	张艾弓	
1996 级					
张晓芳	梅　梅	吴修飞	李　丽	杨伦理	杜作兵
姬文山	郭素华	卢　俏	罗伟文	胡松柏	曾碧海
吕旭东					
1997 级					
盛昔明	朱晓军	汤文辉	吴　越	李巧梅	涂宇明
黄奕晖	陈　昕	郑庆喜	张兴祥	郑碧娇	田东勇
龙坚毅	陈振华	周任雄	唐　琰	张　宏	
1998 级					
吕树梅	张晓燕	张长虹	方晓晖	周　颖	林春田
梅子满	蔡堂根	裴　闯	庄筱玲	吴剑安	刘三秀
廖新玲	王宏剑	徐姗娜	刘景松	林　甦	黄素华

续表

1999级					
章长城	廖冬梅	段金柱	林雪珍	苏永延	黄绍坚
黄海蓉	吕红伟	王　梅	刘万川	舒仕斌	冯根才
余桂林	黄金洪	刘　鹏	姚　冰	张美芳	阎　琨
刁新艳	刘春雷	郭　萍	罗家国	唐新发	
2000级					
桂　蔚	龙玉霞	詹迎春	许美霞	李明山	丁春华
程秋虎	黄秀彬	宛继斌	刘　晗	王桂亭	叶诗茹
杨国荣	锺　鸣	申屠青松	蔡彦峰	李小华	丁朝虹
王晓红	胡春霞	魏毅东	陈学晶	安　艳	万智炯
戴祺环	荣耀军	江　飞	杨　瑾	刘　鹏	李秀娟
储小昆	黄恩臻	赵翠阳	彭　勇	何　颖	
2000级研究生课程进修班					
曾丽华	陈树菁	陈　青			
2001级					
覃佐菊	毕红霞	孟繁杰	刘　军	邹晓兰	钱绿怡
李娅菲	唐瑜敏	王宁邦	张冬菜	邱剑颖	聂和平
罗春垣	马建英	高思春	亢巧霞	王鹭鹏	徐宏沛
金传道	黄佳佳	许红英	孙良申	易花萍	黄启庆
段亚广	陈建娜	桂劲松	林朝霞	洪佳景	管雪莲
韦胜利	周小峰	李　扬	王琨琨	张相平	杨继光
史庆坤	程晓飞	白茂华	陈建宁	郭风雷	王菲菲
李颖哲	田　松	吴慧颖			
2001级研究生课程进修班					
戴永萍	孙　鸣	叶荣宗	张宇昕	尹小玲	王　丽
2002级					
雷　强	崔军亚	张　静	韩金峰	郑高莹	哈飞飞
李　慧	高　洋	崔文华	吴勇利	王燕子	赵秀芳
孙显杰	刘　卉	胡　菡	朱晓蓉	廖新彬	侯凡跃

续表

锺　敏	王淑梅	董素贞	曾美桂	杨娟娟	林宜青
肖良生	许雪毅	陈娇娥	杨彦宝	陆　清	杜晶晶
曹洪燕	张占军	叶颖玫	周　凤	刘丽霞	李　闪
刘连杰	吴　茗	王雪梅	何　颖	黄　彬	陈　洁
梁静杰	侯小英	徐睿渊	叶荧光	郑燕明	池挺钦
张金帅	高武斌	刘　心	方　波	郑　甸	余　娜
张默瀚	邓文华	刘丙芬	朱玉宁	李隐川	刘新颖
2002 级研究生课程进修班					
周艺灵	徐　宁	李毅梅	傅建河	洪春生	容媛媛
2003 级					
陈　瑜	向玲玲	韩　晋	李春鹤	孙碧飞	张文通
张红梅	游小军	王林琳	秦少康	宋婧婧	曹　璐
刘扬涛	徐　婷	宋卫卫	赵三敏	徐志刚	钟安妮
董欣胜	徐国华	王军朋	方金花	林天送	胡红雯
张　清	李绍玉	郑　娜	章　雯	董　涛	史遇春
高　玮	林欣欣	王晓静	李玉燕	王　宁	刘云霞
栗垄秋	张　颖	韩金凤	傅晓翎	曹娜宁	孙旎娜
范良虹	陈晓慧	叶秀蓉	卢燕燕	刘　玫	陈立峰
周海琳	俞王毛	刘丽芸	杨丽华	周　瑶	郭渊足
王员林	周夏莹	张玲玲	彭　勇	张　惠	张海霞
陈丽勤	王　琴	梁丽丹	秦立宁	陈　军	陈奕珣
2003 级研究生课程进修班					
王永盛	简顺展	符　苹	邓　峰	白　旭	
2004 级					
吴瑞伏	邓　军	何刚晴	林　琳	鲍远福	吴肇彦
宋　妍	王　伟	张　屹	马杜娟	陈艳艺	林进展
王　敏	曹贵山	濮　昕	江玉莲	刘雁玲	汤桂珍
陈　璠	姜　迪	张荣荣	乔丽坤	刘淑芳	李腊梅
熊　燕	刘　慧	范文凤	华建胜	袁　方	邹湘梅

续表

王玉媛	郑　玲	王丽煌	吴双双	吴珊珊	张小琴
刘真真	许丽媛	赵　燕	赵现平	李春茂	袁建胜
宗满意	方百羽	向　雯	吴拥军	李　超	朱孝兵
杜国亮	郝若萍	刘　勇	兰其寿	吴兴定	唐文其
许剑如	郑丹凤	王俊暐	许南翔	黄熙雯	张　薇
贺晓莉	何飞雨	汤芊芊	李春青	朱科苗	张莉莉
乔　悦	王　蕾	庄清华	赵莎莎	刘丽娟	傅清音
廖哲平	陈　初	骆　婧	余　琳	洪晓静	高碧珍
戴艳琪	朱凤珠				
2004 级研究生课程进修班					
赵小蕙	胡菁惠	徐　弘	龚　冉	杨天松	
2005 级					
张景宇	傅玉玲	潘吉英	周子强	钟雪梅	蒋满凤
易晓英	王晓蕾	郭　洁	何　琼	陈　云	万日升
柯丽芸	林丹丹	杨　艳	陈小芬	黄　颖	陈莉莉
林雪凤	祁晓倩	林海燕	王　珊	江竹青	刘玉川
李　安	袁　冉	张巧艳	张　丽	柳　榕	严奇辉
曾艳绘	郭晓君	张　文	陈　瑶	丁俊灵	施年花
洪彦龙	徐丽丽	蔡青梅	李　芊	郑安萍	林文兰
刘传芳	柯镇昌	曾晓云	田振超	胥秀丽	张　勇
李月杰	林佳颖	李　菊	张馥洁	柳　青	郝秀霞
林彩云	严　昕	陈晓燕	郑渺渺	苏丽璇	王玉玺
陈秋娟	付衍清	肖　怿	李　玲	李永奇	吴灵芝
李　娟	王　慧	彭丽华	高　歌	刘晓鸿	黄　威
刘　梅	黄晶晶	张　超	何阿珠	魏文苏	吴一帆
黄丽洁	欧阳桂莲	姚佳根	郑　政	张海涛	尧建兴
田立宝	周云龙	赵小蕙	朱华煜		
2005 级专业学位硕士研究生					
陈亚力	梁白瑜	智晓静	朱建弟	常焕辉	庄鸿文

续表

李　辉	吴科玉	相振芳	王长城	邓　珏	蔡红洋
薛敬梅	林银焕	蔡靖芳	郭肖华	吴　彬	邹天兰
王俊忠	吴才光				
2006 级					
刘迎欣	陈　晶	董静怡	韩　涵	吕炳车	马春景
林聪辉	张　潜	郑林群	陈　燕	代朋飞	李菊萍
林莉莉	马亚芳	戚小莉	张　梅	郑绍楠	卞成德
程　婷	高　波	郭亚萍	韩师斯	洪桂治	洪剑敏
江少敏	姜媛媛	卢友艳	罗公娟	孟祥芳	王　茹
王　艳	王招玲	魏智慧	武超杰	杨　丽	杨　妍
游丽英	张玉彪	周　蕾	陈　敏	陈　莎	丁艳红
郭　刚	黄爱霞	刘云红	王艳春	张艳梅	黄丽萍
琚英杰	林淡丹	林华鹏	林丽雅	刘志华	苏美芬
王晓琦	王信霞	王雪晶	谢嘉佳	颜彩蓉	杨欢欣
尤玉兵	张一妮	陈　栓	高　峰	郭永珍	冷　琪
林红英	林建刚	刘海燕	刘星星	谭雪刚	王　慧
王书亭	杨　洁	杨铁军	杨雪琴	张　敏	张甜甜
朱郁文	朱　越	黄增喜	吴桂艳	占学琴	张念红
毕海善	董淑芳	胡婧婧	胡显斌	寇尚伟	卢　佳
陈　治	龚　元	吴敬玲	叶凌雯	赵　英	鲍　珏
2006 级专业学位硕士研究生					
林宏伟	黄庆胜	张秋婷	尹小玲	赖爱清	胡鸿影
杨子奇	盛映红	张建英	徐　良	张爱武	黄君伟
胡　婧					
2007 级					
洪蓉蓉	李小妹	刘海燕	刘小溪	梅　真	苏　雯
曹学聪	曹学平	陈　蕾	陈　玲	陈雁玲	杜松峰
段吉玲	范　莹	范真怡	方慧君	高良连	郭建峰
郭理慧	郭瑞英	郭向纯	洪　蓓	洪惠云	胡宗璨

续表

黄丹琦	黄见云	黄建欣	黄同滨	李春艳	李　洁
李　琼	李少辉	赵　越	连丽玲	林丽娟	林鹭兵
林　巧	林湘瑜	令倩倩	刘桂林	刘晓翠	刘晓玲
骆　冰	廖星象	钮教礼	邱达琦	饶金军	史彦华
苏碧铨	苏凤启	苏婷婷	孙春光	孙玲玲	孙宗英
唐广军	王凤明	王珊珊	王淑芳	王　云	王张叶
温雅卿	谢莎莎	徐姝丹	徐迎春	颜艺芬	杨金莲
杨金娜	杨唐衍	叶淑惠	殷振文	于　琦	袁　洁
曾彩华	曾妍妍	张凤娜	张惠娥	张丽琴	张培阳
张娴婷	张　艳	张　叶	章家慧	赵铮艳	周喜梅
朱贝贝	朱丽平	庄晨曦	林　菱	康国旗	卢甲甲
石梦苏	徐　聪	邹贤慧	敖　婷		
2007 级专业学位硕士研究生					
许思友	张少美	杜一超	黄丽军	缪红玉	薛　峰
路永照					
2008 级					
郑　雪	徐贺君	李　萌	陈荣阳	白春苏	陈玲玲
方　琛	贾　璐	孙峻岚	王建波	王　琴	朱幸纯
郭　佳	何　莹	胡　倩	兰　芸	林　凤	唐巧华
王金艳	王　淼	吴晨琛	吴群彬	徐佳佳	余江英
俞云红	詹　璟	张丹丹	张　蕾	赵建萍	赵　蓉
林　君	刘　冰	刘肇阳	罗　瑛	任西西	孙英乐
文　慧	邬艳萍	肖太波	谢　钦	尹晓媛	于贵丽
曹军黎	丁晨晨	贾司楠	李正明	马　宁	彭　丽
田　颖	周晶冰	周玉衡	蔡郁婉	曹海梅	曹凌艳
葛　涵	李小芳	廖丽华	林　骁	刘　芳	闵　莉
魏　丽	温　慰	熊曙佳	杨妙萍	余巧英	张丽娜
张欣杰	陈　静	王　尚	魏婷婷	徐　新	郑玲玲
陆莉莉	石雪莲	王春燕	张维冠	陈雅卿	黄晓燕

续表

刘　洋	武　茜	张树青	张哲赢	孙建锋	李　洋
林　婷	梁彩弟	张丽平			
2008级外籍硕士研究生					
ASAVAWON GSAROJ ARAYA	EMMANUEL MUNYANDA MUTSA	GARCIA NIETO MARIA SOLEDAD	KHAMTAB SUPAPIT	KIATTHAN APAIBOON JULA	LIANG JENNY HUNG
LILASETTH AKUL THOTANIT	MARLING TOM	NARAKOR NPAIJIT AUTCHARA	SAMSUDDIN ABBAS	SMITH LAURA	SPIEZIO ROBERTO
TJIA HERLINA	BORIPHAN MANLIKA	PANTHONG SUTHANYA	SIRITRANON DANUPON	ZHAO XIACHUN	
2008级学位硕士研究生					
陈晓莉	黄纯纯	罗俊英	魏　虹		
2009级					
崔盼盼	封惠子	侯琳琳	黄和璐	陈　玲	邓　浪
洪丹玲	江长红	冷俊颖	林育媚	梅金鑫	彭　炫
汤美丽	韩　飒	黄鸣柳	吴丽莎	张可越	范胜余
黄海兰	江丽陈	来小伟	沈　寅	吴丽佳	张春晓
张静雯	郭红莲	黄小流	罗　莉	王国威	陈　思
郭玲丽	海尔罕	贾建花	李　艳	刘　薇	申绍云
胥　娜	詹祥妹	郑　博	庄晓云	董艳静	吕　斌
邵舒悦	谢姝婕	易　菲	郧海洁	周　芳	刘加华
王小燕	曹熠婕	耿　新	林佳睿	罗　珊	孟宛音
孙　漫	徐世建	徐筱雅	杨荣珍	郑高燕	周　婧
郭金锋	胡晓骝				
2010级					
崔　未	向若萌	谢　媛	俞　航	曹陈林	揭由芳
金育峰	刘　名	郑美霞	夏翠兰	赵　方	赵　苗

续表

陈通造	贺文慧	洪雅萍	刘海峰	闵梦婕	张露月
张　燕	冯　婕	傅亦明	李若楠	钱　浪	汤晓琳
王岩芳	王园春	陈超敏	许淑娜	曹军清	王　琴
肖羽婧	叶　挺	卜　源	蒋艳玲	马鹏宾	王　艳
王玉刚	吴　健	吴姝纯	尹小玲	张小柳	周　娟
陈　莹	房珊珊	李　欣	张晨晨	娄　洪	马君君
任现芝	王红杏	孙梦珊	陈　娟	陈钰仪	郭　焱
黄秋韵	景欣悦	田　丹	王仁凤	王心君	
2011 级					
程顺溪	李婷文	林　燕	张淑侠	刘莉	裴梦苏
王浩宇	Kenneth E Stewart	许雅筠	余姝航	周佳凡	陈　龙
陈姝妤	郭燕燕	林成文	刘　畅	吴程程	谢　芬
翟　猛	陈　新	丁凯鹏	乐雪清	李嘉琪	林文星
宋蔓蔓	喻　路	詹争艳	赵　倩	郭　栋	何　巍
林晓京	刘生平	卢丹丹	邱燕林	王亚楠	姚　奇
张馨月	艾冰梅	郭露葳	江　卉	李冬艳	彭婷婷
王　霞	熊　瑶	颜珊珊	毕媛媛	常瀚文	储一鹏
卢婉静	宋梦洋	宋欣然	尹妩婧	占群丽	张雅博
2012 级					
阿思汗	方雅君	王　川	许小梅	陈慧萍	陈凯丽
傅杏兰	何　悦	罗　琳	俞　宏	张　磊	张媛媛
韩洪刚	彭　芳	石　绘	韦　莹	徐成龙	余梦娇
周楠楠	杜震宇	甘芸萱	江稚璐	任　众	汪龙斌
杨　洁	杨　丽	于小茵	袁恺雯	周尚谊	丁　超
谢沈佳	曹　威	陈　婧	方　慧	娄一可	肖　娟
颜　桃	周佳曼	周士瑶	胡　萍	孙亚男	张承朋
张云蕊	赵瑞华	朱晓骢	英　瑛	安　璐	董　辰
洪　柳	李晓娣	杨　眉	王雪婷	文　戡	许再佳
胡　倩					

续表

2013 级					
吴丽娜	顾雅琦	刘金平	王晴晴	吴蔚蓝	杨　琪
陈　微	何莉娜	马国升	刘雨纶	刘　丛	刘荣君
刘　锐	郭晓琳	黄露莹	蒋崇华	李晓楠	唐　旭
张　坚	赵渟婷	朱元丰	戴维未	董乐宁	李芸华
钟世标	陈　微	何莉娜	黄　超	林　聪	魏琼琼
范妍妍	后小燕	胡梦晓	王忠远	吴梦超	谢鹏程
许　登	余欣蓉	张蜀彤	赵怡	蔡婉霞	曲爽杰
王　慈	杨贤奔	王良平	王淑苹	王艺珍	许佳慧
卓晓宁	郑梦媛	李晓昀	王昱敏	林丹纯	陈半思
陈　丹					
2014 级					
DARIA FED OROVA	PIYATIDA WONGLERTRIT	MEEHYANG JYUNG	王国威	李俊慧	毛怀瑾
钱源源	王歆瑶	于家伟	马国升	姜　玲	罗　娟
宋　倩	汤　森	杨苗苗	银　晴	张佳丽	陈雪萍
丁俊青	胡　凝	暨慧琳	吕守业	任梦梦	易贞贞
张佳玉	洪思明	陈桂芬	黄益清	蒋　丽	刘　凡
罗佳艺	王高罂	温雪茹	肖菊香	杨　阳	应山红
陈嘉颖	陈燕莺	陈　怡	郭欢慧	郝雨佳	黎文娜
刘春洁	汤晓琳	王璟琦	吴亚萍	余能学	赵　彤
周慧敏	韩旭红	黄慧玲	郭亚幸	李　柔	武文靖
张会芳	张　迈	李祎琳	娄沁沁	张敬源	赵　婧
饶秋芸	魏惠娜	杨欣凌	朱佳媚	陈娃进	王　璐
吴思捷	杨　光				
2015 级					
杜佳玮	黄　欣	王志明	夏　冬	曹　飞	陈子豪
任晓玉	田小维	王继超	臧伟栋	周斯文	陈黎慰
孙玉彤	杨友菊	张文杰	赵叶晴	朱连城	刘凛君

续表

滕黎华	王雯丽	徐弋茗	许文艳	杨御寒	张世伟
周诗翌	曹　磊	程丽如	孟　蕾	郑学明	邹希望
陈璐颖	侯万恒	林紫薇	刘风乐	娄凯琪	马　丹
彭圆琦	韦小艳	胡晓蒙	黄斯文	马　征	孙羽丰
吴　昊	杨　鸣	张　隽	张誉兮	赵　莹	安　康
陈延萍	陈育贤	黄巧莲	苗　青	权静茹	许　莹
殷　怡	余　珊	余晓青	朱　珠	DURMANOVA KSENIIA	LE DING SON
李抒律	费托德				
2016 级					
黄天伟	黄桢桢	肖若澜	叶少言	卓一格	符美花
李小可	苏鹤立	孙品怡	王　燕	吴思雨	徐高嵩
曾庆兰	范　聪	牟田莉	涂晓婧	王　彪	翁财辉
许庆伟	朱文秀	陈威俊	龚琪凤	郭锦强	霍　旭
李宗霖	邱佳慧	张　涵	崔宏宇	江舒晨	李玉婷
赖一鸣	李滟谦	柳梦雨	隆　娇	徐　晗	曾靖雯
张晓春	陈亦华	高　捷	刘雅静	李沛恒	刘雅静
陆月凤	潘司颖	王　娟	吴陶琳	叶德颜	张碧梅
何柳惠	陈　晨	陈　茜	陈若凡	范思维	李美妹
梁　怡	吕小小	苗昱菲	唐文思	王雯莹	杨伟平
卡　佳	佳　妮	SHARIPOV BAHODIR	沈如风	杨　柳	
2017 级					
郝　燕	喻银初	张凌锋	彭依涵	谢　俊	汤诗雅
牛洁雨	陈黄姗	黄　楠	陈倩雯	肖云红	王　敌
赵晨晔	周　迪	赵冰雪	杜明珠	宋禹璇	李超超
肖　悦	宋佳丽	张志慧	张永康	陈灵娟	张美清
林诗涵	曹铃玉	金沛晨	施　超	陈　婷	隋胜男
卢乃心	韩晓敏	李月兰	刘艳楠	洪　鑫	王志鹏

续表

王梦瑶	王兆波	谢露露	严厚东	陈金竹	马海波
丁　瑞	孟　丽	庞一凡	张晓芸	赵雪妃	张力凡
叶　子	书　磊	徐钧盐	蓝　月	陈海颖	李　密
苏　妹	王雅琳	穆昊宇	夏　镕	邱昕怡	
2018 级					
李　丹	张宁星	贾伯辰	李丽萍	范青珍	李　松
高久喻	陆筠怡	赵　雪	张远洋	谢思雨	周淑梅
朱丹丹	彭怡玲	朱冬纯	郑樑	肖汶臻	罗萍萍
张秀娟	史雨婷	方楚君	李丽萍	仲　皓	肖　薇
陈奕寒	龚婵祎	李夏南	林诗玲	魏阿碧	梁洁静
吴佳彦	温家豪	孙　沁	冯安兴	朱琳芷	袁朝凤
朱蜀瑶	海　涛	胡　霞	王良博	吴　尚	朱浩然
张燕玉	杨文妍	杨　特	吴晓惠	蒲亚萍	马海波
林婧敏	郭蒙蒙	张　力	刘金威	宋瑶瑶	苏成琳
韩倩雯	向　涛				
2019 级					
郑子鑫	彭聪仪	黄丹枫	郭　颖	焦民敬	宋　琳
吴文扬	李　倩	罗叶青	赵　丹	李　璐	彭梦思
臧祥运	李　娜	黄格为	王紫蕤	詹晓君	钱芳莹
吴　宇	王　淼	李晓林	吕宛庭	林裕婷	周曾松奕
常婧宇	陈巧悦	赵诗琳	颜子琪	吴帅平	王　嵘
张小蕃	徐岁岁	郑上鑫	杨媛媛	康艳秋	李茜茜
李　茜	高　艺	万　晶	薛　健	宋　菲	徐玮辰
孙　娜	曾依帆	刘　晨	夏开柳	潘如芳	葛　祎
陈毅超	徐　婧	王田颖	吴　凡	应子琪	张　莹
崔又菁					
2020 级					
郑靖怡	林书羽	詹乃杰	龙　凡	杨昭燕	毛　婷
宋琬婷	林巧连	沈　芳	孙明铭	周　佳	易丽雯

续表

张　兵	陈镜穗	陈冰琳	林　颖	魏小燕	王学澜
丁璐瑶	辛腾旋	罗嘉婷	林晓辰	周晓宇	王靖宏
曾　玥	许显晖	白文静	卓秋霞	何天凝	潘　婕
黄若虚	刘燕飞	蔡苗媛	郑红艳	王雅萍	高　歌
岳家滨	徐颖超	张　峻	杜昀阳	孙亚男	吴　昊
黄子瑜	胡可璇	高英丹	杨子淇	刘　婷	柳嘉慧
康　婷	李　敏	林佳灵	鲍　斌	葛雨晴	石筛镜
王子宁	刘雪聪	齐　璐			

附录九 中文系历年博士生名录

1987 级					
蓝小玲	林寒生	黄笑山			
1988 级					
陈荣岚					
1989 级					
叶宝奎					
1999 级					
吴云霞	张 桃				
2002 届博士后					
杨 慧	罗立刚				
2000 级					
李 焱	顾江萍	卢兴翘	刘晓梅		
2001 级					
肖模艳	林新年	廖新玲	解海江	王 颖	林丹娅
2002 级					
毕玲蔷	白 云	周湘鲁	杨 怡	陈小燕	高 波
符其武	王能杰	汪晓云	杨吉春	满新颖	

2003 级					
张占山	李时学	王依民	邓享璋	张 望	王晓红
王丹红	邵 玫	陈天助			
2004 级					
朱晓军	林朝霞	徐晋莉	朱盈蓓	管雪莲	罗春垣
巫汉祥	江 飞	张相平	杨继光	徐睿渊	谢晓霞

续表

吴慧颖	徐姗娜	徐　蔚	康海玲	谷容林	梁燕丽
郭玉琼	陈振华				
2005 级					
鲁京明	苏欲晓	荣耀军	韩　臻	邓文华	刘连杰
肖建华	章长城	陈巧云	宋向红	李　贞	侯小英
严　越	杨子菁	关俊红	杜晶晶	郑碧娇	周　轶
徐　琪	邓小玲	李　慧	傅修海	张长虹	林茵茵
陈柏添	曹瑞泰				
2006 级					
付晶晶	罗伟文	彭　勇	王桂亭	王文勇	王彦龙
项颐倩	张　静	钟晓文	储小昆	董彦彬	李　超
林天送	刘扬涛	娄　育	孟繁杰	戚国福	周美玲
洪春柳	郑　甸				
2007 级					
曹小娟	蒋　媛	吕　茹	骆　婧	宋　妍	苏　华
田立宝	魏　薇	吴　琳	谢智香	叶荧光	张海涛
张　屹	智晓静	周伟薇	周夏奏	周云龙	朱江勇
庄清华	蔡心瑀	吕承儒			
2008 级					
陈立峰	黄旭颖	梁冬华	施年花	王初薇	翁冰莹
许元振	严　昕	余　娜	曹祝兵	董于雯	何山燕
李　安	李康澄	罗春英	唐师瑶	王建军	杨杏红
郑慧强	宋佳祥	王卫华	张俊卿	赵小蕙	林绮雯
许维权	杨兆熙	陈孟亮	林显源		
2008 级外籍博士研究生					
AZERTURK SEMINE IMGE	FREUDEN BERG BENJ AMIN	JUCHNIEWICZ ANDRZET	LOW HIANG LOON	MIKITA MICHAEL ANDREW	TAKABAYASHI HIROMITSU

续表

2009 级					
陈　敏	杜迎洁	洪桂治	蒋娟	李光杰	许彬彬
杨正超	黄　钏	刘　超	刘旭东	徐纪阳	杨　晨
张秋英	朱郁文	庄筱玲	陈俐燕	林　晶	黎惠文
宋彩仙	陈秀端	康素慧	刘颖灏		
2010 级					
李伟大	刘　杨	吕军伟	陈雁玲	仲　霞	周海琳
潘培忠	ODINYE IFEANYI SUNNY	陈艳艺	于海阔	倪思然	王士琼
陈燕秋	杨晓霞	郝薇莉	马杜娟	黄启庆	李　磊
彭卓锋					
2011 级					
洪世林	李　洋	刘景福	刘　娟	孟广洁	王显勇
郑斯扬	许玉军	郑荣华	胡兴莉	刘建华	宋贝贝
王　琨	Nattakan Chuanklin	ONKANYA ROJAN AWANICHKIJ	王　璇	俞琼颖	臧胜楠
张春晓	张　辉	张欣杰	张可越		
2012 级					
龚元华	刘一梦	高　上	王欢欢	胡显斌	刘丽芸
魏　榕	许昳婷	郭玲丽	徐　虹	徐　涓	高天俊
姚芮玲	张晓婉	周文晓	周之涵	唐梅花	胡显斌
周文晓	魏智慧	罗树林	吴先泽	徐　虹	吴　琼
阮秋恒					
2013 级					
卫垒垒	郭光明	姚权贵	宫伟伟	林　豪	张经武
张　涛	郑丹凤	王寅生	宋　颖	郭　焱	廖太燕

续表

蒙金含	卢　兰	刘　名	周　璐	NAMONRUT YAMWONG	
2014级					
李婷文	赵　臻	聂　志	赵　苗	郑维宇	裴梦苏
胡　倩	杨梦雪	杨运来	尹　琴	游　澜	周师师
高铁文	林阳生	周红菊	焦仕刚	王国威	谢　丽
阮黎容	拉　莉	黄秀娟			
2015级					
鲍士将	初　琪	孙浩峰	田　静	徐　铂	钟雪珂
毕　玉	李其霞	林　静	杨文佳	程顺溪	王怀昭
吴　尧	余祖兰	BAE GYUREE	田太俊	罗　巍	闭叶英
金炫周	意莉莎	李采训			
2016级					
薛世良	周士瑶	陈　谊	王　涛	李晓昀	周传艺
龙东华	吕　峡	周东杰	黄云涛	李芸华	叶仲青
张经洪	宋尚诗	张　春	黄秋水	黄世友	YUANQING HAO
胡艳秋					
2017级					
赵叶晴	吕尚娟	万一方	龚　敏	韩　超	何秀雯
黎　筝	罗莹钰	吴艳芳	杨俊芳	魏惠娜	匡　妥
丁　青	赵树元	周　飞	ASHLEY RUDIANNE DAYNA BROWN	LUONG MY PHUNG	MERVE YILDIRIM
THANAKANYA KUNTHIDA	TRAN QUANG HUY	NADA KAMAL HAMED AHMED MOGHITH			

续表

2018级					
徐高嵩	王继超	冉　雪	吴晓玲	胡　晓	龙正华
方立娟	王　彪	刘书景	陈　粲	游长冬	刘晓臣
银　晴	王艺文	孟瑞森	廖紫俨	杨雅菁	杜氏凤
伍秀玉	杜美琪				
2019级					
林雨鋆	陈逸鸣	王　劲	冯阿鹏	曹圆杰	杨抒媛
满令营	张瑞瑞	何心爽	黄怀凤	陈祖燕	严小香
赵　骞	李金丹	陈　慧	许哲敏	王海丽	岳宗胜
牟英杰	魏佳妮	张品格	李几昊	张含韵	苏春清
苏万鹏					
2020级					
刘　曦	柯　妍	乔雪玮	李长浩	宋伯雯	隋胜男
高　萌	刘　琳	金美杰	邵晨宇	汪湛穹	王亚茜
邵梓洛	刘晓百慧	王叶胤	闫　然		

附录十 中文系历年博士后名录

徐志伟	王维明	郑润良	吴光辉	张旭东	郭 颖
曹 强	林清华	史淑琴	杨晓辉	DAVID	王 娟
王传龙	李 天	赵 明	王 伟	刘 奎	CASTELLI
赵思木	徐 榛	宗 妤	吴 尧	杨 慧	

后　记

厦门大学中文系百年华诞即将来临，对百年发展做一巡礼，自是题中应有之义，本书的编写就是为此而作的努力。

中文系的朱水涌教授、林丹娅教授、高波教授、王晓红教授，都曾执笔编写过不同时期的《厦门大学中文系系志》，诸位先生为相关材料及数据的保存，做出了很大的贡献，本书从中得到诸多借鉴。

2011 年，中文系有两位硕士研究生撰写了《厦门大学中文系系史》。一位是林丹娅教授指导的林佳睿同学，她撰写了中文系 1921—1976 年系史；另一位是王宇教授指导的郑高燕同学，她撰写了中文系 1977—2011 年系史。两位同学所撰，首尾相接，合起来正是我系前九十年的历史。他们年纪较轻，阅历尚浅，对历史事件的认识、理解及判断，都还稚嫩，但做出了十分可贵的探索，为本书的编写提供了很好的思路和材料。

厦门大学人文学院和中文系领导，非常重视百年校庆和系庆的准备工作，百年系史的工作就是在他们的鼓励和督促下展开的。中文系的代迅教授、林丹娅教授、李无未教授、李晓红教授、王宇教授、苏琼教授、李焱教授、王烨教授、苏永延教授，在系史编撰过程中给予了多方帮助，大大促进了这一工作的进展。

厦门大学中文系博士生高萌，硕士生周晓宇、王子宁、王靖宏、曾玥、许显晖、白文静、何天凝、潘婕、刘雪聪，本科生翁翔、杨润宜、肖璐嘉、周林励、杨茂珩，对系史做了认真细致地校读和修正，使书稿质量较此前得到较大的提高和完善。

在此，向上述诸位表达诚挚的感谢。

其实，最要感谢的，是各位系友。我们本来考虑将系友作为系史的重要板块之一，但由于疫情突然暴发，且持续时间较久，无法实现与系友之间的充分交流，因未能获得足够材料而只好暂时割爱。但这项工作日后一定要做，系友和我们血脉相连，没有系友的系史，是不完全的系史。

中文系 1986 级系友单士勇先生，急公好义，情牵母系，每每慷慨解囊，这次又独立资助百年系史的出版，令我们非常感动。在此向单士勇先生表示由衷的敬意，并祝愿他事业兴隆，财源茂盛！

同样因为疫情的原因，本书编撰时材料查阅陷入困境，某种程度上也导致系史的深度和广度都有欠缺，在此向全体中文人表示歉意。

节序如流，岁月如歌，亲爱的朋友，让我们一起举杯，共祝厦门大学中文系前程似锦，再铸辉煌！

厦门大学中文系

二〇二一年四月